Brunamaria Dal Lago Veneri

Trentino. Ein kurioser Reiseführer

Für Roland, meine Kinder und Enkel, Gefährten auf der Reise des Lebens

Brunamaria Dal Lago Veneri

Trentino. Ein kurioser Reiseführer

Aus dem Italienischen von Wolftraud de Concini

Edition RÆTIA

Mit freundlicher Unterstützung der Autonomen Region Trentino-Südtirol
und der Brennerautobahn AG

REGIONE AUTONOMA TRENTINO-ALTO ADIGE
AUTONOME REGION TRENTINO-SÜDTIROL
REGION AUTONÓMA TRENTIN-SÜDTIROL

A22 Autostrada del Brennero SpA
Brennerautobahn AG

Redaktion: Martina Zambelli
Schlussredaktion: Wolfgang Tessadri / Magdalena Grüner / Ex Libris Genossenschaft, Bozen
Übersetzung: Wolftraud de Concini / Ex Libris Genossenschaft, Bozen
Umschlaggestaltung: Dall'O & Freunde
Grafisches Konzept und Druckvorstufe: Typoplus, Frangart
Druck: Tezzele by Esperia, Bozen

ISBN: 978-88-7283-434-3

Unser Gesamtprogramm finden Sie unter www.raetia.com
Für Fragen und Anregungen wenden Sie sich bitte an: info@raetia.com

Inhalt

Einleitung

Kurioses und Geheimnisvolles aus Südtirol und aus dem Trentino

Brunamaria Dal Lago Veneri

Südtirol und das Trentino haben unendlich viel Kurioses zu bieten. Zahllose volkstümliche Sagen und Legenden, die von geheimnisvollen Orten und Geschehnissen berichten, bringen dies zum Ausdruck. So war es nicht leicht, aus dieser Vielfalt eine Auswahl für die „kuriosen Reiseführer" zu treffen. Von welchen Kriterien sollte ich mich leiten lassen? An welchen roten Faden sollte ich mich halten? Angesichts des so ungeheuer weiten Themas schien es mir angebracht, dieses Land, diese Region erst vorzustellen, um dann von ihren Geschichten und Geheimnissen erzählen zu können.

Geschichte, Tradition und Erzählung

In Südtirol und im Trentino leben Menschen, die unterschiedlichen Volksgruppen angehören und drei verschiedene Sprachen sprechen: Deutsch, Italienisch und Ladinisch. Und hier sind verschiedenartige Kulturen und ein vielfältiges Brauchtum lebendig, die unter einem einzigen Himmel leben. Dieser Himmel zeigt sich gegen Norden klar und verschneit, im Süden weitet sich der Horizont, die Sonne strahlt warm aus einem hellen Blau. Ein Land von Bergbauern, Städtern und Seeleuten (mögen es auch nur wenige auf Seen und Flüssen sein), die nicht nur drei Sprachen sprechen, sondern auch in drei unterschiedlich geprägten Gebieten leben. Ein Land, das Armut und Not kannte und tragische Auswanderungsphänomene wie die der Kaminfegerbuben oder der Schwabenkinder, die als Arbeitskräfte auf den Märkten um den Bodensee für eine Saison an Bauern vermittelt wurden. Aber auch ein Land voller Ideen, Inspirationen und vor allem Fantasie.
So können wir aus dem Schatz an Traditionen schöpfen und den Erzählungen von Fantasiegestalten folgen, die in der volkstümlichen Überlieferung zur Erklärung der großen Geheimnisse der Natur dienten. Da ist von Wasser- und Waldfeen die Rede, von Schlangen und Drachen, Riesen und Zwergen, aber auch von den Erinnerungen, Erfahrungen, Reichtümern und Werken der

Menschen, die hier gelebt haben und noch heute leben. So begegnen wir Sagengestalten wie dem Zwergenkönig Laurin, haben teil am „Mäuseprozess" der kleinen Stadt Glurns und am Schicksal des Riesen aus Bezzecca. Doch wir lernen auch Demetrio Leonardi, einen der „Väter" der Fotografie, kennen, entdecken Rätselhaftes wie den Goldschatz der Nazis, der bis heute in der Festung Franzensfeste vergraben sein soll und besuchen Museen von internationalem Rang wie das Mart in Rovereto. In meinem Reiseführer sollen aber auch jene Erinnerungen zur Sprache kommen, die als schmerzhaft empfunden werden wie etwa die Erlebnisse während der beiden Weltkriege, die Zeit der Option, in der viele Familien auseinandergerissen wurden oder die Attentate der sogenannten Feuernacht.

Wappentiere als Symbole der Verbundenheit

Wenn wir von kuriosen und geheimnisvollen Dingen lesen, tut sich uns die Geschichte eines Landes auf sowie der Religionen, die es durchtränkt haben und der Menschen, die hier gelebt haben und noch leben. Diese Geschichte verbindet Südtirol und das Trentino miteinander: daher beginnen die zwei Bände des „kuriosen Reiseführers" mit derselben Einleitung.

Das Wappen der Region Trentino-Südtirol schließt symbolhaft die Geschichte dieses Grenzlandes, dieses „Landes im Gebirge", ein. Es setzt sich aus dem Trentiner und dem Südtiroler Adler zusammen, beide wurden in dem viergeteilten Wappen miteinander kombiniert. Die Geschichte der beiden Wappentiere erzählt auch die Geschichte der beiden Landesteile.

Beim Trentiner Adler handelt es sich – wie aus den akribischen Untersuchungen des Franziskanerpaters Frumenzio Ghetta, einem der besten, sachkundigsten Kenner der Trentiner Geschichte, hervorgeht – um das älteste Wappen des Fürstbistums Trient, dieser weltlichen und politischen Macht, die der heutigen Provinz Trient als politisch-administrative Einheit vorausging. Der einköpfige schwarze „Wenzelsadler" wurde dem damaligen Fürstbischof Nikolaus von Brünn und der Stadt Trient am 9. August 1337 von König Johann von Böhmen verliehen. Als sich dann zwischen 1340 und 1511 die Grafschaft Tirol herausbildete, wurde der Trentiner Bischofsadler zum Wappen des gesamten Trentiner Gebiets.

Der Tiroler Adler, der auf das Jahr 1370 zurückgeht und am Altar der Kapelle von Schloss Tirol bei Meran zu sehen ist, stellt eine Fortentwicklung des Wappens der Grafen von Tirol dar, das um 1150 erstmals auftrat und im Jahr 1363, als die Grafschaft Tirol an die Habsburger überging, zum Wappenbild des Landes wurde.

Adler des Fürstbistums Trient (links) und des Landes Tirol (Mitte). Rechts das Wappen der Region Trentino-Südtirol

Die Grafen von Tirol wurden bald zu Vögten des Fürstbischofs, und der Herr *in temporalibus* überließ einem weltlichen Herrn die militärische Verteidigung und die anderen zivilen Funktionen des Landes. Die Herren von Tirol wurden auf diese Weise immer mächtiger und als mit Maximilian I. der Graf von Tirol auch Kaiser war, hatte er keinerlei Grund, das Prestige der mit ihm verbündeten Fürstbischöfe herabzusetzen.

Die Vereinbarungen mit den Trienter Bischöfen prägten in den darauf folgenden Jahrhunderten die gegenseitigen Beziehungen ebenso wie das von Maximilian 1511 erlassene „Landlibell", das zum Zusammenschluss des Landes (Fürstbistum Trient und Brixen, Grafschaft Tirol und die Landgerichte Kufstein, Rattenberg und Kitzbühel) führte. Es kam so im Rahmen des Heiligen Römischen Reichs zur Gründung eines Territorialstaats, mit dem sich die gesamte Bevölkerung identifizierte. Im Landlibell, das bis zum Jahr 1918 in Kraft blieb, wurden auch die Freiheiten der Tiroler Bevölkerung festgelegt.

Der Trentiner Wenzelsadler und der Tiroler Adler wurden gemeinsam zum symbolischen Emblem des Gebiets, das heute als Region Trentino-Südtirol bezeichnet wird. Das Wappen mit den beiden Adlern kann heute auch als Sinnbild eines Landes angesehen werden, wo Menschen leben, die sich zwar voneinander unterscheiden, aber doch durch Jahrhunderte gemeinsamer Geschichte und Traditionen miteinander verbunden sind.

Diese Gemeinsamkeit wird auch deutlich, wenn man die wichtige Rolle des Adlers in zahlreichen Legenden sowohl in Südtirol als auch im Trentino beobachtet. So heißt es im Epos der Fanes, das in Südtirol verbreitet ist: „Vom Himmel stieß ein Adler mit feurigem Schnabel und goldenen Krallen herab und schlug dem König der Fanes ein Abkommen vor, und das Abkommen mit dem Adler galt im ganzen Reich."

Im Trentino ist eine volkstümliche Geschichte in Umlauf, wonach während des Aufstands im Jahr 1407 – als das von Trentiner Adligen angeführte Volk sich der Übermacht des Bischofs widersetzte – mehrere Adler aus dem bischöflichen Wappen ausbrachen, um das unterdrückte Volk zu verteidigen. In einer anderen Sage ist die Rede von einem Adlerweibchen, das sich mit einem Menschen angefreundet hatte. Als dieser aber den Freundschaftsbund brach, flüchtete es auf eine Säule und verwandelte sich in Stein: Es ist die Adlerfigur auf dem „Adlerbrunnen“ am Domplatz in Trient.

Allerlei Kurioses

Was bedeutet „kurios“? Auf diese Frage gibt es mehrere Antworten. Sicher ist, dass kuriosen Dingen stets die Aura des Mysteriums, des Unergründlichen anhaftet. Natürlich lässt sich auch über die Bedeutung dieser Begriffe diskutieren. Für einen Wissenschaftler beziehen sie sich auf die Unwissenheit des Uneingeweihten, ein Philosoph denkt an etwas, das über die Vernunft hinausgeht, ein Theologe an die Wahrheit des Glaubens, im Alltag dagegen stellen wir uns darunter etwas Wunderbares, Überraschendes, Magisches, ja vielleicht Okkultes vor.
Die Begriffe lassen sich nicht leicht in eine bestimmte Definition drängen. Das Erzählen und Fabulieren ist auf jeden Fall ein Grundbedürfnis des Menschen. Er versucht die Geheimnisse der ihn umgebenden Welt in Wörtern, Zeichnungen und Symbolen auszudrücken. So entsteht ein Schatz an Überlieferungen, den es zu entdecken gilt.
Ich habe diese Mythen, Sagen und die im Gedächtnis der Bevölkerung Südtirols und des Trentinos verwurzelten Traditionen gesammelt, denn die Erinnerung ist der wahre Spiegel der Seele eines Volkes, seiner Anschauungen und seiner Geschichte.

1. Trient und das Etschtal

Die Piana Rotaliana

Die Lockung von Theodolindes Haar
Faedo

Königsberg, auf Italienisch Monreale, ist der hochtönende Name der Burg, die am Berghang über San Michele all'Adige aufragt. Die geheimnisvolle Geschichte, die sich um dieses Bauwerk rankt, bezieht sich auf die prächtige Hochzeit von Theodolinde, der Tochter des Herzogs Garibald I. von Bayern, mit dem Langobardenkönig Authari. Die beiden sollen sich gerade hier auf dieser, auf halbem Wege zwischen dem Brenner und Verona gelegenen Burg, kennengelernt haben. Die Trauung wurde von einem strengen Bischof vollzogen, der Theodolinde zu sich rief und ihr mitteilte, dass Authari später kommen würde, er ihr aber einen seiner Würdenträger vorstellen wolle. Es war Authari selbst, inkognito. Als er Theodolinde mit ihrem weich fallenden, schwarzen Haar erblickte, enthüllte er sofort seinen Rang: „Hier an diesem magischen Ort wird sich Theodolindes glänzendes Haar mit meinem Kraushaar verflechten." Zur Hochzeitsfeier wurde ein überreiches Bankett aufgetragen, und bis heute erinnert das Schloss mit seinem Namen Königsberg an dieses Fest.

Vom ursprünglichen **Castello di Monreale** stehen nur mehr ein großer Turm mit hexagonalem Grundriss und die zinnenbewehrte Ringmauer. Die Abzweigung zur Burg befindet sich an

Das Castello di Monreale

der Staatsstraße von Salurn nach San Michele all'Adige, zwischen den Ortschaften Cadino und Masetto. Nach der Abzweigung zur Linken für einen Kilometer den Schildern folgen. Die Burg ist auch von Faedo aus zu erreichen. Zurzeit beherbergt sie einen landwirtschaftlichen Betrieb und kann deshalb im Inneren nicht besichtigt werden.
In San Michele all'Adige empfiehlt es sich das **Museo degli Usi e Costumi della Gente Trentina** (Volkskundemuseum) zu besuchen (Via Mach 2, Tel. +39 0461 650314, www.museosanmichele.it). Es ist eines der größten ethnologischen Museen Italiens, in dem 12.000 Ausstellungsstücke und verschiedenste hydraulische Vorrichtungen die Techniken von Land-, Forst- und Viehwirtschaft im alpinen Raum darstellen.

Die Glut von Schloss Firmian
Mezzocorona

Neben dem Schloss Firmian stand einst ein ärmliches Haus, in dem eine Frau lebte. Eines Tages hatte sie kein Feuer mehr, sah aber im Fenster des Nachbarhauses ein schönes Feuer brennen. So ging sie hin und ließ sich ein paar Scheiter geben.
Als sie nach Hause gekommen war, bemerkte sie, dass sich die rote, glänzende Glut, die sie auf der Schaufel trug, in gelbes, leuchtendes Gold verwandelt hatte. Das Gold blieb ihr, aber vom Haus war sonderbarerweise keine Spur mehr zu finden.
Seit seiner Erbauung 1480 bis heute dient **Castel Firmian** den Grafen von Firmian als Sitz, von dem aus sie eine wichtige Vermittlerrolle zwischen den südlichen und nördlichen Machthabern spielten. Das Castel Firmian liegt Richtung Val di Non (Nonstal) nur wenige Minuten vom Hauptplatz Mezzocoronas entfernt am Übergang zwischen Weinreben und den angrenzenden Berghängen. Das Schlossinnere steht Besuchern nicht offen.

Mozart im Haus Firmian
Mezzocorona

Einer der Grafen von Firmian war ein großer Bewunderer des jungen Mozarts, der mehrmals bei ihm zu Gast war, nicht nur in Mezzocorona, sondern auch in Mailand.
Zu jener Zeit kam ein Porträt in Umlauf, das bei den Firmian geschaffen worden war und den jungen Mozart darstellte. In jüngerer Zeit wurde die Vermutung geäußert, dass dieses Bild vom jungen Wolfgang, das in aller Welt bekannt ist, vielleicht doch nicht Mozart abbildet, sondern das gleichaltrige Kind der Firmian.

Die Drachen in der abendländischen Vorstellungswelt

Die abendländische Vorstellungswelt ist voll von Drachen und Basilisken. Der Drache gilt als negatives Symbol des Bösen, als furchterregender Wächter über märchenhafte Schätze oder wunderschöne, junge Mädchen. Wer einen Drachen besiegt, verfügt über positive, ja, göttliche Kräfte. Als Drachentöter werden die Heiligen Georg und Michael verehrt, Sagenhelden wie Siegfried oder wie der Ritter Firmian aus der Piana Rotaliana. So stellt sich die Frage, ob es wirklich Drachen gibt, beziehungsweise, ob es sie gegeben hat?

Vor einigen Jahren ereignete sich ein besonderer Vorfall. Im British Museum tauchte ein mit Formalin in einem Glasbehälter konservierter Drache mit intakter Nabelschnur auf. Er war bleich und fast durchsichtig, hatte aber einen Schwanz, Flügel, Pranken mit spitzen Krallen, eine Schnauze wie ein Reptil und alle anderen Merkmale, wie sie sich für einen Drachen gehören. Der Überlieferung nach war dieser Glasbehälter unter der Habschaft eines ehemaligen Museumswärters namens David Hart entdeckt worden. Besonders sonderbar an dieser Geschichte war die Tatsache, dass dem Behälter ein deutschsprachiges, mit 1890 datiertes Schreiben beilag, in dem von einem „fürchterlichen Kokon" die Rede war, der einem Labor in Hamburg übergeben werden sollte.

Der niemals nach Hamburg versandte „Drache" wurde von der Familie Hart an einen gewissen Herrn Allistair Mitchell abgetreten, einen Autor von Fantasy-Romanen, der der *Times* ein langes Interview gab. Doch es wurden sofort Zweifel laut. Zum einen haben die Drachen, die der Gattung der Schlangen angehören, keine Nabelschnur, da sie aus Eiern schlüpfen. Zum anderen hatte dieses sonderbare Wesen keine Geschlechtsorgane, die Haut war glatt und ohne Schuppen, und seine Krallen schienen nicht geeignet, Opfer zu zerreißen. Auch die Flüssigkeit, in der sich dieser seltsame Fund befand, war zu klar, um aus dem späten 19. Jahrhundert zu stammen.

Die Angelegenheit wurde noch komplizierter, als der Besitzer sich weigerte, dieses Wesen mittels Röntgenstrahlen, Ultraschall, Kohlenstoff-14 oder Biopsie untersuchen und das Schreiben sowie den Siegellack analysieren zu lassen.

Das Rätsel wurde von Roberto Giacobbo in der TV-Sendung „Voyager" gelüftet. Ein Anthropologe, ein Arzt, ein Kryptozoologe, ein Chemiker, ein Grafologe und ein Meister in Spezialeffekten entdeckten, dass es sich bei diesem in Formalin konservierten Drachen um eine sensationelle Fälschung handelte.

Allistair Mitchell musste, von diesen Experten in die Enge getrieben, vor den Fernsehkameras zugeben, dass es sich um eine Reproduktion handelte, die von Crawley Creatures, einer britischen Firma für Spezialeffekte, hergestellt worden war, und dass er selbst das beiliegende Schreiben erfunden hatte.

Burg San Gottardo schmiegt sich an den Fels

Der **Palazzo Firmian** war neben dem gleichnamigen Schloss ebenfalls Sitz der Grafen von Firmian und dient seit 1985 Mezzocorona als Rathaus. Im zweiten Stock ist er mit Fresken des Südtiroler Malers Paul Troger (1698–1762) geschmückt. Der Palazzo liegt direkt am Hauptplatz von Mezzocorona.

Der Basilisk mit dem Krokodilskopf
Mezzocorona

Die heute verfallene Burg San Gottardo, deren restliche Mauern sich in einer Felsenhöhle oberhalb von Mezzocorona befinden und auch von der Autobahn her sichtbar sind, galt als Höhle eines Basilisken, eines geflügelten Fabeltiers, das die Bevölkerung der Piana Rotaliana in Angst und Schrecken versetzte. In der Tat war dieser Drache mit dem riesigen Krokodilskopf und dem langen, glühenden Kamm von Kopf bis Schwanz fürchterlich anzusehen.
Ein adeliger Ritter hatte ihn mit einer List besiegt und getötet, aber als der Held dem Volk den Drachenkopf vorweisen wollte, brannte sich ein Tropfen Gift des Ungeheuers durch die Rüstung auf seine Haut und verwandelte ihn auf der Stelle in Asche.
Die Lehre aus dieser Geschichte? Man sollte niemals versuchen, ein Geheimnis zu lüften, ohne über die notwendigen Kenntnisse und entsprechende Schutzmaßnahmen zu verfügen.

In vergangener Zeit trug **Castel San Gottardo** den Namen Corona di Mezo. Als *corona* bezeichnet man ein mittelalterliches Bauwerk, das aus dem Inneren einer Höhle herausgearbeitet wurde. Im Trentino gibt es nur vier Burgen dieser Art. Die Ruinen der Burg San Gottardo sind von Castel Firmian aus gut zu erkennen, aber nicht erreichbar.

Der Teroldego, ein Tropfen Drachenblut
Mezzolombardo

Von der geheimnisvollen Wirkung des Teroldego-Rotweins aus Mezzolombardo ist in alten Schriften zu lesen. Einer Überlieferung nach soll die Teroldego-Rebe aus einem Blutstropfen des Drachen entstanden sein, des Basilisken aus Mezzocorona, der von einem Grafen Firmian getötet worden war. Der Graf seinerseits hatte dann seine Kühnheit mit dem Tode bezahlen müssen, war einer anderen Tradition nach aber für immer verstummt. Paulus Diaconus scheint sich auf diese Legende zu beziehen, wenn er den Teroldego als einen „vollen und kompletten Wein" bezeichnet, „der so magisch und geheimnisvoll ist, dass er uns verstummen lässt".
In seiner „Italienischen Reise" notierte Johann Wolfgang von Goethe am 11. September 1786 in seinem Tagebuch: „Die Etsch fließt nun sanfter und macht an vielen Orten breite Kiese. Auf dem Lande, nahe am Fluss, die Hügel hinauf, ist alles so enge an- und ineinander gepflanzt, dass man denkt, es müsse eins das andere ersticken: Weingeländer, Mais, Maulbeerbäume, Äpfel, Birnen, Quitten und Nüsse …".
So begeistert beschreibt er die Piana Rotaliana, den schönsten Weingarten Europas, wo der Rebstock des Teroldego heimisch ist, des ersten mit der DOC-Marke ausgezeichneten Trentiner Weins.
Es handelt sich um eine autochthone Rebsorte, die der Trentiner Historiker Michelangelo Mariani im 17. Jahrhundert als „Fürsten der Weine" verherrlicht hatte, „als Wein, der die Toten auferweckt". Cesare Battisti schrieb 1905 in seiner *„Guida di Mezzolombardo"*: „Der Teroldego ist ein kräftiger Weinstock. Die mittelgroßen, drei- bis fünflappigen Blätter sind auf der Oberseite graugrün, auf der Unterseite wollig. Die Trauben sind kegelförmig, die Beeren klein und rund, mit dünner, tanninhaltiger Haut. Sie reifen frühzeitig. Der aus reifen Trauben gekelterte Wein ist kräftig, ausgezeichnet, süffig und starkfarben. Sein Aroma erinnert an Himbeeren und Stiefmütterchen, mit einer Nuance von Bittermandeln."
Schon in der ersten Hälfte des 19. Jahrhunderts stellte der Weinhandel einen bedeutenden Pfeiler der einheimischen Wirtschaft dar, und mit der Fertigstellung der Brennerbahn im Jahr 1867 konnte er auch auf die deutschsprachigen Länder ausgedehnt werden.

Im **Museo etnografico della distilleria Villa de Varda** (dem ethnografischen Museum der Brennerei Villa de Varda) sind 1.600 Geräte ausgestellt, die mit dem Weinbau und dem Grappa-Brennen zusammenhängen. Die Familie Dolzon hat diese über fünf Generationen hinweg bei der Feldarbeit, in der Kellerei und in der Destillerie gesammelt. Die Sammlung dieses Museums – „Cose di Casa" (Sachen des Hauses) – ist eine der größten und vollständigsten Italiens in diesem Bereich. Das Museum liegt nur wenige Gehminuten vom Zentrum von Mezzolomabardo entfernt (Via Rotaliana 27, Tel. +39 0461 601486, www.villadevarda.com).

Die Gespenster des Castello della Torre
Mezzolombardo

In klaren Mondnächten waren in der Burg einst Schritte und Stimmen zu hören, und Lichter zu sehen, die kamen und gingen. Angeblich trafen sich bei dieser Gelegenheit die Vorfahren der Burgherren, die aber beim ersten Hahnenschrei in dem Tunnel verschwanden, der das Castello della Torre mit dem Castello di San Gottardo verbindet, der in einer Höhle über Mezzocorona gelegenen „Basiliskenburg".

Der Burgkomplex des **Castello di Mezo San Pietro,** später als Castello della Torre (Turmburg) bezeichnet, ist das Ergebnis von Wiedererrichtung, Ausbau und Restaurierungsarbeiten und vereint architektonische Stile aus verschiedenen Epochen. Er ist in privatem Besitz und kann, außer zu besonderen Anlässen wie dem Weihnachtsmarkt, nicht besichtigt werden.

Der Ciuciòi-Garten
Lavis

An der Hauptstraße der Ortschaft Lavis liegt das Haus Taxis-Bordogna mit dem romantischen, faszinierenden Ciuciòi-Garten, den der einheimische Mäzen Tommaso Bortolotti hat anlegen lassen. Treppen, Felsentunnel, neugotische Lauben und heute leer stehende Gewächshäuser schaffen eine magische Atmosphäre, die den Besucher in den Orient versetzt.

Der Überlieferung nach soll sich ein Gast in einer Mittsommernacht in diesem Garten verirrt haben und in Bagdad wieder aufgetaucht sein!

Der **Garten der Ciuciòi**, auch **Bortolotti-Garten** genannt, ist ein riesiger Komplex, auf einer Reihe von künstlichen Terrassen angelegt und umgeben von kunstvollen Konstruktionen, der sich in seinem Stil dem malerischen und vielseitigen Geschmack der ersten Hälfte des 18. Jahrhunderts anpasst. Der Garten ist für Besucher zugänglich (vergewissern Sie sich, dass der Garten nach den letzten Restaurierungsarbeiten wieder geöffnet ist; Tel. +39 0461 1752525).

Das Murenunglück von Zambana
Zambana

In der Geschichte sowie in der volkstümlichen Überlieferung wird viel von verschwundenen, verschütteten oder untergegangenen Dörfern erzählt. Aber nur Zambana wurde durch ein von einem Staatspräsidenten unterzeichnetes Dekret „ausgelöscht".

Das Dorf Zambana nach dem verheerenden Bergsturz

Mit staatlicher Unterstützung wurden viele Familien gegen Lavis auf das andere Noce-Ufer umgesiedelt. Diese „schmerzliche und unpopuläre" Entscheidung stützte sich auf ein geologisches Gutachten, wonach sich die Gegend in „prekärem Gleichgewicht" befand; und schon im Jahr 1955 war hier ein großer Bergsturz niedergegangen.
Aber gerade dort beim alten Dorf liegt der Friedhof der beiden Ortschaften, des alten Dorfs Zambana Vecchia und des neuen Dorfs Zambana Nuova. Seit dem ersten Bergsturz sind fast 60 Jahre vergangen, der Friedhof ist trotz des Ereignisses weiter genutzt worden. Auch die Bewohner von Zambana Nuova finden in Zambana Vecchia ihre letzte Ruhestätte.
Was soll man da von dem alten Fluch halten, nach dem es heißt: „Den Lebenden wird dieses Land niemals Sicherheit geben"?

Das **alte Zambana** liegt am Fuße des Paganella-Berges. Die Landschaft ist noch durch den Bergsturz gezeichnet: Überall liegen Trümmer von eingestürzten Häusern, hie und da die Träger der Seilbahn, die Zambana mit Fai della Paganella verband. Die Kirche Santi Filippo e Giacomo mit ihrem angeschlossenen Friedhof liegt auf einer Anhöhe und erhebt sich einsam aus den Siedlungsüberresten des alten Dorfes. Sie bietet einen idealen Ausgangspunkt für Ausflüge auf die Paganella.

Weitere Informationen

Consorzio Turistico Piana Rotaliana-Königsberg, www.pianarotaliana.it
Mezzolombardo, Corso del Popolo 35, Tel. +39 0461 1752525

Die Stadt Trient

Simonino, eine antisemitische Legende
Trient

1965 wurde der Kult des „heiligen“ Simon von Trient durch ein von Papst Paul VI. unterzeichnetes Dekret offiziell abgeschafft. Ein Jahr darauf wurde die Stadt Trient von einem verheerenden Hochwasser betroffen. Und im Volk wurde gemunkelt …

Aber kommen wir zur Geschichte. Am 23. April 1475, dem Vorabend des jüdischen Passahfestes, verschwindet in Trient das zweieinhalbjährige Kind des christlichen Gerbers Andreas Unverdorben. Drei Tage später, zu Ostern, wird die gemarterte Kinderleiche im Bach vor dem Haus des jüdischen, aus Nürnberg stammenden Geldverleihers Samuel entdeckt und in die Kirche San Pietro in das *contrada todesca*, das „deutsche Stadtviertel“, gebracht.

Die Stadt steht unter Schock. Es werden sofort Untersuchungen eingeleitet. Die Ermittlungsbehörden verhaften alle männlichen Juden der Stadt, im Schloss Buonconsiglio wird ein Prozess angestrengt. Die respektabelsten Vertreter der jüdischen Gemeinden, sogar die Frauen, sollen sich am makabren Ritual der Kreuzigung und Schändung des Kindes beteiligt haben. Auch Moses der Alte, der am meisten geachtete Jude in Trient, habe den gemarterten Leichnam verhöhnt. Sie alle werden im Schloss eingekerkert, neun von ihnen – nach durch Folter erzwungenen Geständnissen – im Juni vor den Toren

Das Martyrium des heiligen Simon von Trient, Darstellung in der Weltchronik von Schedel, 1493

der Stadt hingerichtet. Die anderen Juden werden aus Trient verbannt, ihre Besitztümer beschlagnahmt.
Die Nachricht von diesem vorgeblichen Ritualmord geht wie ein Lauffeuer durch ganz Europa und sie ist so sensationell, dass sie sogar in die vom Nürnberger Arzt Hartmann Schedel (1440–1514) zusammengestellte und 1493 erschienene „Weltchronik“ aufgenommen wird. Dieses Werk erschien in zwei Fassungen: einer lateinischen mit etwa 1.400 Exemplaren und einer deutschen mit etwa 700 Exemplaren, und es gilt als hervorragendes Beispiel deutscher Buchdruckkunst. Die 1.804 Holzschnitte, die mit 643 teilweise mehrfach verwendeten Holzstöcken gedruckt wurden, stellen historische Ereignisse und große Persönlichkeiten der Weltgeschichte, Stadtansichten und Landkarten dar. Die Weltchronik wurde von der Erschaffung der Welt bis in die (damalige) Gegenwart in sechs Weltalter unterteilt, und im sechsten Buch finden sich die Beschreibung und das Bild vom Märtyrertod des Simon von Trient unter dem Titel: „Symon ein Kind wardt von den Juden ertödt“.
Vom Mittelalter bis ins 19. Jahrhundert hinein sind die Juden mehrfach dieses und anderer Ritualmorde bezichtigt worden.

Im Hintergrund das Castello del Buonconsiglio

Und nach mehreren Jahrhunderten stellt sich noch heute die Frage: Wer hat den *goi katan*, den „jungen Christen“, getötet?
Handelte es sich wirklich um einen Ritualmord, wie eine Minderheit unter den aschkenasischen Juden ihn angeblich praktizierte?
Der Fall des Simon von Trient, der Ende 1472 als Simon Unverdorben zur Welt gekommen war, rückte Anfang 2007 erneut ins Rampenlicht: mit dem heftig umstrittenen Buch „Pasque di Sangue“ („Passahfest des Blutes“, Verlag Il Mulino) des italienischen Historikers Ariel Toaff, der an der Bar-Ilan University in Tel Aviv Geschichte jüdischer Riten in Mittelalter und Renaissance lehrt. Ariel Toaff, ein Sohn von Elio Toaff, dem ehemaligen Oberrabbiner von Rom, behauptet in dieser auf historischem Archivmaterial basierenden Publikation, dass Ritualmorde an Christenkindern im 15. Jahrhundert möglich gewesen wären, besonders seitens aschkenasischer Juden, die zur Zeit des Geschehens um Simon Unverdorben auch in Trient lebten.
Gegen Ariel Toaffs Thesen ereiferten sich nicht nur sein Vater, der Rabbiner Elio Toaff, der die Ritualmorde kategorisch verneinte und sie als antisemitische Verleumdungen bezeichnete, sondern auch Trentiner Historiker, die sich

lange mit diesem Fall beschäftigt hatten: Monsignor Iginio Rogger, Diego Quaglioni und der Franziskanerpater Frumenzio Ghetta vertraten die Ansicht, dass es sich nicht um einen Ritualmord gehandelt habe, und die Geständnisse mittels Foltermethoden erzwungen worden seien.
Angesichts dieser Polemiken zog Ariel Toaff sein angefeindetes Buch nach wenigen Tagen aus dem Handel, brachte es aber Anfang 2008 in einer überarbeiteten Ausgabe mit neu interpretierten Fakten heraus. Er bezeichnete die Geschehnisse in Trient als „einen grotesken Splitter des jüdischen Archipels im Norden" und vertrat jetzt die Ansicht, dass „die sogenannten Ritualmorde als Mythen anzusehen sind, dagegen nicht als Riten der in deutschsprachigen Ländern oder in Norditalien lebenden jüdischen Gemeinschaften, die vom Mittelalter an dieser Morde beschuldigt wurden". In einem langen Nachwort erläuterte und rechtfertigte der Historiker den Kernpunkt seiner Recherchen und entkräftete die an seiner Arbeit geübten Kritiken. Zugleich unterstrich er auch, dass die wissenschaftliche Freiheit immer Vorrang haben müsse, auch hinsichtlich umstrittener Fragen nicht des Judentums an sich, sondern des Verhaltens einzelner jüdischer Gruppen.
Mit der Beschuldigung der Juden schien der Mordfall des Simon von Trient im Jahr 1475 eine Lösung gefunden zu haben. Doch bald ging das Gerücht um, dass es sich in Wirklichkeit nicht um einen von den Juden begangenen Ritualmord gehandelt habe, sondern um ein von einem Freund von Simons Mutter verübtes Verbrechen.
Auf jeden Fall lebte damals in Trient eine jüdische Gemeinschaft. Die ältesten Hinweise auf die Anwesenheit von Juden in Tirol finden sich aus der Zeit des Landesfürsten Meinhard II., als die Nachfahren von jüdischen Geldverleihern aus Mitteleuropa über die Alpen in den Süden zogen. Schon um die Wende vom 13. zum 14. Jahrhundert sind in fast allen norditalienischen Städten jüdische Familiennamen anzutreffen, die ihre Herkunft aus deutschen Städten bezeugen. Die Angehörigen der jüdischen Gemeinschaften bekleideten im Handel und in der Tiroler Landesverwaltung hohe Ämter. Einige wurden als Zolleinnehmer oder Münzverwalter erwähnt. Die Tiroler Landesfürsten stellten die jüdischen Gemeinschaften – natürlich gegen Entrichtung entsprechender Abgaben – unter ihren Schutz. Während der verheerenden Pest des Jahres 1348 nahm jedoch auch im „Land im Gebirge" die Diskriminierung der Juden zu. Schon beim 4. Laterankonzil 1215 war Andersgläubigen wie Juden und Muslimen eine besondere Kleiderordnung auferlegt worden, die zur Kontrolle und Ausgrenzung dieser Minderheiten diente. Juden hatten die Farbe Gelb zu tragen, die sie als Außenseiter stigmatisierte: einen gelben Ring an Brust oder Schulter, einen gelben Schal oder einen gelben, spitzen „Judenhut". Ferdinand I. erließ 1551 eine Verordnung, wonach Juden an ihrer Außenkleidung

in Brusthöhe gut sichtbar einen gelben Ring anzubringen hatten – wer dieses Gebot missachtete, wurde des Landes verwiesen. Der gelbe Ring war der Vorläufer des Judensterns der Nationalsozialisten.

Die Geschichte um Simonino hat in die christliche Kunst mit Gemälden, Skulpturen und Stichen Eingang gefunden, die das Martyrium darstellen und veranschaulichen. Unter den in Trient aufbewahrten Kunstwerken befinden sich zum Beispiel eine Schnitzerei, die aus der Kirche San Pietro stammt und im **Museo Diocesano Tridentino** (Trientner Diözesanmuseum) aufbewahrt wird (Palazzo Pretorio, Piazza Duomo 18, Tel. +39 0461 234419, www.museodiocesanotridentino.it), zwei steinerne Medaillons an der Fassade des **Palazzo Salvadori** (Via Manci), dort, wo vor der Vertreibung der jüdischen Gemeinde die Synagoge stand, und ein kleines Gemälde, das im **Castello del Buonconsiglio** zu sehen ist (Via Bernardo Clesio 5, Tel. +39 0461 233770, www.buonconsiglio.it).

Von Folter und Todesstrafe
Trient

Der Trentiner Gelehrte Tommaso Gar (1808–1871) veröffentlichte 1858 über die Druckerei Monauni in Trient den italienischen Text der Trentiner Statuten aus dem Jahr 1528. Diese Satzungen gründeten auf den von den Fürstbischöfen anerkannten Gewohnheitsrechten von 1027, als Kaiser Konrad der Salier der Kirche San Vigilio und dem Bischof Ulrich sowie seinen Nachfolgern die Grafschaft Trient mit den entsprechenden Zuständigkeiten vermachte.

Es handelte sich um ein sehr altes Dokument, das stellenweise einer Chronik unserer Tage gleicht. Doch kommen wir auf die Vergehen und Strafen zu sprechen, die im dritten Buch der Statuten angeführt werden: Verschwörung, Geldfälschung, Giftmord, Meuchelmord und Tötung, Verletzung, Beleidigung, Brandstiftung, Ehebruch mit Vergewaltigung, einfacher Ehebruch, Vergewaltigung, Entführung, Konkubinat, Bigamie, Kuppelei. Gotteslästerung, Siegel-, Urkunden- und Namensfälschung, falsches Zeugnis, Verleumdung. Raubüberfall, Diebstahl, Plünderung, kleine Diebstähle, Familiendiebstahl, vorsätzliche Beschädigung, Grenzsteinentfernung, zweifacher Verkauf und Gewährung von Unterkunft an Übeltäter.

Es überkommt einen wie ein Albtraum, stellt man sich die dunklen Gassen Trients im 16. Jahrhundert, den Schatten des Torre Verde, der damals als Kerker diente, das Wehgeschrei der Gefolterten, das Gebrüll der Henker und das Gewimmer der Bruderschaft des guten Todes vor. Auf Verschwörung gegen den Fürsten, die Stadt und die umliegenden Burgen und Dörfer stand die Todesstrafe: Die Adeligen wurden enthauptet, die Männer aus dem Volk gehenkt und die Frauen auf dem Scheiterhaufen verbrannt.

Auch Geldfälscher wurden zum Feuertod verurteilt, wer falsche Goldmünzen im Wert von mehr als drei Dukaten hergestellt hatte, bekam eine Geldstrafe, und wenn er nicht innerhalb von drei Monaten zahlte, wurde ihm die rechte Hand abgeschnitten. Zu damaligen Zeiten mussten etliche Leute ohne rechte Hand sein, denn diese Strafe galt auch für Giftmord. Gift durfte nur von den Apothekern verkauft und als Heilmittel nur von Ärzten verschrieben werden, die sich um Hautleiden und Knochenbrüche kümmerten. Die rechte Hand wurde außerdem Personen amputiert, die anderen Leuten Verletzungen zugefügt hatten, besonders wenn sie dabei maskiert gewesen waren und Blut geflossen war.

Auf Fluchen stand eine Geldstrafe, bei Zahlungsunfähigkeit dreimaliges Eintauchen in die Etsch, auf Gotteslästerung die übliche Amputation der rechten Hand und der Zunge. Mit der rechten Hand bezahlte auch, wer das fürstbischöfliche Siegel gefälscht oder bei Zivilprozessen andere verleumdet hatte. Anders bei Ehebruch: Auf Ehebruch mit Vergewaltigung einer ehrsamen Frau stand die Todesstrafe, die aber ausgesetzt wurde, wenn der Angeklagte sich mit der Frau und ihrem Ehemann versöhnte. Vergewaltigung einer sittenlosen Frau wurde nur mit einer Geldstrafe belegt. Die Vergewaltigung einer Jungfrau wurde mit dem Tode bestraft, sofern der Täter sich nicht mit ihr und drei nahen Verwandten versöhnte.

Die Entführung einer verheirateten Frau wurde nur in zwei Fällen mit dem Tode bestraft: 1.) wenn sie einer angesehenen Familie angehörte, 2.) wenn nicht nur die Frau entführt, sondern auch ihr Vermögen geraubt wurde.

Wenn eine Frau ihren Ehemann verließ, wurde sie ausgepeitscht und verbannt, wenn ihr Mann ein Adeliger war, wurde sie eingekerkert oder getötet. Der Bigamie oder des Konkubinats angeklagte Männer wurden mit einer Geldstrafe belegt. Dirnen waren toleriert, mussten aber an der linken Schulter ein gelbes Band tragen.

Sobald den jeweiligen Umständen entsprechend die Untersuchung eingeleitet oder der Beschuldigte auf frischer Tat ertappt worden war, begann das Rechtsverfahren gegen ihn: Er wurde entweder verhaftet oder vorgeladen. Die Folter war nur bei besonders schweren Verbrechen erlaubt, etwa bei Straßenraub, Diebstahl, Geldfälschung und Betrug. Bei der Folterung mussten zwei Konsuln und zwei Gastalden anwesend sein, damit nicht „übertrieben" wurde – wobei man sich fragen mag, was genau das bedeutete. Wenn es zwei Zeugen und andere legitime Beweise gab, konnte der Angeklagte in Abwesenheit verurteilt und verbannt werden, und jeder hatte das Recht, ihn zu töten.

Dies alles ist in den Trentiner Statuten aus dem Jahr 1528 zu lesen. Aber mehr noch als die schriftlichen Archivurkunden sagen uns im Volk überlieferte Geschichten etwas über den Zeitgeist.

So dürfen wir nicht vergessen, dass im frühen 16. Jahrhundert, in der Zeit von 1501 bis 1505, im Val di Fiemme (Fleimstal) nicht weniger als 17 Hexenprozesse über die Bühne gegangen sind und dass im Val di Fassa (Fassatal) wenige Jahrzehnte später drei Maxiprozesse angestrengt wurden: gegen zwei Frauen namens Ursula (1573), gegen Maddalena Pilat und ihre Gefährtinnen (1627–1631) und gegen Giuliana da Pozzo (1642–1644). In den Jahren 1613 und 1614 endeten acht Hexenprozesse im Val di Non (Nonstal) mit dem Feuertod der Angeklagten, während zwischen 1646 und 1661 die „Hexen" in Nogaredo vor Gericht standen. Ein wahrhaft dunkles Zeitalter.

Wir möchten hier zwei beispielhafte Legenden erzählen – Storys, in denen sich historische Fakten mit volkstümlich ausgemalten Überlieferungen verquicken.

In der einen Geschichte ist von einem Mann die Rede, der immer die Grenzsteine versetzte – was mit einer schrecklichen Strafe geahndet wurde: Der Schuldige musste nach dem Tod mit dem Kopf unter dem Arm (dem linken, denn natürlich fehlte ihm die rechte Hand) umhergehen und mit tiefer Stimme fragen, wo er seinen oberen Grenzstein, das heißt, den Kopf, „setzen" konnte.

Auch Treuebruch, in der Ehe wie in der Freundschaft, konnte schwerstens bestraft werden – wie es in dieser Geschichte erzählt wird:

„Vor vielen, vielen Jahren lebte auf dem Monte Bondone ein Adler, genauer gesagt, ein Adlerweibchen. Sie hockte auf einem Felsvorsprung, von dem aus sie die Stadt Trient und das Etschtal überblicken und alles kontrollieren konnte. Bisweilen schaute sie den Bauern bei der Arbeit zu. Einer gefiel ihr besonders gut: Er winkte ihr immer freundlich zu, rief sie mit lauten Pfiffen. Allmählich wurde das Adlerweibchen zutraulich, ließ sich bei der Arbeit in seiner Nähe nieder. Und der Mann versorgte sie mit leckeren Bissen aus der Speisekammer und erzählte ihr alles von seinem Leben, auch von seiner geschwätzigen, eifersüchtigen Frau, die sich nicht damit abfinden wollte, dass ihr Mann sie – mit einer Adlerin – betrog.

Eines Tages – der Mann hatte seiner Adlerfreundin eine saftige Hasenkeule mitgebracht – begann seine Frau ihn zu beschimpfen und zu begeifern, sodass er sich in den Holzschuppen flüchtete. ‚Wenn ich Holz haue, haue ich nicht sie', dachte er. Doch er hatte sich geirrt: Das Beil entglitt ihm und traf seine Frau mitten auf den Kopf. Der Bauer lief erschrocken fort, wurde aber erwischt und in den Torre Verde eingekerkert. Ein Albtraum! Die Zelle war feucht und finster, Mäuse flitzten von einer Ecke zur anderen, und die Schreie der Gefolterten raubten ihm den Schlaf. Beim Prozess wurde der Bauer zum Tode verurteilt.

Früh am Morgen glaubte er, eine feine Stimme zu hören. Hatte er geträumt? Eine Nachtigall flüsterte ihm zu, dass seine Adlerfreundin ihn grüßen ließ und ihn retten würde.

Der Domplatz von Trient

Der Bauer wurde auf den Domplatz geführt. Eine Riesenmenge drängte sich um das Schafott, beäugte neugierig den Henker, die acht Bewaffneten, die den Bauer geleiteten sowie die *Fratelli della Buona Morte* (Bruderschaft, die sich um den seelischen Beistand der zum Tode Verurteilten kümmerte), die ihm vorangingen.
‚Wo ist meine Adlerfreundin?', rief der Bauer aus. Und das Adlerweibchen kam in weiten Kreisen vom Himmel herab und setzte sich auf das Dach des Palazzo Pretorio. Der Henker, die Soldaten, die Brüder des guten Todes, die Zuschauer: Alle waren sprachlos. ‚Ich bin unschuldig', rief der Bauer, ‚sie hat mich verhext, die Adlerfrau dort. Sie hat mich angestiftet, meine Frau zu töten!', um dann zu schwören: ‚Wenn ich lüge, soll sich der Adler in Stein verwandeln'.
Das Henkerbeil sauste auf den Bauern nieder, der seine Frau getötet hatte. Doch der Adler wurde zu Stein: als Beweis der Schuld des Bauern, der die Liebe und die Freundschaft gebrochen hatte. Der steinerne Vogel ist am Domplatz geblieben, am Brunnen unter der Casa Rella, an der Ecke zur Via Belenzani."

Der **Torre Verde** (grüner Turm) steht nicht weit vom Castello del Buonconsiglio entfernt und verdankt seinen Namen seinem gelb und grün gekachelten Dach. Im Mittelalter diente der Turm als Gefängnis, später wurde er dann als Magazin für die Flussfahrt und Pulverlager genutzt. Der Turm ist nicht für Besucher zugänglich.

Der **Torre Civica** (Bürgerturm) hingegen beherrscht gemeinsam mit dem Palazzo Pretorio (Sitz des Trentiner Diözesan-Museums) das Bild des Domplatzes. Mit seiner großen Uhr dient er den Bürgern der Stadt heute nur mehr als zeitliche Orientierung, doch in vergangener Zeit war in ihm das Gefängnis untergebracht. Aus jenen Zeiten blieb auch die Campana della Renga (Glocke der Renga) erhalten, die die Bürger zum *arengo* rief, zur Volksversammlung, und zur Vollstreckung der Todesstrafe auf dem darunterliegenden Domplatz. Der Turm kann besichtigt werden (für Informationen über die Öffnungszeiten kontaktieren Sie das zuständige Amt in Trient, Tel. +39 0461 884453).

Die sieben „M“ in Santa Maria Maggiore
Trient

Das große Konzil der Gegenreformation (1545–1563) war – als Reaktion auf die Reformation und zur Bekräftigung der päpstlichen Autorität – nach Trient einberufen worden. Mit besonderer Spannung wurde natürlich Martin Luther erwartet. Die Historiker bestreiten seine Anwesenheit in der Stadt, in der volkstümlichen Überlieferung dagegen heißt es, er sei, wenn auch inkognito, sehr wohl nach Trient gekommen.

Die Kirche Santa Maria Maggiore in Trient

Ein mit einem weiten schwarzen Mantel angetaner, sicher aus dem Norden angereister Bettler soll sich in der Stadt herumgetrieben haben, und einige sollen ihn als Martin Luther erkannt haben, der die Beschlüsse der Konzilsväter mit eigenen Ohren hören wollte. Eines Nachts soll er sich in die Kirche Santa Maria Maggiore, die Tagungsstätte des Konzils, geschlichen und dort in einem Beichtstuhl versteckt haben. Er flüchtete in der folgenden Nacht, hinterließ aber an der Kirchenwand mitten im Langhaus sieben rätselhafte, pyramidenförmig angeordnete „M“. Die sonderbare Inschrift wurde so gedeutet: *Maledetto Madruzzo, Martino mai muterà, meglio morire!* – „Verfluchter Madruzzo, Martin wird lieber sterben als seine Meinung ändern!“

Die Konzilsväter ließen zur Beschwörung dieses Fluchs eine Messe lesen, die Inschrift wurde ausgelöscht, aber …

Die **Kirche Santa Maria Maggiore** war wichtigster Schauplatz des Konzils von Trient: In dieser Kirche fanden die Versammlungen während der gesamten dritten Tagungsperiode statt, und zwar zwischen April 1562 und Dezember 1563. Die Kirche wurde von Fürstbischof Bernardo Clesio in Auftrag gegeben und zwischen 1520 und 1524 nach einem Entwurf von Antonio Medaglia gebaut. Sie ist für Besucher geöffnet (Piazza Santa Maria Maggiore, Tel. +39 0461 230037).

Weitere Informationen

Azienda per il Turismo Trento, Monte Bondone, Valle dei Laghi, www.apt.trento.it
Ufficio di Trento, Via Manci 2, Tel. +39 0461 216000

Umgebung von Trient

Der Schatz am Doss Trento
Trient

Über Trient ragt im Westen ein Felsenhügel auf, den die Trentiner Doss Trento nennen. Es handelt sich um eine uralte Siedlung, auf der heute die Reste einer frühchristlichen Basilika, das Historische Alpinimuseum und das Mausoleum für den italienischen Freiheitshelden Cesare Battisti, der 1916 von den Österreichern hingerichtet wurde, zu sehen sind.
In uralten Zeiten soll hier ein unbekannter Wanderer, vielleicht der Teufel in Person, einen Schatz versteckt haben. Der spätere Duce Benito Mussolini, der um 1910 als Redakteur der Zeitung „Il Popolo" in Trient lebte, behauptete, dass dieser Schatz gefunden worden wäre und zur Finanzierung „guter Werke" gedient habe. In Wirklichkeit war das Geld wohl in die Kassen der Zeitung geflossen, die von Ida Dalser gesponsert wurde, der damaligen Lebensgefährtin Mussolinis. Die Dalser wurde, als Mussolini an die Macht gekommen war,

Die Kirche Sant'Apollinare mit dem Doss Trento im Hintergrund

in eine Irrenanstalt eingeliefert, wo sie auch starb (siehe Pergine Valsugana auf Seite 134).

Das **Museo Storico delle Truppe Alpine** (Tel. +39 0461 827248, Historisches Museum der Alpinen Streitkräfte, www.esercito.difesa.it) dokumentiert die Geschichte der *penne nere* (der schwarzen Federn) durch Gegenstände, Waffen, Fotos und Dokumente. In der Krypta des Museums ist der Schrein für goldene Verdienstmedaillen für besondere militärische Leistungen untergebracht. In der Nähe des Museums befindet sich das Mausoleum Cesare Battistis. Der Doss Trento ist vom Viertel Piedicastello aus zu Fuß in 20 Minuten zu erreichen.

Martignano und die Venusstatuen
Trient

In einem Felsunterstand im Ortsteil Gaban sind Spuren menschlicher Besiedlung zutage getreten, die von der Mittelsteinzeit bis zur Bronzezeit reichen. Interessant und rätselhaft sind unter diesen Funden die sogenannten Venusstatuen: weibliche Figuren aus Knochen oder Stein von magisch-ritueller Bedeutung, die dem Kult der Muttergöttin zugeordnet werden können. Sehr geheimnisvoll ist eine mit Ritzzeichnungen verzierte Knochenflöte. Alle diese Objekte, die sich im Museum des Schlosses Buonconsiglio befinden, zeugen von möglichen kulturellen Beziehungen zwischen den letzten Jägern in den Alpen und den ersten Bauern des Mittelmeerraums sowie des Balkangebiets zwischen dem 6. und dem 5. Jahrhundert vor Christi Geburt.

Die **Fundstelle des Gaban-Unterstands** wurde im Jahr 1970 im Zuge von paläoethnologischen Untersuchungen des Trientner Naturkundemuseums entdeckt, die von einer Gruppe örtlicher Archäologie-Interessierter durchgeführt wurden. Der Gaban-Unterstand befindet sich bei Piazzina di Martignano in der Nähe des Pasquali-Hofes, in einem kleinen Tal, das parallel zur linken Seite des Valle dell'Adige verläuft. Die Fundstelle ist nicht für Besucher zugänglich.

Der Goldtropfen
Povo

Bei Graffiano di Povo erhebt sich auf einem Hügel am Rio Salè die Ruine der alten Burg Pietrapiana. Ein anderer Hügel, der über der Stadt Trient aufragt, wird als Gocciadoro bezeichnet, als „Goldtropfen".

In einer finsteren Nebelnacht, so wird erzählt, kam ein Bauer aus Povo an der Burgruine Pietrapiana vorbei, als er auf einmal jemanden jammern und wimmern hörte. Er tastete sich vorwärts und sah einen Zwerg, der mit seinem langen Bart in einem Brombeergestrüpp hängen geblieben war. Der Bauer, der sich von der „Größe“ des Armen nicht beeindrucken ließ, rief aus: „Geduld, guter Mann, jetzt helfe ich dir.“ Mit der Sichel, die er immer bei sich hatte, zerschlug er das Gestrüpp und befreite den Zwerg. Das dankbare Männlein forderte den Bauern auf, ihm in einen Gewölbekeller unter dem Burgturm zu folgen. Fässer über Fässer standen in dem dunklen Raum. Der Zwerg zapfte eines an und reichte dem Bauern ein Glas mit einem goldgelben Saft. „Das ist ein wahrer Goldtropfen!“, rief der Bauer aus. Der Zwerg war über den Namen *goccia d'oro* so glücklich, dass er dem Bauern ein ganzes Fass voll Wein schenkte, dazu aber auch, sorgsam in ein Hanftuch eingewickelt, einen Rebstock, den der Bauer in seinem Garten einpflanzte.

Es war ein süffiger Wein geboren, der bis heute Gocciadoro heißt.

Die Ruinen des **Castello di Pietrapiana** liegen heute unter dichtem Gestrüpp versteckt im Parco di Gocciadoro, dem größten (11 Hektar) und meistbesuchten Park der Stadt Trient. Dieser erstreckt sich vom Rione della Bolghera (Stadtteil der Bolghera) hinter dem Krankenhaus Santa Chiara di Trento bis nach Povo. Auch zahlreiche Tiere wie Füchse, Eichhörnchen, Siebenschläfer und verschiedene Vogelarten haben dort einen Lebensraum gefunden.

Weitere Informationen

Azienda per il Turismo Trento, Monte Bondone, Valle dei Laghi, www.apt.trento.it
Ufficio di Trento, Via Manci 2, Tel. +39 0461 216000

2. Von Trient bis Rovereto: das Vallagarina

Das rechte Etschufer

Der Freiheitsheld Cesare Battisti
Aldeno

An der Außenwand des Lebensmittelgeschäfts Famiglia Cooperativa in Aldeno befindet sich eine Tafel zur Erinnerung an die Nacht vom 10. auf den 11. Juli 1916, die Cesare Battisti, ein Trentiner Freiheitsheld, gemeinsam mit seinem Waffengefährten Fabio Filzi aus Rovereto hier verbracht hat. Die zwei am Monte Corno im Vallarsa gefangen genommenen Patrioten wurden am 11. Juli in der Früh nach Trient geführt, wo Cesare Battisti am 12. Juli 1916 von den Österreichern hingerichtet wurde. An die rätselhafte Präsenz der beiden Freiheitshelden konnte sich eine alte Frau aus Aldeno noch lange erinnern, die zu jener Zeit drei Jahre alt gewesen war. Sie vernahm damals ein sonderbares Geräusch, und als sie den Kopf hob, warf ein unbekannter junger Mann ihr von einem Fenster aus eine Geldmünze zu. Das kleine Mädchen lief in den Laden, um sich Bonbons zu kaufen. Später erfuhr sie dann, dass es sich bei dem Unbekannten um Fabio Filzi gehandelt hatte.

Um der Durchreise **Cesare Battistis** durch Aldeno zu gedenken, wurde der zentrale Platz der Ortschaft nach ihm benannt und nicht weit davon entfernt (in der Via Dante) eine **Gedenktafel** angebracht, auf der zu lesen ist: „In diesen Mauern verbrachte der Märtyrer und Held Cesare Battisti, der, Christus nachahmend, Hohn und Spott tapfer und mit Fassung ertrug, die letzte Nacht mit seinem Gefährten Fabio Filzi. Beide wurden sie vom von ihnen verabscheuten Österreich zu Unrecht zum Tode durch den Strang verurteilt. 1916."

Ansicht Aldenos

Der Arione und der tropische Wald
Aldeno

Der Arione stürzt vom Monte Bondone herab, um dann in Aldeno zwischen zwei Häuserreihen zu verlaufen, denen man noch heute die Schäden durch die vielen Hochwasser ansieht, die der Wildbach hier verursacht hat.
Mit etwas Fantasie kann man sich am Arione und in seiner Schlucht in einen tropischen Regenwald versetzt fühlen, wo – so wird gesagt – die gleichen Pflanzen wachsen und die gleichen Vögel leben wie am Amazonas.

Der **Rio Arione** entspringt dem Lago di Lagabis (Lagabis-See, auch Lago di Cei genannt), der sich in der Gemeinde Villa Lagarina befindet, fließt Richtung Norden und mündet dann in den Rio di Cimone (Cimone-Fluss), der seinerseits bei Aldeno in das Vallagarina-Tal einmündet. Das Valle degli Inferni in der Nähe von Aldeno bietet einen beeindruckenden Blick auf den Flusslauf und die oben beschriebene Landschaft.

Die Flöße der Spanier
Cimone

Foto der barcarola aus dem Jahr 1975

Einer alten Überlieferung nach soll Cimone, ein an den Hängen des Monte Bondone gelegenes Dorf, von Spaniern gegründet worden sein, die auf der Flucht vor ausländischen Soldaten bis hier herauf gelangt waren. Damit niemand Verdacht schöpfte, hatten die Spanier auch die Flöße, auf denen sie die Etsch herabgekommen waren, bis ins Gebirge geschleppt. Das mag wahr oder erfunden sein – aber es ist eine Tatsache, dass in Covelo jedes Jahr die *barcarola* gefeiert wird, bei der ein Boot gebaut und auf einem Karren durch das Dorf gezogen wird. Vielleicht hängt diese Tradition aber eher mit dem *carro-navale* (Schiffskarren) zusammen, dem Wagen des Dionysos, der am Anfang aller Faschingsumzüge mit geschmückten Wagen steht.
Andere Interpretationen sind, laut Mariano Rossi vom Pro Loco (Tourismusverein) Cimone, zum einen die Erinnerung an die Auswanderung nach Übersee (symbolisiert durch das Schiff); zum anderen die besser dokumentierte These eines Flusshafens, der sich einst in Aldeno befand.

Die **Barcarola** ist eine traditionelle Feier, die alle 25 Jahre (1950, 1975, 2000, 2025) in Cimone und den angrenzenden Dörfern zwischen Karneval und Frühsommer stattfindet. Dabei wird ein großes Boot zu den umliegenden Höfen gebracht. Auf dem Boot befinden sich der Steuermann, acht schwarze Sklaven, die rudern, und verschiedene andere Charaktere. Während der 25 Jahre, die von einer Feier zur nächsten vergehen, wird das Boot in einem Tunnel längs der alten Straße abgestellt, die von Cimone zum Lago di Cei führt. Für weitere Informationen kontaktieren Sie bitte den Fremdenverkehrsverein von Cimone (Mariano Rossi, Tel. +39 348 5218181).

Heilkräuter und Heubäder
Garniga Terme

Die Heilkräuter, die am 24. Juni, dem Johannistag und Tag der alten Sonnwendfeier, in Garniga oberhalb von Aldeno, aber auch auf anderen Almen gesammelt werden, gelten als „magisch". Diese Pflanzen sind Absinth, Pestwurz, Perückenstrauch, Arnika und Schwarze Tollkirsche.

Die **Terme di Garniga** (Thermen von Garniga, Via Bagni di Fieno 13, Tel. +39 0461 842818, www.termedigarniga.it) sind das einzige Thermalbad in Italien, das sich auf Heubäder spezialisiert hat. Das Gras für die Bäder wird auf der Hochebene der Viote des Monte Bondone frühmorgens gemäht, noch bevor die Sonne den Tau trocknen kann, um dann ins Thermalbad gebracht zu werden, wo es zwei oder drei Tage lang getrocknet wird, bis es auf natürliche Weise eine Temperatur von 55 bis 60 °C erreicht.

Die Arche Noah auf dem Monte Bondone
Garniga Terme

Als die Sintflut zu Ende war und das Wasser sich zurückzuziehen begann, suchte Noah nach einer Anlegestelle für sein Schiff. Die Strömungen waren stark und gefährlich, doch plötzlich sah er aus dem riesigen Ozean, der die Erde bedeckte, eine Felsspitze aufragen. Er legte an diesem Felsen an und blieb dort für eine gewisse Zeit. Wie lange? Das ist schwer zu sagen, denn die Zeiten in der Antike waren sehr lang. Noah selbst, der bei der Sintflut schon 600 Jahre alt war, lebte, so heißt es, noch viele, viele Jahre.

Auf dieser Bergspitze wuchsen schmackhafte Kräuter, mit denen Noah endlich den Hunger seiner Gras und Samen fressenden Tiere stillen konnte.

Die kleine Bergspitze, an der Noah angelegt hatte, soll der Monte Bondone gewesen sein. Die Tiere verstreuten die verschiedensten Samen, die sie in ihrem Vlies herumtrugen, auf diesem Berg, sodass im botanischen Garten des Mon-

te Bondone heute Pflanzen und Blumen nicht nur aus den Alpen und dem Apennin wachsen, sondern auch aus den Pyrenäen, vom Balkan, aus den Karpaten und dem Kaukasus. Sogar typische Pflanzen aus dem Himalaja und den Anden sind hier anzutreffen.
Nach diesem Aufenthalt setzte Noah seine Seefahrt gegen Osten fort und langte, wie es in der Bibel erzählt wird, auf dem Ararat an.

Der **Giardino Botanico Alpino Viote - Monte Bondone** (Tel. +39 0461 948050, www.mtsn.tn.it) erwartet seine Besucher mit über 3.000 alpinen Pflanzenarten, darunter vor allem Heilpflanzen und vom Aussterben bedrohte Spezies, die nach ihrem geografischen Herkunftsort angeordnet sind. Der botanische Garten liegt 20 Kilometer von Aldeno entfernt an der Strada provinciale (Landstraße) Nr. 25.

Das Mausfeld
Castellano

Man erzählt sich, dass einst ein Bauer den Grafen von Lodron, der eine perfekt dressierte Katze besaß, herausforderte: Er könne das Tier mit Futter in Versuchung führen. Der Graf bot eines seiner Felder als Wetteinsatz.
Während eines Banketts balancierte die Katze gerade reglos eine Kerze auf ihrer Schnauze, als plötzlich eine Maus über den Tisch huschte. Die Katze fing sie sofort, der Graf verlor seine Wette und hielt sein Wort. Der schlaue Bauer wurde der neue Besitzer des Feldes, welches von da an *Camp dal Sorz* (Mausfeld) genannt wurde.

Die Legende *„El campo dal sorz"*, die in der Dorfgemeinschaft von Castellano von Generation zu Generation mündlich weitergegeben wurde, wurde 1862 von **Don Zanolli**, der ein Kenner der Geschichte von Castellano war, schriftlich festgehalten (Associazione culturale Don Zanolli, Viale Lodron 1, Tel. +39 0464 801246, castellanostoria@libero.it).
Das **Castello di Castellano** war ab 1456 im Besitz der Grafen von Lodron. Es kann nach telefonischer Voranmeldung besichtigt werden (Tel. +39 0464 801177).

Die Hexenprozesse von Nogaredo
Nogaredo

Im Jahr 1998 wurde das Dorf Nogaredo in Nogaredo delle Strie (Nogaredo der Hexen) umgetauft, um damit an die großen Hexenprozesse (den Urkunden nach mindestens acht) zu erinnern, die hier im 17. und 18. Jahrhundert im Ansitz der Grafen Lodron über die Bühne gingen. Der bekannteste dieser Prozesse, der im Herbst 1646 begann und nach fünf Monaten im April 1647 abgeschlossen wurde, betraf zahlreiche Einheimische, die im Kerker von Castelnuovo gefoltert wurden. Am Ende wurden neun Frauen zum Tode verurteilt: Eine beging Selbstmord, drei konnten flüchten, aber die übrigen wurden enthauptet und dann verbrannt, und ihre Asche wurde auf dem Giare-Gelände verstreut. Zur Urteilsvollstreckung wurde eigens der „offizielle" Henker des Fürstbistums Trient ins Dorf berufen, ein gewisser Ludwig Oberdorfer, der seinen Wohnsitz in Meran hatte. Die Einwohner des gesamten Gerichtsbezirks mussten der Hinrichtung beiwohnen. Wer sich weigerte, musste eine

Die heilige Walpurga

Mit dem 1. Maitag beginnt das Licht über die Finsternis zu siegen, und am Vorabend können die Menschen, wie in jeder Übergangsphase, mit der Unterwelt und den Toten Verbindung aufnehmen. „Wie in der tellurischen Matrix begrabene Samen", schreibt der rumänische Religionswissenschaftler und Philosoph Mircea Iliade (1907–1986), „warten die Toten auf eine Rückkehr ins Leben. Sie haben Durst auf biologischen Überfluss, auf organischen Exzess jeder Art; denn die Überfülle an Leben gleicht ihre Armut an Substanz aus und versetzt sie in eine ungestüme Strömung aus Lebenskraft und Keimung".

Hippokrates war der Ansicht, dass die Geister der Verstorbenen die Samen zum Keimen und Wachsen bringen. Aus diesem Grund nähern sich in der Nacht vom 30. April auf den 1. Mai die Toten den Lebenden, und das besonders in den Momenten höchster Spannung des Lebens, wie zum Beispiel bei den Fruchtbarkeitskulten, wenn die Zeugungskräfte der Natur und des Menschen bei Riten und Orgien evoziert und bis ins Extreme gesteigert werden. Diese Feste endeten mit der rituellen Vertreibung der Toten und dem Beginn des „neuen Lebens". Über diese Nacht wachte die große Fruchtbarkeitsmutter, die das Geschick der Samen wie der Toten lenkte.

Mit der Christianisierung Europas erfuhr die Nacht zum 1. Mai eine Umwandlung. Jetzt hieß es nicht mehr, dass die Toten auf die Erde zurückkehrten, sondern dass Hexen, Hexer und Teufel aus der sichtbaren Welt vertrieben werden mussten. Und dazu bedurfte es der Fürbitte der heiligen Walpurga (710–779/780), einer englischen Nonne, der Schwester der heiligen Wunibald und Willibald. Sie war Vorsteherin des Benedikterinnenklosters in Heidenheim und nach ihrem Tod wurde ihr Leichnam zuerst in die Heilig-Kreuz-Kirche und dann ins Benediktinerinnenkloster in Eichstätt überführt.

Es war ein freudvoller Leichenzug, fast ein Pilgergang, der Walpurga in ihre neue Heimstätte geleitete. Bei ihrem Durchzug sollen die bösen Geister in Form von bellenden Hunden geflüchtet sein und die Sträucher zu blühen begonnen haben. Vielleicht aus diesem Grund bekam Walpurga die Rolle einer „Großen Mutter" und einer Begleiterin bei den Totenriten.

Gewiss, es mag etwas gewagt sein, eine Heilige zu veranlassen, Hexen und Hexer mit Holzbündeln, Schierling, Rosmarin und Pflaumen- oder Weißdornzweigen vertreiben zu wollen – wie es noch heute in einigen Tiroler Dörfern geschieht.

Strafe in Höhe von 25 Lire zahlen. Die meisten Urteile wurden im April 1647 vollstreckt, und die Erinnerung daran wird alljährlich bei großen Maifeiern wach gehalten. In diesem Zusammenhang ist auch interessant zu bemerken, dass der 30. April in den deutschsprachigen Ländern der Tag der heiligen Walpurga ist und die Nacht vom 30. April auf den 1. Mai die „Walpurgisnacht", die auch als „Hexennacht" bezeichnet wird. Alten Überlieferungen zufolge geben sich Hexen und Teufel in dieser Nacht ein Stelldichein auf dem Blocksberg, dem als Brocken bekannten, höchsten Berg im Harz.

Aber viele solcher Traditionen haben sich erhalten: In der Walpurgisnacht werden die Häuser mit Wacholderbeeren, Raute und bitteren Kräutern ausgeräuchert. Bei Einfall der Dunkelheit werden Reisigbündel angezündet, die Scheiterhaufen symbolisieren, und die Leute laufen mit nach oben gewandten Besen, in denen sich die Hexen verfangen sollen, um das Feuer. Vor die Fenster werden aus dem gleichen Grund Kämme und Gabeln, Schlingen und Knoten gelegt, und die jungen Mädchen singen dabei folgendes Lied: „Morgen hänge ich einen Frühlingskranz an einen entlaubten Baum, aber in dieser Nacht singe und schmause ich mit der Großen Mutter und nehme Verbindung zur Unterwelt und ihrem Samen auf." Am folgenden Morgen finden sie vor der Haustür Birkenzweige als Liebespfand ihrer Geliebten. In einem alten Sprichwort heißt es: „Wer eine Birke beschädigt oder eine Jungfrau entehrt, begeht die gleiche Schuld."

Die Macht des Wortes. Jahrhundertelange Begebnisse, in denen sich die Vergangenheit in mehrere Zukünfte verzweigte und als in unendlich viele, gleichzeitig auftretende Universen unterteilte Zeit präsentierte, sodass man noch von einem Mondtropfen im Gras erzählen kann und von der Periode, als zur Maifeier Birkenzweige verflochten wurden.

Nach der Vertreibung der Hexen beziehungsweise der Toten in die Unterwelt wurde auf dem Dorfplatz ein Baum aufgestellt: der in der Walpurgisnacht gefällte „Maibaum". Dieser Brauch ist bis heute noch in vielen Tiroler Orten, in Österreich, Deutschland, Schweden, slawischen Ländern und in einigen Regionen Frankreichs, wie zum Beispiel der Provence, lebendig.

Der bis auf eine kleine Krone aus Ästen und Blättern entlaubte Baum wird mit einem Kranz aus Tannengrün und Girlanden geschmückt, an dem Würste, Süßes, Eier und andere Esswaren hängen. Die Jugendlichen klettern am Maibaum hinauf, um diese Dinge zu erbeuten.

Der Große Baum, Sinnbild des kosmischen Baums, dessen Laubwerk sich jenseits des Sichtbaren befindet, Jakobsleiter und Achse der Welt, auf der man mit den Gottheiten Verbindung aufnehmen kann. In der bäuerlichen Welt wurde dieses Fest am 23. April begangen, dem Georgitag, an dem die Knechte entlohnt wurden und die Hirten ihre Schafe auf die Weiden führten. An diesem Tag wurde ein großer Baum mit Bändern und Gaben geschmückt, und aus diesem „grünen Georg" entwickelte sich mit der Zeit der Maibaum.

Ansicht des Inneren von Castel Noarna, Nogaredo delle Strie

Die Hexen zu dem Brocken ziehn,
Die Stoppel ist gelb, die Saat ist grün.
Dort sammelt sich der große Hauf,
Herr Urian sitzt obenauf.
So geht es über Stein und Stock,
Es farzt die Hexe, es stinkt der Bock.
aus: Goethe, Faust I. Teil, Walpurgisnacht

Die Hexen wurden in den Zellen von Castelnuovo, das bis heute **Castel Noarna** genannt wird, gefoltert und dann verbrannt oder geköpft. Die Burg erhebt sich in Noarna, einer Fraktion von Nogaredo, und ist der Sitz eines Weinbaubetriebes (Tel. +39 0464 413295, www.castelnoarna.com). Das Castel Noarna organisiert auf Anfrage geführte Rundgänge für Gruppen, die die Fresken im Stil der Schule von Michelangelo im Treppenhaus und im Wintergarten bewundern und in der Kellerei die hauseigenen Weine verkosten können.

Weitere Informationen

Azienda per il Turismo Monte Bondone, Valle dei Laghi, Garniga Terme, www.apt.trento.it
Ufficio di Garniga Terme (saisonal geöffnet), Via Bagni di Fieno 18, Tel. +39 0461 842586
Ufficio di Monte Bondone (saisonal geöffnet), Strada di Vaneze 13, Tel. +39 0461 947128
Ufficio di Trento, Via Manci 2, Tel. +39 0461 216000
Azienda per il Turismo Rovereto e Vallagarina, www.visitrovereto.it
Ufficio di Rovereto, Piazza Rosmini 16, Tel. +39 0464 430363

Das linke Ufer der Etsch

Von schwarzen und roten Rittern
Besenello

Um die Burg Beseno ranken sich zahllose Legenden. Sehr geheimnisvoll geht es in der Geschichte vom schwarzen Ritter zu, die mit dem Bau der Burg zusammenhängt, und in jener vom roten Ritter, der in der Burgruine herumirrt. In einer anderen wiederum geht es um die Dachziegel der Burg.

An einem Samstagabend waren die Bewohner von Besenello alle zu Hause, saßen in der Stube oder im Stall und erzählten sich Geschichten. Nur ein Hirte war auf der Suche nach seinen Schafen noch im Freien. Als er an dem Hügel vorbeikam, der über dem Dorf aufragt, sah er im Dickicht den dunklen Schatten eines galoppierenden Ritters. Am darauf folgenden Sonntag gingen Regen und Gewitter nieder. Doch plötzlich erschien mitten auf dem Dorfplatz ein Mann auf einem Pferd, ein riesiger, schwarz gekleideter Mann mit einem dunklen, furchterregenden Schnurrbart und zwei rot glühenden Augen. Und dieser Mann rief drohend aus: „Ich bin euer Herr. Schnell, lasst die Feldarbeit ruhen und euer Vieh im Stall. Ihr müsst mir jetzt eine Burg bauen. Und wer nicht gehorcht, wird den Tod des Schwertes sterben." Die Leute erschraken, gaben die Feldarbeit auf und schleppten viele Monate lang Steine auf den Hügel, aus denen sie dann eine Burg erbauten. Die Felder lagen brach, es herrschte Not und Elend, aber der neue Herr, der sich in seiner Burg niedergelassen hatte, verlangte immer höhere Abgaben und immer neue Steuern. Als die Leute diese Gewalttätigkeiten nicht mehr ertragen konnten, lehnten sie sich auf, stürmten die Burg und töteten den schwarzen Ritter. Auch heute noch ist bei Gewitter in der Burgruine Beseno ein schwaches Licht zu erkennen, das von einer Zinne zur anderen wandert. Hin und wieder tritt der Ritter an eines der Fenster seines Palas, um dann unter Kettengerassel und Hufgetrampel in der Dunkelheit zu verschwinden.

Ein roter Ritter – er ist mit einem roten Hut, einem roten Mantel, einer roten Weste, roten Hosen und roten Stiefeln angetan – treibt sich jede Nacht in der Burgruine herum und folgt den Besuchern auf Schritt und Tritt. Sobald er im letzten Hof angelangt ist, flüchtet er mit Hohngelächter über Treppen und Gänge ins Burginnere. Der Überlieferung nach soll es sich um einen geizigen Burgherrn handeln, der hier seinen Schatz verborgen hält. Diese Legende veranlasst immer wieder junge Männer aus dem Dorf, sich auf die Suche nach dem verborgenen Schatz und einem Schwert zu machen, das der letzte Burgherr kurz vor seinem Tod in einer Schlucht versteckt hat. Wer das

Das Castel Beseno, Besenello

Schwert und natürlich auch den Schatz findet, wird der neue Burgherr auf Castel Beseno.

Und noch eine Geschichte erzählt man sich: Als das Trentino noch zum Habsburgerreich gehörte, hatte die Regierung in Wien eine Abgabe auferlegt, die nach der Dachoberfläche berechnet wurde. So beschlossen die Bewohner aus Beseno um die Mitte des 19. Jahrhunderts, die Dachziegel von verschiedenen Gebäuden zu entfernen, um diese Abgabe nicht entrichten zu müssen.

Einer anderen Überlieferung nach war die Burg eingestürzt, weil die Einheimischen die Dachbalken herausgelöst hatten, um sie bei der Anlage der Brennerbahn als Material zur Herstellung der Schwellen zu verkaufen.

Castel Beseno (Besenello, Via al Castello 4, Tel. +39 0464 834600, www.buonconsiglio.it) ist das größte befestigte Areal im Trentino und wird regelmäßig für Ausstellungen, kulturelle Veranstaltungen und Gedenkfeiern genutzt. Man erreicht Castel Beseno der Staatsstraße 12 bis nach Besenello folgend oder auf der Straße vom Valle dell'Adige nach Folgaria.

Die Schlacht von Calliano
Calliano

In Calliano gedenkt man am ersten Augustwochenende mit verschiedenen Veranstaltungen der großen Schlacht, die 1487 zwischen dem venezianischen Heer der Serenissima (des Stadtstaats Venedig) und den Truppen des Erzherzogs Sigismund von Österreich geschlagen wurde.

Unterstützt vom Bischof von Trient, gelang es den Tirolern in dem besonders hitzigen Gefecht, die Venezianer zu vertreiben. Diese suchten ihr Heil in der

Flucht, indem sie den Flusslauf des Adige (der Etsch) überquerten. Dabei verlor Roberto di Sanseverino sein Leben: Der Anführer des venezianischen Heeres ertrank.
Auf seinem Grabstein im Dom zu Trient stand einst zu lesen: „*Le acque non gli portaron fortuna*" („Die Wasser brachten ihm kein Glück").
Der Schlacht bei Calliano wurde die Dauerausstellung „La virtù della fortezza" gewidmet, die im Inneren des **Palazzo di Marcabruno**, einem Teil von Castel Beseno aus dem 14. Jahrhundert, untergebracht ist (Besenello, Via al Castello 4, Tel. +39 0464 834600, www.buonconsiglio.it).

Der Kettenwächter
Calliano

Beim Maso Pietra (Pietra-Hof) unterhalb von Burg Pietra sind bis heute die Überreste einer Ringmauer und Steine zu erkennen, die wie die Angeln eines riesigen Tors aussehen. Daneben ist auch ein Freskofragment zu sehen. Schon Machiavelli hatte im Jahr 1508 diese Ringmauer und dieses Tor erwähnt. Von der Burg zog sich, so wird erzählt, eine Ringmauer herab, an der sich ein Tor und ein Häuschen befanden. In diesem kleinen Haus neben dem Tor wohnte der „Kettenwächter": Bei Einbruch der Nacht hatte er von einem Etschufer zum anderen eine starke Kette zu spannen, damit die Flöße nachts nicht den Fluss herabfahren konnten, ohne die geforderten Steuern zu entrichten. In diesem Zusammenhang ist zu bemerken, dass im 16. und 17. Jahrhundert die Grenze zwischen den Tiroler Besitztümern um Rovereto im Süden und dem

Saal im Inneren des Castel Pietra, Calliano

fürstbischöflichen Gebiet um Trient im Norden gerade hier unter Castel Pietra verlief.

Im Süden von Calliano, an der Staatsstraße 12, die Richtung Volano führt, erhebt sich **Castel Pietra**. In der Vergangenheit erstreckte sich eine massive, zinnenbewehrte Mauer, *murazzo* genannt, von der Burg bis zum Adige (Etsch), der einst um die Burg herumfloss. Die Burg steht Besuchern und bevorzugt Gruppen bei vorangehender telefonischer Anmeldung bei den Besitzern offen.

Die Pestmaler
Volano

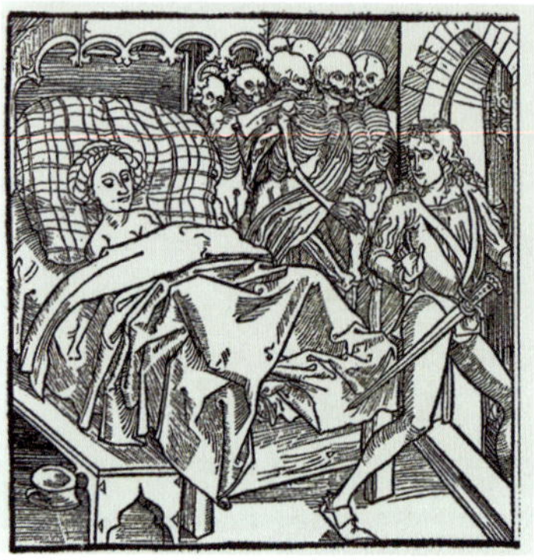

Mittelalterliche Darstellung des Todes

Die Kirche in Volano, die San Rocco geweiht ist, fällt durch eine vollständig weiße Fassade auf, unter der sich Spuren antiker Malereien erahnen lassen.

Zu dieser Besonderheit gibt es, wie so oft, zwei verschiedene Versionen der Geschichte. Beide fußen aber auf einer einzigen Tatsache – einer schrecklichen Pest-Epidemie, die Ende des 17. Jahrhunderts auch im Trentino wütete.

Der Überlieferung nach gelangten zwei Maler aus der Lombardei ausgerechnet zu der Zeit nach Volano, als dort die Pest ausgebrochen war. Um deren Verbreitung zu verhindern, stand jedes Dorf unter Quarantäne. Die zwei Maler, die daher in Volano festsaßen, boten an, die Fassade der Kirche mit Fresken zu bemalen.

Die Malereien zeigten Szenen des Jüngsten Gerichts oder aus Dantes „Inferno" und wurden später mit Kalkfarbe übermalt, nachdem die Kutschenpferde der Kaiserin Maria Theresia beim Anblick der grauenvollen Teufelsfiguren gescheut haben sollen.

Die **Kirche von San Rocco** wurde in der Mitte des 15. Jahrhunderts in Volano gebaut (Via Roma 13). Die Gemeinde Volano (Tel. +39 0464 411250) organisiert jedes Jahres am 3. Mai Führungen im Rahmen der *Memoriae*, eines Feiertags, der traditionellen Andachten und der Landwirtschaft gewidmet ist.

Weitere Informationen

Azienda per il Turismo Rovereto e Vallagarina, www.visitrovereto.it
Ufficio di Rovereto, Piazza Rosmini 16, Tel. +39 0464 430363

Die Hochebenen von Folgaria, Lavarone und Luserna

Die brave Frau Berta
Folgaria

In einer alten Sage wird erzählt, dass eine Frau namens Berta in einer Höhle bei Folgaria lebte. Sie hatte drei Dienerinnen, die ihr zu Diensten standen: Eine kräuselte ihr das Haar, die zweite kämmte sie und flocht ihr Zöpfe, und die dritte besorgte ihr Essen.

Frau Berta war sehr großzügig und half gern den Leuten des Ortes, besonders den Frauen. Doch wehe dem, der sie missachtete oder schlecht behandelte! Zur Strafe ging ihm alles schief: Die Kühe gaben keine Milch mehr, das Hanfgarn verhaspelte sich, und das Heu verfaulte auf den Feldern. Eines Tages kam ein neuer Priester ins Dorf. Er verfluchte alle Frauen, die an die Märchen um Frau Berta glaubten. Und von diesem Tag an war sie auf Nimmerwiedersehen verschwunden.

In Folgaria ist Frau Berta heute als die **Brava Part** (Brave Part) bekannt. Im Tal des Dorfes Folgaria befindet sich in der Nähe des Rosspach-Baches eine Höhle, von der man sich erzählt, sie sei das Zuhause der Hexe gewesen. Da die Höhle nicht ausgeschildert ist, ist es schwierig, sie zu finden.

Die tödliche Ancino-Straße
Lavarone

Die Strada dell'Ancino stellte im Mittelalter den einzigen Verbindungsweg zwischen der venetischen Ebene und der Hochebene von Lavarone und weiter zum Valsugana und dem Etschtal dar.

Im Ortsteil Piccoli di Lavarone befindet sich neben einem Wasserfall des Malo-Bachs eine Höhle, die man über eine eiserne Leiter erreichen kann. Es handelt sich um die Covelo-Höhle, die von der Römerzeit an als Zollstation gedient hatte.

Das Verb *ancidere* soll sich dem etymologischen Wörterbuch nach von *uccidere* (töten) herleiten: Angeblich wurden auf dieser Straße viele Reisende ihrer oft kostbaren Waren beraubt und sogar getötet. Die Ermordeten sollen dann in den Malo geworfen worden sein. Da diese Gegend am Schnittpunkt von drei Diözesen lag, war es nicht leicht, die jeweiligen Zuständigkeiten festzulegen und die Schuldigen zu bestrafen. Drei große, mit Inschriften versehene Felsblöcke, die als die „drei Mitren" bekannt sind, symbolisieren die Grenze zwischen den drei Bistümern Trient, Padua und Feltre.

Die alte Ancino-Straße ist auch heutzutage noch begehbar und in der Nähe von Piccoli, der südlichsten Fraktion Lavarones, kann man stellenweise auch noch das ursprüngliche Kopfsteinpflaster erkennen. Der Weg Nummer 5, der **Giro dei Piccoli/Laitelar**, ein Teil der größeren Strecke „Lavarone Trekking", führt an den Tre Mitrie (oder Tre Vescovi, den drei Bischöfen) vorbei. Gleich danach am Malo-Bach kann man die ein wenig abseits liegende Grotte Covelo del Rio Malo besichtigen.

Sigmund Freud in Lavarone
Lavarone

Sigmund Freud scheint Lavarone sehr geliebt zu haben. Eine Gedenktafel an einem Hotel erinnert an seine Sommerurlaube auf der Hochebene: „Zwischen 1906 und 1923 verbrachte Sigmund Freud oft seinen Sommerurlaub in diesem Haus und hier verfasste er im Jahr 1906 die Studie über Gradiva. Zu seinem 40. Todesjahr, die auf diesem ihm lieben Hochplateau zu einer Tagung versammelten Psychoanalytiker. 1979".

Das Hotel du Lac in Lavarone

Sonderbar, dass sich Freud zum gleichen Zeitpunkt auch auf dem Rittner Plateau in Südtirol aufgehalten haben soll. Ob Freud wohl die Gabe der Allgegenwart besaß?

Der Gedenkstein ist an der Fassade des **Hotel du Lac** (Via Trieste 32, Tel. +39 0464 783112), das an den Ufern des Lavarone-Sees liegt, angebracht. Die enge Verbindung zwischen Freud und Lavarone führte im Jahr 1990 zur Gründung des Instituts für angewandte Psychoanalyse „Gradiva", das jährlich im Juli die Tagung „Die Grenzen der Psychoanalyse" (Infos Tel. +39 0464 784129/724144) veranstaltet. Das Rahmenprogamm des Symposiums umfasst eine Ausstellung zum Verlagswesen der Psychoanalyse sowie eine Bücherschau und ein Filmfestival.

Die zimbrische Sprache
Lusern

Luserna (bei den Einheimischen Lusern) ist eine Sprachinsel am Südrand einer weiten Hochfläche, die sich bis nach Folgaria und Lavarone ausdehnt. Die Gemeinde besteht aus den zwei Ortsteilen Luserna/Lusern und Tezze/Tetsch, zwischen denen die Kirche und der Friedhof liegen. Die Studien und Untersuchungen, die über die Geschichte dieser deutschen Sprachinsel angestellt worden sind, haben unterschiedliche Ergebnisse erbracht. In jedem Fall handelt es sich um eine Dorfgemeinschaft, in der bis heute das Zimbrische gesprochen wird, das der südbairischen Dialektgruppe angehört; denn der Ort dürfte im Mittelalter von Bayern her besiedelt worden sein.

Aus dem Kulturinstitut Bersntol-Lusern/Istituto Culturale Mòcheno Cimbro, das 1987 von der Provinz Trient gegründet worden und außer Lusern auch dem Fersental (siehe S. 84) gewidmet war, ging 2005 das Kulturinstitut Lusern hervor, das sich die Erhaltung und Festigung der zimbrischen Sprache und Kultur sowie der einheimischen Sitten und Bräuche zum Ziel gesetzt hat.

Hier ein Beispiel in zimbrischer Sprache:

De Kotz wan Prigl

Danin kann Prigl de hom gahòt a sbòrza Kòtz. Und bän ist kèmen kar der Borßon arìn, Sem kann Drautschen hòt er gehöart rearn.

Und dòra hòt köin: Duu sògt aß schöll't sturl auserkèmen, sinst de muèter Turl ist toet. Allura der doi monn hot koin: I bin kann Dratschern atìn und dos honè gohart – Und der Kòtz ist sèm as'n stùäl. Und der Kòtz ka tir aus. Und der Kòtz hom-sa niemer tschechen.

Die Katze von Prighel

Da unten in Prighel haben sie eine schwarze Katze gehabt. Und dann ist einer von diesseits des Fersenbachs gekommen. Oben in Dratschern hat er jemanden weinen hören.

Und dann hat er gesagt: Sag dem Turel, dass er schnell das Haus verlassen muss, weil seine Mutter sonst tot ist. So hat dieser Mann gesagt: Ich bin von Dratschern gekommen und habe das gehört. Und die Katze ist auf den Stuhl gesprungen. Und dann ist sie zur Tür hinausgelaufen und niemand hat sie mehr gesehen.

In Folgaria und Lavarone ist die zimbrische Sprache heutzutage ausgestorben. Sie lebt nur mehr in Luserna, Tezze und einem Teil der Hochebene von Asiago weiter. Eine Abteilung der **Einrichtung für Dokumentation Luserna** (Via Trento 6, Tel. +39 0464 789638, www.lusern.it, Centro di documentazione Luserna) ist der zimbrischen Gemeinschaft Lusernas gewidmet. Die Einrichtung für Dokumentation beherbergt in seinem Inneren auch das Besucherzentrum „Fortezze degli Altipiani" (Festungen der Hochebenen), das den Befestigungen an der italienisch-österreichischen Grenze während des Ersten Weltkriegs gewidmet ist.

Vorprennen in martzo
Lusern

Der März ist der Monat der Besinnung, des Frühjahrs, das einsam und mürrisch aus dem Winterschlaf erwacht, der Monat, in dem die Sonne an Kraft gewinnt und die Eidechsen sich auf den Trockenmauern sonnen. In Lusern wird dieser Monat mit einem uralten Ritus begrüßt, an dem sich alle zimbrischen Gemeinden von Asiago bis Roana und von Brancafora bis Pedemonte beteiligen. Am Kraüz oberhalb von Luserna/Lusern wird auf einer Anhöhe ein riesiger Haufen aus Heu, trockenen Ästen und Stroh errichtet. Um 21 Uhr des letzten Tages oder des letzten Samstages im Februar wird der Haufen angezündet und erleuchtet die ganze *zimbar earde*: ein altüberlieferter bäuerlicher Brauch, um den kalten Teufel des *bintar*, des Winters, auszutreiben. Um das hoch auflodernde Feuer wird getanzt, gesungen und guter zimbrische Grappa getrunken.

Der Brauch des **Vorprennen in martzo** ist auch heutzutage noch sehr lebendig. Am letzten Tag oder dem letzten Samstag im Februar treffen sich die Bewohner des Dorfes Lusern am Pass della Croc ('s Kraütz), um diese Tradition mit einem großen Feuer, gutem Glühwein, Tee und einer warmen Speise zu feiern.

Vorprennen in martzo in Lusern

Weitere Informationen

Azienda per il Turismo Folgaria-Lavarone-Luserna, www.folgarialavaroneluserna.it
Ufficio di Folgaria, Via Roma 67, Tel. +39 0464 724100
Ufficio di Lavarone, frazione Gionghi 107, Tel. +39 0464 724144
Ufficio di Luserna, Piazza G. Marconi, Tel. +39 0464 789641

3. Rovereto und die Bassa Vallagarina

Rovereto

Vom Wohlstand Roveretos als Seidenstadt
Rovereto

Als Trient seine Vorrangstellung in der Seidenindustrie verlor, ging seine führende Rolle in diesem Bereich auf Rovereto über. Die Stadt verfügte über ein gutes Wassernetz, das eine unerlässliche Voraussetzung zur Entwicklung dieses Sektors und der Anlage von Fabriken war.
Es gab aber auch einen zweiten Grund dafür, dass Rovereto der Stadt Trient den Vorrang ablief: Der aus dem Veneto stammende Seidenfabrikant Girolamo Savioli führte hier im Jahr 1534 ein neues System zum Zwirnen der Seide ein.
Die Seidenindustrie bestimmte fast 300 Jahre lang die wirtschaftliche Entwicklung Roveretos. In der zweiten Hälfte des 18. Jahrhunderts wurden die traditionellen Techniken noch durch das Färben der Seidengarne verbessert. Im frühen 19. Jahrhundert wurden die einzeln angeheizten Kessel (in denen die Kokons vor dem Ausschlüpfen des Schmetterlings getötet wurden, sodass die Arbeiterinnen den Seidenfaden mit eigenen Geräten abwickeln konnten) durch eine einzige Wasserdampfquelle ersetzt. In dieser Zeit entstand die bedeutendste Seidenspinnerei im Trentino: die 1816 von Giuseppe Bettini in Lizzanella bei Rovereto gegründete *filanda*.
Die Seidenspinnerei arbeitete anfangs mit rund hundert Kesseln, doch schon 1850 wurde sie auf 250 Kessel erweitert und gab 500 Personen Arbeit, Männern, Frauen und Kindern. Bald darauf aber erlebte die Seidenherstellung einen unaufhaltsamen Niedergang und verschwand aus fast ganz Europa.

Historische Darstellung von Rovereto

Wasserkanal in der Via Setaioli; viele Wasserkanäle wurden eingeebnet und bilden heute Straßen (im Bild die Via Portici); alte Spinnerei in der Via Tartarotti

Die mächtige Fassade der alten Seidenspinnerei in der Via Tartarotti in Rovereto wird durch sechs gleiche Fensterordnungen und die Fenster im Erdgeschoss gegliedert.
An der Fassade ist eine Gedenktafel mit lateinischer Inschrift zu sehen, die man folgendermaßen übersetzen kann:
„Im Jahr des Herrn 1822 beehrte unser Herr Kaiser Franz Cäsar, Augustus und Alexander, Sohn von Paul und Enkel von Peter, Herrscher über das europäische Sarmatien, auf der Durchreise nach Verona zu einer Versammlung der verbündeten Fürsten diese Seidenzwirnfabrik mit seinem Besuch." Die Gedenktafel wurde auf Initiative der Brüder Gaetano und Giovanni Battista Tacchi angebracht. Außer der Seidenindustrie blühten in Rovereto auch Lederfärbereien und Papiermühlen.
Mit öffentlichen Geldern wurde die Tabakmanufaktur ins Leben gerufen.
Eine notwendige Voraussetzung für den Anbau von Maulbeerbäumen und die Zucht von Seidenraupen war genügend Wasser: Drei kleine Kanäle versorgten die **Spinnmaschinen, Spinnereien und Färbereien von Rovereto**. Die heutige Via Portici verläuft genau dort, wo einst der große Kanal (Roggia Grande) verlief, der vollkommen offen war und heute nur mehr teilweise zu sehen ist, zum Beispiel auf der Piazza del Suffragio (auch Piazza della Pesa), in der Via Dante und vor dem Rathaus. Das System der hydraulischen Räder, das das Wasser zu den Brunnen und den Spinnmaschinen brachte, ist auf einem Fresko in der Nähe des Ponte Forbato, zu Füßen des Castello di Rovereto (Burg von Rovereto) zu sehen. In Rovereto kann man außerdem noch die alten Spinnereien und Färbereien von außen bewundern: Auf der Piazza Malfatti steht die erste Spinnerei der Stadt, die von den Nürnberger Brüdern Verleger erbaut wurde und davor der Bogengang der Spinnerei Sichart-Lutteri; auf der Piazza Suffragio befindet sich die aufgelassene Spinnerei Bridi mit ihren hözernen Balkonen; in der Via Tartarotti steht die beeindruckende Spinnerei Tacchi, auch bekannt als *Casa delle cento finestre* (Haus der hundert Fenster) und gleich daneben der Palazzo Libro Fondiario, im 18. Jahrhundert eine große Färberei.

Der langsame Weg der „Agiati“ zur Vollkommenheit
Rovereto

Die im Jahr 1750 gegründete Accademia degli Agiati, die eine Bibliothek mit mehr als 50.000 Büchern besitzt, ist ein Symbol des aufklärerischen Gedankenguts, das eine Zeit lang die Stadt Rovereto geprägt hat, dieses „kleine Athen des Trentino“. Der Beiname „Agiati“ hat hier die Bedeutung eines langsamen Wegs zur Vollkommenheit. Gründungsmitglieder waren Valeriano Vannetti, Bianca Laura Saibanti, Felice Giovanni Antonio Festi und Francesco Saibanti. Seit über 250 Jahren wirkt die Accademia degli Agiati auf regionaler wie überregionaler Ebene als bedeutendes kulturelles Schwungrad.

Die Accademia degli Agiati in der Sparkasse

Im Laufe ihrer Geschichte waren namhafte italienische und europäische Vertreter aus Literatur und Wissenschaft Mitglieder der Akademie, die niemals ein elitärer Club sein wollte. Sie hat sich die geistigen Strömungen und die unterschiedlichen kulturellen Erscheinungen der verschiedenen historischen Epochen immer zu eigen gemacht, hat die öffentliche Rolle der Intellektuellen respektiert und immer auf Gedankenfreiheit gepocht. Mitglieder der Accademia waren unter anderem der Komödiendichter Carlo Goldoni, der Schriftsteller und Literat Gaspare Gozzi, Laura Bassi, die erste Universitätsprofessorin Europas, der österreichische Freiherr Joseph Spenges und ab 1834 auch der italienische Schriftsteller Alessandro Manzoni. Seit 1883 veröffentlicht die Akademie eigene Schriften mit Untersuchungen und Memoiren. Im Laufe des 20. Jahrhunderts verwandelte sich die Accademia, bis dahin ein Zentrum zur Produktion von Kultur, in ein Zentrum zur Promotion von Kultur und Forschung, oft in Zusammenarbeit mit Universitäten.

Heutzutage richtet die **Accademia Roveretana degli Agiati di Scienze, Lettere e Arti** (Akademie der Agiati Roveretos für Wissenschaft, Literatur und Kunst, Piazza Rosmini, Tel. +39 0464 436663, www.agiati.it) Symposien, Konferenzen und Ausstellungen aus, koordiniert kulturelle Initiativen und Publikationen und verwaltet das im Laufe von zweieinhalb Jahrhunderten zusammengekommene Vermächtnis. Die Verwaltung der akademischen Bibliothek untersteht der öffentlichen Bibliothek „Girolamo Tartarotti“ (Polo museale di Rovereto, Corso A. Bettini 43, Tel. +39 0464 452500, www.bibliotecacivica.rovereto.tn.it).

Girolamo Tartarotti und die Verteidigung der Hexerei

Rovereto

Der in Rovereto geborene Theologe und Historiker Girolamo Tartarotti (1706–1761) gab 1749 die Schrift *„Del congresso notturno delle lamie"* heraus, in der er die Hexenverfolgung und deren logisch-katholische Grundlagen verurteilte, aber die Möglichkeit von Zauberei zugab. Er trat damit in heftige Polemik mit dem italienischen Dichter und Gelehrten Scipione Maffei (1675–1755), der in seiner 1749 erschienenen Schrift *„Artis magica dileguata"* die Existenz der Zauberei in der christlichen Welt bestritt, aber den altüberlieferten Hexenwahn verteidigte.

Großes Aufsehen erregte Tartarotti auch mit seiner 1743 erschienenen Abhandlung *„De origine Ecclesiae Tridentinae et primis eius Episcopis dissertatio"*, mit der er die bisherigen Darlegungen zum Ursprung des Bistums Trient bestritt. Tartarottis kirchengeschichtliche Schriften wurden 1760 in Trient öffentlich verbrannt.

Erst in der Folgezeit fanden Tartarottis Schriften die rechte Wertschätzung. In seiner Geburtsstadt Rovereto wurde ihm ein Denkmal errichtet, und die Stadtbibliothek trägt heute seinen Namen. Auch an der Fassade des Tiroler Landesmuseums Ferdinandeum in Innsbruck befindet sich eine Büste Tartarottis.

Die renommierte **Biblioteca Civica di Rovereto** (öffentliche Bibliothek Roveretos) ist Girolamo Tartarotti gewidmet (Polo museale di Rovereto, Corso A. Bettini 43, Tel. +39 0464 452500, www.bibliotecacivica.rovereto.tn.it). Die Bibliothek war ein kulturelles Projekt, das von der Stadtverwaltung und der Accademia degli Agiati (Akademie der Agiati) in Auftrag gegeben wurde. Der Sitz der Bibliothek liegt seit 1918 im Palazzo Annona, den die habsburgische Kaiserin Maria Teresia von Österreich 1772 bauen ließ und der 2008 vom Architekten Mario Botta und dem Ingenieur Giulio Andreolli renoviert wurde.

Die gläserne Kuppel des Mart-Museums für zeitgenössische Kunst

Rovereto

Das Mart-Museum für zeitgenössische Kunst, eine der bedeutendsten kulturellen Einrichtungen im Trentino, wurde am 20. August 2002 eröffnet. In dem vom Tessiner Architekten Mario Botta entworfenen Bauwerk werden Kunstausstellungen auf internationalem Niveau gezeigt. Von magischer Schönheit ist die gläserne Kuppel mit eleganter Stahlstruktur über dem weiten Innenhof.

Das **Museo d'Arte Moderna e Contemporanea di Trento e Rovereto** (Corso A. Bettini 43, Tel. +39 0445 230315 oder 800397760, www.mart.trento.it) veranstaltet große thematische Ausstellungen und Sonderausstellungen von nationaler und internationaler Bedeutung.

Die Vertreibung des Heilkünstlers Graf Cagliostro
Rovereto

Die aufklärerische, in Rovereto verbreitete Gesinnung, aber auch die Selbstironie der Einheimischen stehen im Mittelpunkt einer von Antonio Zieger verfassten Abhandlung, in der er auf die Ankunft, den Aufenthalt und die Vertreibung des berühmten Magiers und Heilkünstlers Alexander Graf von Cagliostro eingeht. Zieger verschweigt dabei nicht, dass Cagliostro mit seinen Zauberkünsten das „intellektuelle Wohlwollen" der Bevölkerung Roveretos genossen hatte.

Aber gehen wir etwas näher auf diese geheimnisvolle Geschichte ein.

Alexander Graf von Cagliostro, eigentlich Giuseppe Balsamo, wurde 1743 in Palermo geboren und starb 1795 in der Festung San Leo bei San Marino. Im Alter von 23 Jahren musste er wegen seiner Betrügereien Sizilien verlassen und bereiste verschiedene Länder. Beim Griechen Althotas, der angeblich das Geheimnis des Steins der Weisen besaß, bekam er Unterricht in Alchemie und wurde in die Geheimnisse der altägyptischen Priester eingeweiht. In Malta stellte er sich beim Großmeister des Malteserordens als Graf Cagliostro vor und erhielt Empfehlungsschreiben für viele Länder. Bei seinen Reisen durch Europa und Italien kam er im Jahr 1788 auch nach Rovereto, wo er als großer Arzt und Heiler aufgenommen wurde und eine Freimaurerloge im (von ihm erfundenen) ägyptischen Ritus gründete. Sein Ruf als Thaumaturg und Hellseher hatte sich wie ein Lauffeuer über halb Europa verbreitet, und selbst Goethe berichtet in seiner „Italienischen Reise", dass er in Palermo Cagliostros Geburtshaus aufgesucht habe.

Cagliostro ging der beste und der schlechteste Ruf voraus, er galt als großer Heilkünstler und zugleich als gewissenloser Hochstapler. Als er sich 1785 in Paris aufhielt, wurde er unwillentlich in den größten Skandal des 18. Jahrhunderts verwickelt, die sogenannte „Halsbandaffäre". Cagliostro war zu diesem Zeitpunkt Ratgeber des Kardinals Louis Rohan, zu dem zwei Pariser Goldschmiede Verbindung aufgenommen hatten: König Ludwig XV. hatte ihnen vor seinem Tod den Auftrag zu einer wertvollen Halskette für seine Geliebte gegeben, und jetzt versuchten sie, dieses Halsband dem neuen König Ludwig XVI. zu verkaufen – mit geheimen Verhandlungen, an denen Cagliostro, seine

Frau und die Königin Marie Antoinette beteiligt waren. Als dieser skandalöse Betrug an die Öffentlichkeit kam, wurde Cagliostro in der Bastille eingekerkert. Dieser Skandal gab der Bevölkerung Anlass zu weiteren Hetzkampagnen gegen Marie Antoinette.

Nach seiner Freilassung begab sich Cagliostro zuerst nach London und dann nach Rom. In dieser Zeit trat er auch im Trentino in Erscheinung, wo er auf Neugier und Interesse stieß.

Die Leichtgläubigkeit des Volkes und das mystische Bedürfnis der Adeligen erleichterten Cagliostro am 6. September 1788 seinen Einzug in Rovereto. Er ließ sich mit seiner Frau, Lorenza Feliciani, im Haus Eccaro in der Via delle Mercerie nieder und bot sich als angeblich erfahrener Arzt zur kostenlosen Behandlung der Kranken an. Zwei einheimische Ärzte, Carlo Tonelli und Giuseppe Goio, halfen ihm bei der Zubereitung der Arzneien. Der bischöfliche Hofrat Giuseppe Festi nahm ihn mit allerhöchster Ehrerbietung auf, die Angehörigen der örtlichen Freimaurerloge unterstützten ihn rückhaltlos. Cagliostros Ansehen nahm zu, immer mehr Personen scharten sich vor seinem Haus, um von ihm behandelt oder beraten zu werden. Ein Besucher vermerkte: „Am Vormittag empfängt Cagliostro die Kranken, am Nachmittag die Neugierigen. Frau Cagliostro sitzt auf einem Diwan, der Graf steht neben ihr, um ihn sitzen und stehen die Besucher. Ich hörte ihn unglaubliche Dummheiten sagen, unverschämte Lügen, aber trotzdem fand er Anklang, obwohl er ein mehr als bescheidener Psychologe ist, obwohl ihm medizinische Kenntnisse und Feingefühl fehlen. Die Kranken suchen in ihm einen neuen Äskulap, die Freimaurer ihren Meister, die Alchemisten ihren Paracelsus, und die alten Jungfern hoffen auf neue Jugend und Schönheit."

Nur zehn Tage nach Cagliostros Ankunft in der Stadt wandte sich der Physiker Gervasio Zanini mit einer Eingabe an den Gemeinderat, in der er verlangte, dass Cagliostro verboten würde, die Kranken zu behandeln, denn „keiner darf den ärztlichen Beruf ohne den vorgeschriebenen, von einer Ärztekommission ausgestellten Befähigungsnachweis ausüben". Diese Eingabe hatte zur Folge, dass dem Grafen Alexander Cagliostro, wohnhaft in Rovereto Nr. 182, die Ausübung jeglicher Form von ärztlichen Behandlungen untersagt wurde.

Angesichts zu vieler „Gesetzwidrigkeiten" wurde es Cagliostro nahegelegt, die Stadt zu verlassen. „Die kleinen Städte sind nicht die rechten Orte für große Männer", entgegnete er auf die Vorwürfe der Roveretaner, begab sich zuerst nach Villalagarina zu den Grafen Lodron und dann nach Trient. In Trient lernte er 1788 den Arzt Giacomo Bacca kennen, ein Mitglied der Freimaurerloge „La Candeur" in Straßburg und der Großloge „Royal York" in Berlin. Und am 8. Oktober 1788 gründete Cagliostro eine eigene Freimaurerei mit „ägyptischem Ritus".

Bacca war Cagliostro bei der Zubereitung der Arzneien behilflich; denn er hoffte, in die Geheimnisse des ägyptischen Ritus eingeweiht zu werden, die der sizilianische Abenteurer angeblich kannte. Doch schon bald wurde Giacomo Bacca sich bewusst, dass hinter Cagliostros dreistem Auftreten nichts als Angebereien standen, und entfernte sich von ihm.

In dieser Zeit verfasste Gianvigilio Giannini mehrere ironische Sonette, in denen er sich über Cagliostro und seine Anhänger lustig machte: Er mokierte sich über den Schwarzkünstler, der, mit goldener Mitra und goldenem Mantel angetan und in einen schwarzen Schal gehüllt, nächtlicherweise mit seinen Jüngern herumvagierte und neue Adepten mit sonderbaren Riten zu gewinnen suchte, die ihm, als Dank für die Aufnahme in die Geheimsekte und zum Abschluss des Ritus, den Hintern von beiden Seiten küssten.

Giannini stand Cagliostro ebenso skeptisch gegenüber wie der große Dichter Clementino Vannetti aus Rovereto, der ihn in einer Schrift mit dem Titel „Das Evangelium Cagliostros, Eindrücke, Gerüchte und Anekdoten" heftig kritisierte und die Scharlatanerien des neuen Propheten anprangerte.

Die Schrift, die unter dem Titel „*Liber memorialis de Caleostro quum rovereti*" im Januar 1789 bei der Druckerei Teoldini in Mori erschien, wurde in der Folge auch ins Italienische, Deutsche und Französische übersetzt.

Cagliostro wird von vielen verlassen und kehrt nach Rom zurück. Doch das ist sein Ende. Während seine Frau in ein Kloster verbannt wird, muss er schwerste Demütigungen erleiden und wird nach einem langen Prozess, dessen Urteil in Gegenwart von Papst Pius VI. verlesen wird, zum Tode verurteilt; die Strafe wird jedoch in lebenslange Haft umgewandelt. Cagliostro wird 1791 in die päpstliche Festung San Leo überführt, wo er vier Jahre später, im August 1795, stirbt. Auf dem Totenschein wird er als Ketzer bezeichnet. Auch sein Tod und seine Grabstätte sind von Geheimnissen umhüllt. Doch noch heute kann er auf treue Anhänger zählen, die sich auf Pilgerfahrt nach San Leo begeben und dort kniend seinen Tod beweinen.

Der Graf von Cagliostro war Gast der **Casa Gaifas** (ehemals Gasthof All'Aquila – Zum Adler, Via Mercerie) in Rovereto. Dieses kleine Gasthaus ist bekannt dafür, einige große Persönlichkeiten beherbergt zu haben, unter anderen den französischen Philosophen Michel de Montaigne. Die Küchen des ehemaligen Gasthofs, der heute ein Lebensmittelladen ist, sind erst kürzlich von den jetzigen Besitzern restauriert und zu einer Degustationsecke umstrukturiert worden.

Weitere Informationen

Azienda per il Turismo Rovereto e Vallagarina, www.visitrovereto.it
Ufficio di Rovereto, Piazza Rosmini 16, Tel. +39 0464 430363

Umgebung von Rovereto

Die Einsiedelei im Felsen
Trambileno

Unter einem Felsendach ragt in der Schlucht des Leno di Vallarsa die stimmungsvolle Einsiedelei San Colombano mit ihrem kleinen, schindelgedeckten Glockenturm auf, die man über 102 in den Felsen gehauene Stufen erreicht. An der Fassade der 1319 errichteten Einsiedelei ist eine Freskodarstellung des heiligen Kolumban, eines irischen Wandermönchs, zu erkennen. Im Inneren befindet sich ein Marmoraltar aus dem Jahr 1655 mit einem Altarbild der Madonna mit Kind sowie der Heiligen Kolumban und Silvester aus dem 18. Jahrhundert. Die Darstellung der Madonna mit dem Jesuskind scheint sich auf sonderbare Geschehnisse zu beziehen, die diese Stätte zum Schauplatz hatten. In vergangenen Zeiten, so wird erzählt, starben die im Vallarsa geborenen und mit Leno-Wasser getauften Kinder fast sofort an den Folgen fürchterlicher Schüttelkrämpfe. Die Todesursache wurde einem schrecklichen Ungeheuer zugeschrieben, das – halb Fisch und halb Vogel – seinen Durst im Leno stillte, ja, sogar im Fluss badete und auf diese Weise das Wasser vergiftete. Die Einheimischen hatten vergeblich versucht, sich von diesem Monstrum zu befreien – bis der heilige Kolumban ins Tal kam. Mit einer kleinen, scharfen Sichel und dem Segen Gottes näherte er sich dem Fluss und wartete geduldig auf das Ungeheuer. Es kam zu einem langen, heftigen Kampf, doch am Ende unterlag der Drache, besiegt von den Sichelhieben und den Worten Gottes. Zum ewigen

Die Einsiedelei San Colombano, Trambileno

Gedächtnis an dieses Begebnis wurde die Einsiedelei errichtet: Sie wurde dem heiligen Kolumban geweiht, aber auch den vielen neugeborenen Kindern, die fortan nicht mehr (oder nicht mehr so häufig) starben.

Entlang der Staatsstraße 46, die von Rovereto nach Trambileno führt, steht die **Einsiedelei San Colombano**, die in 15 Minuten über einen kurzen Fußweg und eine Treppe mit 102 Stufen zu erreichen ist. Informationen über die Öffnungszeiten erhalten Sie beim Comitato Amici di San Colombano (Komitee der Freunde von San Colombano, Tel. +39 0464 424615/433051).

Ein fast perfektes Verbrechen
Trambileno

Der Ort Acheni gehört zur Gemeinde Trambileno. Der Schriftsteller Nicolò Tommaseo, der 1819 für einen Besuch bei Antonio Rosmini nach Rovereto gekommen war, erinnert sich so an das Vallarsa: „Schaudernde Berge, klare Wasserfälle, ein zerfressenes, schreckliches Gelände. Die Dörfer sollen hauptsächlich von Flüchtlingen und ehemaligen Häftlingen zwangsbesiedelt worden sein.“ Diese zweifellos übertriebene Bemerkung bezieht sich wohl auf die mittelalterliche Besiedlung dieses Tals sowie anderer Trentiner Gegenden durch deutschsprachige Knappen, die zur Grubenarbeit ins Land geholt worden waren. Spuren dieser Besiedlung finden sich bis heute in den Ortsnamen und im Brauchtum.

Durch das Tal sind im Laufe der Jahrhunderte viele Heere gezogen. Während des Spanischen Erbfolgekriegs zog im Jahr 1701 eine Kolonne des Prinzen Eugen von Savoyen durch das Tal in die venetische Ebene. Im Ersten Weltkrieg wurde das Vallarsa 1915 von italienischen Truppen besetzt, und am 9. Mai 1916 wurde die Bevölkerung evakuiert und in das Flüchtlingslager in Legnago überführt. Am 10. Juli 1916 wurden auf dem Corno Battisti die Freiheitskämpfer Cesare Battisti und Fabio Filzi gefangen genommen und zwei Tage später im Wallgraben des Schlosses Buonconsiglio in Trient von den Österreichern hingerichtet.

Auf diese Kriegszeit bezieht sich auch ein Ereignis, das in die Chroniken des Vallarsa eingegangen ist. Das Dorf Acheni zieht sich mit einzelnen Häusern an der Straße hin, die mit vielen Kurven gegen den Monte Pasubio ansteigt. Und die Straße ist so steil, dass die Eingangstür der Häuser – oder zumindest des Hauses, von dem hier die Rede ist – auf eine Kehre geht, die Fenster des Obergeschosses dagegen auf eine andere.

In einem dieser Häuser lebte ein Bauer mit seiner Frau und einem gaunerischen Sohn. Es war Krieg, und der Sohn wurde eingezogen. Er war so grausam, dass er aus dem Heer ausgeschlossen werden sollte. Aber eines Tages

zeichnete er sich durch eine Heldentat aus: Unter Lebensgefahr rettete er einen Carabinieri-Unteroffizier. Er wurde mit einer Tapferkeitsmedaille dekoriert und bei Kriegsende in Ehren entlassen.
Zuhause angelangt, führte er sein Leben wie früher: als Wilderer und Räuber. Eines Tages kam ein Jagdaufseher auf der Suche nach einem Wilderer auch in das Haus der Acheni. Sobald er das Kellergeschoss betreten hatte, bemerkte er mehrere Tierskelette, die an großen Haken hingen. Doch er hatte nicht Zeit sich umzuwenden, da wurde er von hinten von einem Schuss getroffen. Vater und Sohn schlugen so lange auf den Jagdaufseher ein, bis sie ihn tot glaubten und in einen Abgrund warfen.
Doch der Jagdaufseher war nicht tot, und zu seinem Glück kamen zwei Bettelbrüder vorbei, die sein Wehgeschrei hörten und ihn retteten. Dem Sohn gelang die Flucht, aber der Vater wurde gefangen genommen. Die Mutter blieb allein zurück und war auf die Unterstützung hilfsbereiter Nachbarn angewiesen.
Das Haus steht heute noch, und das in der Sammlung *„Ossi di seppia“* („Die Knochen des Tintenfisches“) erschienene Gedicht *„Valmorbia“* von Eugenio Montale bezieht sich auf das gleichnamige Dorf in diesem Tal. Acheni befindet sich an der Staatsstraße 46 zwischen Trambileno und Vallarsa. Es ist eine Fraktion von Trambileno und zählt nur zwei Einwohner.

Wie einst Kriege entschieden wurden
Isera

Die Burg Pradaglia war der Schauplatz eines Ereignisses, das in die Geschichte eingegangen ist. Während des Kriegs zwischen Erzherzog Sigmund von Tirol und Venedig standen die Heere sich auf den Hügeln am rechten Etschufer gegenüber, und die Venezianer hatten die Burg besetzt. Da die Kämpfe keine entscheidenden Fortschritte machten, wurde beschlossen, dass ein Duell über den Ausgang der Schlacht entscheiden sollte.
Am 30. Mai 1487 standen sich Antonio Maria di Sanseverino, der Sohn des venezianischen Generals Roberto di Sanseverino, und Hans Truchsess, Graf von Sonnenburg, der Anführer der kaiserlichen Truppen, gegenüber. Sanseverino war ein besserer Kämpfer, aber Truchsess kannte, so hieß es, magische Formeln und ging als Sieger hervor, während der verwundete Sanseverino gefangen genommen wurde. So wurde der Krieg von den Österreichern gewonnen.
Das **Castello di Pradaglia** wurde gegen Ende des 15. Jahrhunderts zerstört. Es diente der Verteidigung des Porto di Sacco (Sacco-Hafen), der der Sitz der Gilde der Fährmänner war, die das Transportmonopol auf der Etsch hatten. Die Ruinen sind von Isera aus über einen Weg erreichbar, der einen Kilometer lang in Richtung Ravazzone führt. Er befindet sich zwischen den Ortschaften Casette und Cornalé und bietet eine schöne Aussicht in das Vallagarina.

Der Schatz und die schwarze Katze
Isera

Die Ruinen des Castel Corno, Isera

Die Burg Castel Corno war in vergangenen Zeiten durch einen unterirdischen Gang mit dem Palazzo des Giudice di Isera verbunden. In diesen Gängen war, so hieß es, ein großer Schatz verborgen, der von einer schwarzen Katze bewacht wurde.

Diese schwarze Katze schlich in den dunkelsten Nächten im Dorf Isera herum. Sie kroch unter der Kirche hervor und jagte den Einheimischen Angst und Schrecken ein. Eines Tages traf im Dorf ein in einen weiten schwarzen Mantel gehüllter Fremder ein. Als er von der schwarzen Katze erfuhr, legte er sich auf die Lauer und fing das Tier ein. Doch nichts ist über den Fremden bekannt, der mit einem großen Sack auf dem Rücken in aller Eile verschwand. Das Rätsel: Was war in dem Sack? Die Katze oder der Schatz?

Castel Corno hatte, auf einem einsamen Felssporn auf der rechten Seite des Vallagarina thronend, den Zweck, die Straße von Lenzima (eine Ortschaft, die fünf Kilometer von Isera entfernt liegt) ins Val di Gresta (Gresta-Tal) zu sperren. Von der Burg sind nur mehr die Ruinen übrig geblieben, die von Lenzima über die alte Straße nach Nomesino in 30 Minuten zu Fuß zu erreichen sind.

Die „Liebesbahn“
Mori

Im Januar 1891 wurde die Bahnlinie Mori–Arco–Riva eröffnet, die – nach den Anfangsbuchstaben der drei Orte, die sie miteinander verband – auch die MAR-Bahn genannt wurde. Diese Lokalbahn verlief im Gemeindegebiet von Mori von der Ravazzone-Brücke zum Cameras-Tal, und der Bahnhof lag bei der Piazza Cal di Ponte. Nach der Ebene von Loppio befand sich beim Palazzo Castelbarco eine zweite Haltestelle. Diese nur 24 Kilometer lange Schmalspurbahn, deren Betrieb schon 1936 wieder eingestellt wurde, steht im Mittelpunkt einer romantischen Liebesgeschichte.

Ein gewisser Otto Karl Stöber hatte sich leidenschaftlich in ein junges Mädchen namens Luisa von Lindegg verliebt: er ein einfacher Eisenbahner, sie eine

Adelige. Aber Otto Karl Stöber, der sich bei der Anlage der Bahn große Verdienste erworben hatte, wurde zum Bahnhofsvorsteher der ganzen Linie ernannt. So konnte er Luisa heiraten, und die Lokalbahn erwies sich gerade in dieser Zeit des aufkommenden Fremdenverkehrs als außergewöhnlich nützlich und bequem. Weniger glücklich verlief das Leben des jungen Paars. Luisa hatte zwei Fehlgeburten und starb bald darauf. Ihr Witwer wollte nichts mehr von der Bahn wissen und kehrte nach Wien zurück, wo er auf Nimmerwiedersehen verschwand. Doch in dieser Liebesromanze lebt die Erinnerung an ihn fort.

Mori und der Gardasee sind heute über einen zehn Kilometer langen Radweg (pista ciclabile n° 7 Mori–Torbole) verbunden, der an einigen Stellen der alten Eisenbahnstrecke folgt. Einige Gleisabschnitte sind in der Nähe des **Lago di Loppio** noch sichtbar. Bis vor einigen Jahrzehnten war der alpine Loppio-See ein sehr beliebtes Ausflugsziel, aber zwischen 1939 und 1959 verschwand er aufgrund eines Tunnelbaus direkt unter dem See, der bei hohem Pegelstand dazu diente, einen Teil des Wassers der Etsch in den Gardasee umzuleiten. Der Lago di Loppio ist heutzutage ein Biotop und bildet das größte Sumpfgebiet des Trentino.

Die Waffenstillstände der Weltkriege
Mori

In Mori wurde das Waffenstillstandsabkommen des Ersten sowie des Zweiten Weltkriegs unterzeichnet. Hier hatte das Oberkommando der Heeresgruppe C (10. Armee unter General Traugott Herr, 14. Armee unter General Joachim Lemelsen) seinen Sitz. Oberbefehlshaber war der Generaloberst Heinrich von Vietinghoff, der gemeinsam mit dem SS-General Karl-Heinz Wolff, aber ohne Wissen Hitlers, Ende April 1945 Kontakt zu den alliierten Streitkräften aufnahm und am 29. April in Caserta die Kapitulation der deutschen Truppen vereinbarte, die dann am 2. Mai 1945 erfolgte. Der Ort des Waffenstillstands und die Verhandlungen der deutschen Generäle waren lange geheim geblieben.

Die Anhöhe des **Nagiá Grom** (787 m ü. d. M.) beherrscht Mori und das Valle di Loppio. Aufgrund seiner strategisch vorteilhaften Lage wurde er vom österreichisch-ungarischen Militär im September 1914 zum Ort für die erste Verteidigungslinie bestimmt. Mittlerweile sind die stacheldrahtbewehrten Schützengräben, die in den Fels geschlagenen Bunker, die Artilleriestellungen und die Beobachtungspunkte dank der Renovierungsarbeiten des Gruppo Alpini di Mori (Gruppe der Alpintruppen Moris) für Besucher geöffnet (www.anamori.org).

Weitere Informationen

Azienda per il Turismo Rovereto e Vallagarina, www.visitrovereto.it
Ufficio di Rovereto, Piazza Rosmini 16, Tel. +39 0464 430363

Die Hochebene von Brentonico

Geschichten von Burgen, Hexen und Gespenstern
Brentonico

Auf der Hochebene von Brentonico waren einst nicht weniger als 15 Burgen verstreut, die das Gebiet unter Kontrolle hielten. Von einigen haben sich noch die Namen und wenige Spuren erhalten: Castrum Paludis, Rovione, Castrum Therodoy, Castellione, Castrum a Zengulo, Castrum Viridum, Dossomaggiore und Sajori.
Die Ruinen von Dossomaggiore geben uns Hinweise auf die Entstehungsgeschichte dieser Burgen. An einer Außenmauer findet sich ein Zitat des langobardischen Geschichtsschreibers Paulus Diaconus (8. Jahrhundert), der von einem Einfall von Franken und Langobarden spricht.
In einer Legende heißt es, dass die Burg Dossomaggiore mit einer von Hexen bewohnten Höhle verbunden ist, aus der die Hexen auch heute noch bei Nacht auf langen Leitern bis zur Burg emporklettern.
Auf Burg Sajori soll dagegen bis heute noch das Gespenst der Gräfin Viridia umgehen, die im Volksmund die „grüne Dame" genannt wird. Besonders in trüben Herbstnächten irrt sie unter den Mauern herum. Sie klagt über ihr tristes Geschick und beweint ihren Tod und ihr nie geborenes Kind.

Die Ruinen des **Castello di Dossomaggiore**, die von einem Kiefernwald und einer sehr schönen Landschaft umgeben sind, kann man von Bretonico aus in zehn Minuten über einen Fußweg erreichen, der beim dortigen Sportplatz beginnt; jene von **Castel Sajori** hingegen erreicht man in einer Stunde zu Fuß von Saccone oder Ere aus, Fraktionen von Brentonico.

Die Teufelsbrücke
Brentonico

In einer tiefen Felsschlucht führt über den Sorna-Bach eine Brücke, die als „Teufelsbrücke" bekannt ist. Dies ist ihre Geschichte: Ein schlauer Bauer hatte mit dem Teufel eine Wette abgeschlossen. Wenn es Beelzebub gelingen würde, in einem Augenblick eine Brücke über die Schlucht zu bauen, sollte er die Seele des ersten Wesens bekommen, das die Brücke betrat. Der Bauer stieß einen Esel auf die Brücke und konnte seine Seele retten. Von derlei Teufelslegenden abgesehen, weist die Brücke eine interessante Baustruktur auf, da sie aus miteinander verkeilten Steinen besteht.

Die Hochebene von Brentonico eignet sich bestens für Mountainbike-Touren

Die **Pont del Diaol** befindet sich zwischen Cazzano und Corné, beides Fraktionen von Brentonico. Die Brücke ist eine Etappe des „Sentiero delle regole" („Pfad der Regeln"), eines Rundwegs, der von Bretonico ausgehend in elf Etappen die alten *regole* durchläuft und an Mühlen, Brunnen, Kirchen, Weinreben und Obstbäumen vorbeiführt.

Der Pranger der Übeltäter und die Hexe Toldina
Brentonico

Am Palù nahe am Park von Brentonico befand sich der Pranger. Im März 1716 wurde hier eine arme Frau als Hexe enthauptet und dann verbrannt. Es handelte sich um Mariapia Bertoletti, die Frau von Andrea Toldini, die daher auch als „Toldina" bekannt war. Sie war wegen Zauberwerk, Gotteslästerung, Kindsmord, Idiolatrie, Abfall vom Glauben, Giftmord, Sodomie und Beziehungen zum Teufel angeklagt und dieser Taten auch für schuldig befunden worden. In ihrem Geständnis gab sie vor dem Richter Giovanni Lovigi Sartori aus Riva del Garda zu, dass der Teufel namens Martinello ihr in Gestalt eines Mannes erscheine, der aber Füße, Hörner und einen Schwanz wie ein Ziegenbock habe und grässlich aussehe.

Im Dorfkern von Brentonico befindet sich der **Parco del Palù**, in dem hundertjährige, Schatten spendende Pappeln stehen. Nahe des flachen Platzes, auf dem die Viehmärkte abgehalten wurden, strebt heute eine Säule gen Himmel, auf der die Statue von San Giuseppe, *patrono dei pii morenti* (Schutzpatron der im Glauben Sterbenden), steht, 1720 von G. B. Castelbarco errichtet, um an das Unrecht, das Toldina ertragen musste, zu erinnern.

Weitere Informationen

Azienda per il Turismo Rovereto e Vallagarina, www.visitrovereto.it
Ufficio di Brentonico (saisonal geöffnet), Via Roma 60, Tel. +39 0464 395149
Ufficio di Rovereto, Piazza Rosmini 16, Tel. +39 0464 430363

Die Bassa Vallagarina

Der Ursprung der Seidenindustrie
Ala

In einer Frühjahrsnacht 1675 hörte der Erzpriester Alfonso Bonacquisto in Ala jemanden an die Tür klopfen. Draußen standen zwei in weite Mäntel gehüllte Männer, die aus ihrer Heimatstadt Genua geflüchtet waren und um Asyl in der Kirche baten. Der Priester fragte sie weder, wer sie waren, noch nach dem Grund ihrer Flucht. Als Gegenleistung für die gastliche Aufnahme führten sie in Ala, wo schon Seidenraupen gezüchtet wurden, die Erzeugung von genuesischem Samt und orientalischen Seidenstoffen ein. Die Samt- und Seidenindustrie nahm einen rapiden Aufschwung, und hundert Jahre später gab es im Städtchen Ala schon 300 Webstühle, auf denen jährlich 3.600 Samtstoffe zu je 25 Ellen hergestellt wurden.

Giambrunone Taddei stellte den Genuesen zwei Zimmer seines Palazzos zur Verfügung und beherbergte damit die erste Samtfabrik in Ala. Der Palazzo Taddei (Ala, Via Nuova) wird zurzeit renoviert und wird künftig Sitz des **Museo Provinciale del Tessuto e delle Arti Tessili** (Museum der Textilien und der Textilkünste) sein.

Informationen zu geführten Touren der Stadtgemeinde in Zusammenarbeit mit der Associazione culturale vellutai città di Ala (Kulturverband der Stoffhersteller der Stadt Ala) erhalten Sie im Fremdenverkehrsbüro von Ala (Tel. +39 0464 674068).

Der Palazzo Taddei, ein beliebter Ort für kulturelle Veranstaltungen

Ala durchlebt außerdem jeden Sommer aufs Neue die Saison der Samtstoffe, der Seide und der Seidenraupenzucht im Zuge der Veranstaltung „Ala, Città di Velluto" („Ala, die Samtstadt"), bei der die Plätze, Palazzi und Gärten Schauplätze verschiedener Kunst-, Musik-, und Lyrikaufführungen werden.

Der wundertätige heilige Valentin
Ala

Valentin ist, was inzwischen allgemein bekannt ist, der Schutzpatron der Verliebten. In der „*Legenda Aurea*" („Goldene Legende") des Jacobus de Voragine wird von einem wundertätigen Valentin, Bischof von Terni, erzählt, der im 4. Jahrhundert lebte und an einem 14. Februar hingerichtet wurde.
Die Verehrung dieses Märtyrers verbreitete sich rasch in ganz Europa, und sein Todestag wurde zu einem Frühlingsfest, an dem jeder Vogel seine Gefährtin sucht: das Fest der Verliebten. Dem heiligen Valentin wurden viele Kirchen gewidmet – nicht so sehr, weil er der Schutzheilige der Verliebten, der Verlobten und der Familie ist, sondern wegen der vielen von ihm vollbrachten Wunder.
Auch bei Ala erhebt sich auf einem Felsenhügel die schon im 14. Jahrhundert errichtete Wallfahrtskirche San Valentino. Dies ist ihre Entstehungslegende: Ein Holzfäller namens Valentin kehrte mit einer Fuhre Holz nach Ala zurück. Doch in der Nähe der Fusi-Schlucht stürzten die von einem rätselhaften Licht geblendeten Ochsen in die Tiefe. Der Holzfäller rief seinen Namenspatron an und wurde wunderbarerweise gerettet. Als Dank dafür ließ er auf dem Felsen am Eingang zum Valle di San Valentino eine Kapelle errichten, die bald ein beliebtes Pilgerziel wurde. Die jetzige, barocke Wallfahrtskirche wird bis heute gern von den Trentinern besucht, die hier um Gesundheit und Liebe bitten.

Die **Wallfahrtskirche San Valentino** (Santuario di San Valentino) befindet sich ein paar Kilometer nördlich von Ala in der Ortschaft Marani, am Eingang des Tales San Valentino, das zum Buole-Pass (Passo Buole) führt. Die Kirche ist nicht für Besucher zugänglich.

Mozart und die Freimaurerei
Ala

Auf seiner zweiten, gemeinsam mit seinem Vater Leopold unternommenen Italienreise hielt sich der 15-jährige Wolfgang Amadeus Mozart am 17. August 1771 in Ala bei den „lieben Pizzini" auf, die er auch bei seiner Rückreise nach Österreich am 8. Dezember aufsuchte. Zu Mozarts dritter Italienreise im

Jahr 1772 organisierten die Pizzini in ihrem Palazzo ein großes Fest anlässlich des Namenstags von Wolfgang am 31. Oktober.
An diesem Aufenthalt war etwas Geheimnisvolles. In einem gewissen Sinn hat Mozarts Besuch in Ala mit der Freimaurerei zu tun. In „*Musica e Mistero nel Flauto Magico di Mozart*" (in: „*Mozart, tutti i testi delle composizioni vocali*", Bd. I, herausgegeben von Marco Murara und Bruno Bianco, Marco Valerio Editore, 2004), schreibt Giacomo Fornari: „In der Zeit, in der Mozart als Wunderkind Europa bereiste, hatten viele Komponisten und Musiker Kontakte zur Freimaurerei. Schon in den Sechzigerjahren des 18. Jahrhunderts hatten verschiedene Künstler auch in aller Öffentlichkeit mit den Freimaurern zusammengearbeitet, und mehrere Londoner und Pariser Musikvereine hatten enge Beziehungen zu ihnen. Ein bekanntes Beispiel ist die Loge ‚Olympique', in der auch viel besuchte Konzerte stattfanden, und oft präsentierten sich die Orchestermitglieder dabei mit Schürze und Schwert, zwei bekannten Freimaurersymbolen. Wir wissen nicht, wann, wo und wie Wolfgang Amadeus erstmals mit der Freimaurerwelt in Kontakt gekommen ist. Wahrscheinlich auf einer seiner Reisen. Oder vielleicht auch in Salzburg, wo mehrere illustre Bürger der Loge ‚Zur Behutsamkeit' angehörten … Die erste Begegnung mit der Freimaurerei fand wahrscheinlich anlässlich des Auftrags zum Lied ‚O heiliges Band' (KV 148, 125h) statt, das er 1772 in Salzburg komponierte." So weit Fornari.
Trentiner Dokumenten ist aber zu entnehmen, dass Mozart das Lied und besonders den Text gerade während seines dritten Aufenthalts bei der Familie Pizzini in Ala überarbeitet hat. War er von seinen Gastgebern beeinflusst worden? Hatten der Salzburger und der Trentiner Bischof seinen Vater Leopold unter Druck gesetzt und verlangt, dass der von Ludwig Friedrich Lenz verfasste Text leicht abgeändert und „abgeschwächt" wurde? Mozarts Komposition hat jetzt folgenden Wortlaut:
O heiliges Band der Freundschaft treuer Brüder,
dem höchsten Glück und Edens Wonne gleich,
dem Glauben Freund doch nimmermehr zuwider,
der Welt bekannt und doch geheimnisreich.
Bei diesem „Lobgesang an die feierliche Johannisloge" handelt es sich um das älteste erhaltene Freimaurerlied.
Wolfgang Amadeus Mozart wurde Jahre später, am 14. Dezember 1784, in die Wiener Freimaurerloge „Zur Wohltätigkeit" aufgenommen, 1785 Geselle und kurz darauf schon Meister. Dieser Weg sollte ihn dann zur „Zauberflöte" führen, seiner letzten, im Todesjahr 1791 vollendeten Oper, in der Ideale des Freimaurerbundes verherrlicht werden.

Napoleon Bonaparte und die geheimnisvolle Ampulle
Ala

Bis zum Ende des Ersten Weltkriegs war Ala für aus dem Norden kommende Reisende die erste italienische Ortschaft nach der Grenze.
Während des ersten Koalitionskriegs übernachtete Napoleon Bonaparte vom 3. auf den 4. September 1796 in Ala, im unteren Flügel des Palazzo Pizzini. Nach seiner Abfahrt wurden in seinem Zimmer sein Siegel *(„Le Genéral en chef de l'Armée d'Italie")* und eine Ampulle mit einer sonderbaren Flüssigkeit gefunden. Angeblich handelte es sich um ein Giftfläschchen, das Napoleon immer bei sich hatte: auch dies ein weiteres Rätsel.

Die **Palazzi de' Pizzini** sind zwei imposante Bauwerke, die an das Epos des Samts und der Seide erinnern. Der untere Palast, in dem Persönlichkeiten wie Karl III. von Spanien, Karl VI. und Napoleon Bonaparte residierten, ist zurzeit Sitz des **Museo del Pianoforte Antico** (Via Santa Caterina 1, Tel. +39 0464 674068, www.comune.ala.tn.it); der obere Palast, der einst mit dem unteren über einen Gang verbunden war, beherbergte unter anderem Franz I. und Maria Theresia von Österreich.

Der Brunnen des Prinzen
Ala

Der Brunnen (Fontana del Principe) verdankt seinen Namen dem Prinzen Eugen von Savoyen, der hier seinen Durst gestillt haben soll, als er während des Spanischen Erbfolgekriegs im Jahr 1701 an der Spitze eines Heers durch das Tal zog. Da die Feinde ihm den Weg gegen die Poebene versperrt hatten, führte er seine Truppen durch Gegenden, die damals als fast unzugänglich galten, das Vallarsa und das Val Fredda. Auf diese Weise – so vermerkte ein damaliger Chronist – „enttäuschte er die Franzosen und zeigte der Welt, dass der italienische Geist zu allem fähig ist".

Die Reiseroute von **Eugen von Savoyen** kann auch heute noch mit kleineren Abweichungen begangen werden, und zwar von Sdruzzinà (einer Fraktion drei Kilometer von Ala entfernt) bis Fosse (Provinz Verona), wo es einen Platz gibt, der nach Prinz Eugen von Savoyen benannt wurde. An der Straße in Richtung der Fraktion Sega di Ala liegt auch noch die Fontana del Prinzepe (Brunnen des Prinzen), eine Quelle, die so benannt wurde, nachdem Eugen von Savoyen hier vorbeigekommen war.

Die „Busa dei Preeri“
Avio

Über Avio ist in der Felswand des Lavacchio die Busa dei Preeri zu sehen, eine riesige natürliche Höhle von 30 Metern Breite, 25 Metern Höhe und 47 Metern Tiefe, die möglicherweise schon als vorgeschichtliche Siedelstätte gedient hatte. Im Mittelalter war der Zugang fast ganz vermauert worden. Einer volkstümlichen Überlieferung zufolge soll einer der Castelbarco, der Herren von Avio, hier eine schöne junge Bäuerin gefangen gehalten haben. In Vollmondnächten ist bis heute noch das Wehgeschrei der Armen zu hören. Der Ausdruck *preeri* scheint sich von *preghiere* (Gebete) herzuleiten: Gebete, die noch heute bei Nacht zu hören sind oder die man zum Andenken an das arme Bauernmädchen sprechen sollte.

Die **Busa dei Preeri** befindet sich im Valle dei Molini. Um sie zu erreichen, folgt man der Strada provinciale Nr. 208 Avio–San Valentino (Landstraße 208) und folgt dann etwas oberhalb des Gasthauses „Al Molino“ 45 Minuten lang zuerst einer Forststraße und dann dem Weg Nummer 649.

Das makabre Buchstabenrätsel
Avio

Die Burg in Sabbionara d'Avio kann auf eine lange Geschichte zurückblicken. Sie gehörte den Herren von Castelbarco und den Venezianern und wurde im Jahr 1812 von den Castelbarco selbst demoliert, um Baumaterial für ihre Villa in Loppio zu gewinnen.

Die aus mehreren Gebäudeteilen bestehende Burg hat heute mehrere Besitzer: Die Burg selbst gehört dem Fondo Ambiente Italiano (FAI), das Wächterhaus der Provinz Trient, während der Picadora-Turm Besitz der Castelbarco-Erben ist und daher auch Besitz der 1991 verstorbenen Wally Toscanini war, die einen Castelbarco geheiratet hatte.

Im Wächterhaus befinden sich wertvolle profane Wandmalereien aus dem 13. und 14. Jahrhundert. Im ersten Raum sind die Wände mit vier großen Schachbrettern und mit gotischen Lettern geschmückt, die ein Labyrinth bilden. Es wird erzählt, dass die Gefangenen mit verbundenen Augen in diesen Raum geführt wurden, wo sie auf gut Glück die einzelnen Buchstaben berühren mussten. Wenn das aus den Lettern gebildete Wort VITA (Leben) war, blieben sie am Leben, sonst aber wurden sie zum Tode verurteilt.

Einer anderen Überlieferung nach bildeten diese Buchstaben, in einer bestimmten Reihenfolge, den Schlüssel zu einem unterirdischen Fluchtweg, der

vom Wächterhaus zu dem außerhalb der Burgmauern gelegenen Friedhof führte. Oder vielleicht zu einem Ort, an dem ein Schatz begraben war.
Außerdem erzählt man sich, dass in Märznächten Hexen auf den Zinnen der Burg ihr Unwesen treiben. Sind das die Verwünschungen einer gewissen Maria Toldina aus Palù di Brentonico, die am 10. März 1716 als Hexe auf dem Scheiterhaufen verbrannt wurde, die heute noch ihre Wirkung haben? Oder handelt es sich vielleicht um den makabren Geleitzug der Herrin von Castelbarco, die ihren Ehemann getötet hatte und daher dazu verdammt wurde, in den Märznächten die Kutsche ihres Mannes mit ihren Tränen zu waschen und sie mit ihren Haaren zu trocknen?

Das Castello di Sabbionara d'Avio

Das **Castello di Sabbionara d'Avio** steht für Besucher offen (Sabbionara d'Avio, Via al Castello, Tel. +39 0464 684453, www.fondoambiente.it). Von seiner Lage an den Hängen des Monte Vignola überblickt es das Bassa Vallagarina und die Grenze zur Provinz Verona. Parkmöglichkeiten gibt es zu Füßen der Burg, der Aufstieg nimmt 15 Minuten in Anspruch.

Zwei Grabinschriften und drei Meilensteine
Avio

Zwei römische Grabsteine sind in Avio ans Tageslicht gekommen: Einer ist A. Aufillenius Ascanius gewidmet, der andere Titus Catius Docimus.
Die drei Meilensteine hingegen, die gefunden wurden, sind einige der wenigen verbliebenen Beweise für die Existenz der Via Claudia Augusta.
Die Interpretation dieser Steine gibt verschiedene Rätsel auf: Vielleicht zeugen sie von Handelsbeziehungen zur Römerzeit, vielleicht aber handelt es sich bei den auf den Grabsteinen erwähnten Männern um zwei Soldaten, die Julia, die Tochter von Kaiser Augustus, aus ihrer Verbannung in Ventotene im Golf von Gaeta ins Val di Non (Nonstal) zu geleiten hatten, wo sie wegen ihres unzüchtigen Verhaltens im Exil leben musste.
Die Grabsteine und Meilensteine werden in der **Casa del Vicario** aufbewahrt, einem alten Gebäude aus dem 14. Jahrhundert, wo die Sitzungen der Gemeinde von Avio stattfanden. Informationen über die Besuchszeiten erhalten Sie per E-Mail (avio@biblio.infotn.it).

Weitere Informationen

Azienda per il Turismo Rovereto e Vallagarina, www.visitrovereto.it
Ufficio di Rovereto, Piazza Rosmini 16, Tel. +39 0464 430363

4. Die Hochebene von Piné und die Täler von Cembra und Fersina

Die Hochebene von Piné

Die Erscheinung der Madonna mit dem Rosenkranz
Montagnaga

Wallfahrtskirche Madonna di Piné, Montagnaga

Die Verehrung der Jungfrau Maria ist in allen Trentiner Tälern sehr lebendig – auch in Baselga, dessen Name auf eine „Basilika" zurückzuführen ist. Einem armen Hirtenmädchen namens Domenica Targa aus Montagnaga, einem Ortsteil von Baselga di Piné, erschien im Jahr 1729 mehrmals die Jungfrau Maria.

Während Domenica ihre Herde weidete, verirrte sich eines der Schafe, und sie fürchtete sehr, für diese Unachtsamkeit bestraft zu werden. So rief sie in Tränen die Gottesmutter an: Maria erschien ihr und zeigte ihr den Ort, wo sich das verirrte Schaf befand. Im Laufe mehrerer Monate erschien die Jungfrau Maria der damals rund 30-jährigen Hirtin fünfmal.

Domenica Targa hatte die erste Vision am 14. Mai 1729, an einem heute als La Comparsa (die Erschienene) bezeichneten Ort, die zweite am 26. Mai auf einem Hügel, auf dem sich jetzt das Erlöserdenkmal befindet, die dritte am 8. September in der heutigen Wallfahrtskirche Sant'Anna, die vierte am 10. September in Pralonch, wo sich eine Gedächtniskapelle erhebt, und die fünfte

und letzte am 26. Mai 1730 wieder in der Kirche Sant'Anna. Ganz ähnlich sollten dann hundert Jahre später die Marienerscheinungen in Lourdes ablaufen: Auch hier hatte ein Hirtenmädchen ein Schaf verloren, aber auf wundersame Weise wieder gefunden.
Die Marienverehrung fand immer größere Verbreitung, und zu den Stätten der Erscheinungen wurden viele Pilgerfahrten organisiert. Im Jahr 1731 wurde im Schloss Buonconsiglio in Trient der kanonische Prozess aufgenommen, der zum Leidwesen der Einwohner von Baselga di Piné bis heute nicht zur Heiligsprechung des Hirtenmädchens geführt hat.

Die **Wallfahrtskirche der Madonna von Piné – Kirche Sant'Anna (Santuario della Madonna di Piné – Chiesa di Sant'Anna** Tel. +39 0461 557701, www.santuariodipine.it) in Montagnaga, einer Fraktion vier Kilometer von Baselga di Pinè entfernt, ist der bekannteste und meistbesuchte Ort für Marienverehrung im Trentino. Ganz in der Nähe steht das Monumento del Redentore (Denkmal des Erlösers). Am Ort La Comparsa, an dem Maria Domenica Targa das erste Mal erschien, erinnert eine eiserne Figur an dieses Ereignis. Die Wallfahrtskirche und das Denkmal stehen für Besucher offen und konnen mit dem Auto oder einer kurzen Wanderung von den angrenzenden Ortschaften aus erreicht werden.

Die aufwärts rollende Kugel
Montagnaga

Die Landstraße führte einst mitten durch das Dorf Montagnaga, bis eine Umfahrungsstraße angelegt wurde. An der Einmündung der alten in diese neue Straße zeigt sich eine sonderbare Erscheinung, auf die erstmals 1982 in der Zeitschrift *Panorama* hingewiesen wurde: „Eine überraschende Straße. An der Abzweigung von der neuen Landesstraße in Richtung Montagnaga ist ein sonderbares Phänomen zu beobachten: Wenn man einen runden Gegenstand auf die Erde legt, rollt er nicht abwärts, sondern aufwärts, auf das Dorf Montagnaga zu."
Diese anomale Anziehungskraft ist nicht an allen Stellen gleich. Man kann sie beobachten, wenn man einen Gegenstand auf den Boden legt, Wasser verschüttet oder ein Auto im Leerlauf stehen lässt. Die Zeitschrift *Famiglia Cristiana* gab im Jahr 1989 ein Verzeichnis anderer derartiger Straßen wieder, von denen sich eine in Aserbaidschan befindet. Im August 1990 publizierte Luigi Garlaschelli, Professor für Chemie an der Universität Pavia, in der Zeitschrift *CICAP* für paranormale Erscheinungen einen Beitrag zu diesem Thema. Auch Giovanni Iorio Giannoli, Professor für philosophische Studien an der Universität Rom, ging auf das Thema ein. Er sprach von einer optischen Täuschung, und diese These wurde auch 1996 von der Zeitschrift *Focus* aufgenommen.

Vorderansicht des Albergo alla Corona in Montagnaga

Das Thema wurde aber nicht weiter vertieft, da der Ort „rätselhafterweise" nicht als Montagnaga angegeben war, sondern als „Magnaga". Eine Rache des Rätsels?

Beim ehemaligen Hotel Alla Corona (Zur Krone) liegt seit 2007 das **Museo del Turismo Trentino** (Tourismus-Museum Trentino, Informationen und Führungen: Biblioteca Comunale di Baselga di Piné, Tel. +39 0461 557951). Das Hotel war die erste Unterkunft im Trentino, die zu reinen Tourismuszwecken gebaut wurde.

Blutopfer keltischer Druiden
Montagnaga/Baselga

Auf dem Hochplateau von Piné liegt ein in den Siebzigerjahren des vorigen Jahrhunderts gegründetes Naturschutzgebiet, das Biotop von Laghestèl. Es handelt sich um einen ehemaligen, heute verlandeten See, von dem sich noch ein kleiner Wasserspiegel erhalten hat. Dieser kleine See zeichnet sich durch eine besondere naturkundliche Erscheinung aus: An heißen Sommertagen nimmt sein Wasser eine rote Farbe an, was auf die einzellige Alge *Euglena Viridis sanguinea* zurückzuführen ist. Heute kann dieses Phänomen wissenschaftlich erklärt werden – in vergangenen Zeiten dagegen schrieb man die Rotfärbung Opfern zu, die die keltischen Druiden ihren Göttern dargebracht hatten.

Der Beginn des Weges in das **Biotop Laghestèl** befindet sich in Ferrari, an der Landstraße (Strada provinciale) von Montagnaga nach Baselga di Piné. Die Strecke schlängelt sich durch das Biotop und führt am Ende der Tour wieder zum Ausgangspunkt zurück.

Der König im Loch
Bedollo

Das Tal des Rio Regnana wurde von zwei Königen umkämpft, die es beide in ihren Besitz bringen wollten. Einer hatte sein Lager oben im Tal aufgeschlagen, der andere zog mit seinem Heer am Bach aufwärts.
Als der zweite König fast die Quelle des Regnana-Bachs erreicht hatte, wurde er von einem Pfeil getroffen und stürzte in die Tiefe. Von diesem Tag an wurde das Tal Redebus genannt, das „Loch des Königs". Und diesen Namen trägt auch heute noch der Pass, der das Gebiet von Piné mit dem Fersental verbindet. Die Bewohner des Fersentals behaupten, dass der Weg nach Regnana hinüber seit jeher sehr gefährlich war. In Wirklichkeit handelt es sich um einen „ethnischen" Streit zwischen Ortsansässigen, die auf der einen Seite Italienisch sprechen und auf der anderen Deutsch.
Auf dem Passo del Redebus, einem Alpenpass, der die Hochebene von Piné mit dem Valle del Fersina (Bersntol) verbindet, befindet sich die **archäologische Fundstelle Acqua Fredda** (sito archeologico di Acqua Fredda), wo eine der größten prähistorischen Schmelzereien Europas aus der späten Bronzezeit gefunden wurde. Sie zeugt von der intensiven Verarbeitung des Kupfers. Die Fundstelle ist für das Publikum zugänglich (www.trentinocultura.net/archeologia).

Weitere Informationen

Azienda per il Turismo Altopiano di Piné e Valle di Cembra, www.visitpinecembra.it
Ufficio di Baselga di Piné, Via C. Battisti 106, Tel. +39 0461 557028

Das Valle del Fersina/Bersntol

Musils Erzählung vom Fersental
Valle del Fersina/Bersntol

Wer im Trentino eine besonders geheimnisvolle Welt entdecken möchte, sollte eine Fahrt durch das Fersental, das Bersntol, und seine Dörfer Palù del Fersina/Palae en Bersntol (siehe S. 87), Frassilongo/Garait, Fierozzo/Vlarotz und Roveda/Oachlait unternehmen.

Das Tal des Fersenbachs, eines linken Nebenflusses der Etsch, bildet bis heute eine deutsche Sprachinsel. Die Streusiedlungen und die Waldlichtungen zeugen von einer im Mittelalter erfolgten Besiedlung durch deutschsprachige (Tiroler und bayerische) Bauern, die weite Flächen im Tal rodeten. Zu einem späteren Zeitpunkt langten im Tal dann auch bayerische und alemannische Bergknappen zur Arbeit in den Gruben an, in denen Silber, Kupfer und Eisen abgebaut wurden.

Die mittelhochdeutsch geprägte Sprache wird bis heute, wenn auch vom Italienischen durchsetzt, noch im Tal gesprochen, das neben Luserna/Lusern (siehe S. 53) die einzige deutsche Sprachinsel im Trentino ist.

Zu den von alters her überlieferten Bräuchen gehören das Sternsingen *(stella)* und der Faschingsritus des *bècio* (des Alten) und der *bècia* (der Alten). Zum Sternsingen ziehen die *stelari* zwischen dem 31. Dezember und Dreikönig abends zu den verschiedenen Höfen des Dorfs, tragen einen glitzernden, farbigen Stern und singen in italienischer und lateinischer Sprache traditionelle Weihnachts- und Dreikönigslieder. Zum Fasching ziehen der *bècio* und die *bècia* (die ebenfalls von einem Mann verkörpert wird) am Faschingsdienstag zu den verschiedenen Höfen und Weilern, tanzen, betteln um Süßigkeiten und versprechen Wohlstand und eine gute Ernte. Sie werden dabei von Musikanten mit der Ziehharmonika *(gramatica)* begleitet. Andere im Fersental verbreitete Musikinstrumente sind die Geige *(gaig)* und die Handharmonika *(reta)*. Gegessen werden *kropfen ont kiechl*, getrunken wird *bosser ont bait* (Wein).

Man kann eine Fahrt durch das Tal in Pergine Valsugana beginnen und der Straße am rechten Ufer des Fersenbachs folgen, die zuerst die Ortschaft Sant'Orsola berührt (ehemals Badeort mit Heilquellen). Die heilige Ursula und ihre elf Gefährtinnen, nach denen der Ort benannt ist, genossen im Mittelalter große Verehrung. Oberhalb der Ortschaft entspringt eine Quelle, und am sogenannten Pra della Busa erhebt sich eine Trockenmauer, die das Gebiet der Talgemeinschaft Piné von der Gemeinde Sant'Orsola trennt.

Der bècio (der Alte) und die bècia (die Alte), Palú del Fersina

Das Fersental und das Gebiet von Piné sind durch eine Straße miteinander verbunden, die über den Passo del Redebus verläuft.

Nach der Abzweigung der Redebus-Straße erreichen wir Palù del Fersina/Palae en Bersntol, wo mehrere Bergwerke (Kupfer, Silber und Blei) in Betrieb waren. Das in 1.700 m Höhe liegende Bergwerk Grua va Hardömbl ist in jüngerer Zeit instand gesetzt, abgesichert und in ein Schaubergwerk verwandelt worden. Es ist ein Teil der vom örtlichen Kulturinstitut angelegten Freiluftmuseen, zu denen auch der restrukturierte Filzerhof und die Mühle De Mill gehören.

Über die Hochgebirgspässe dieser Gegend führten schon in alten Zeiten bedeutende Verkehrswege, die das Gebiet um Pergine, das Valsugana und das Val di Fiemme (Fleimstal) miteinander verbanden. Im frühen 20. Jahrhundert zum Beispiel brauchte man zu einem Mauleselritt von Cavalese durch das Val Cadino, den Cagnon und Palae en Bersntal rund zehn Stunden.

Am linken Ufer des Fersenbachs berührt die von Pergine Valsugana ausgehende Straße die Dörfer Fierozzo/Vlarotz San Felice/San Felise und Frassilongo/Garait. Es ist eine faszinierende Fahrt durch teilweise wilde, unberührte Landschaften und führt an uralten Berghöfen vorbei, die alle noch deutsche Namen tragen. Einer von ihnen ist der Hacleri-Hof am Talende, wo die Straße durch das Bett des Fersenbachs führt, um auf der anderen Talseite wieder nach Palù del Fersina/Palae en Bersntol anzusteigen.

Erinnerungen an alte Sprachen, Erinnerungen an Kämpfe und Kriege: Am 12. April 1917 geht um sechs Uhr in der Früh eine Lawine nieder, die 30 Trentiner und österreichische Soldaten unter sich begräbt. Nur einer kann nach neun Stunden noch lebend geborgen werden.

Den Krieg beschreibt auch der österreichische Schriftsteller Robert Musil und setzt sich damit existenziell auseinander: in der 1916–1917 von ihm herausgegebenen *Soldaten-Zeitung*, in der 1928 veröffentlichten Erzählung „Die Amsel“ und in den meisterlichen Erzählungen „Drei Frauen“. Eine dieser drei Frauen ist Grigia, und in der gleichnamigen Erzählung von 1921 beschreibt Musil das Fersental, seine Bewohner und das Leben in der damaligen Zeit folgendermaßen: „Es lebten übrigens merkwürdige Leute in diesem Talende. Ihre Voreltern waren zur Zeit der tridentinischen Bischofsmacht als Bergknappen aus Deutschland gekommen, und sie saßen heute noch eingesprengt wie ein verwitterter deutscher Stein zwischen den Italienern. Die Art ihres alten Lebens hatten sie halb bewahrt und halb vergessen, und was sie davon bewahrt hatten, verstanden sie wohl selbst nicht mehr. Die Wildbäche rissen ihnen im Frühjahr den Boden weg, es gab Häuser, die einst auf einem Hügel und jetzt am Rand eines Abgrunds standen, ohne dass sie etwas dagegen taten, und umgekehrten Wegs spülte ihnen die neue Zeit allerhand ärgsten Unrat in die Häuser. Da gab es billige polierte Schränke, scherzhafte Postkarten und Öldruckbilder, aber manchmal war ein Kochgeschirr da, aus dem schon zur Zeit Martin Luthers gegessen worden sein mochte. Sie waren nämlich Protestanten; aber wenn es wohl auch nichts als dieses zähe Festhalten an ihrem Glauben war, was sie vor der Verwelschung geschützt hatte, so waren sie dennoch keine guten Christen.“

Musils Bemerkungen hören sich aus heutiger Sicht etwas hart und unbarmherzig an, und sind wohl auch aus dem Zeitgeist zu verstehen, heute aber zum Glück überholt; denn auf dem Gebiet der Anerkennung der Sprachinseln und der Achtung ihrer Traditionen geht man jetzt andere Wege.

Auf jeden Fall, das sei hinzugefügt, ist es den Bersntolarn gelungen, ihre kulturelle Identität, ihre Sprache und ihre Sitten und Bräuche – auch durch die rege Tätigkeit des Fersentaler Kulturinstituts – bis auf den heutigen Tag zu erhalten.

Das ethnografische, sprachliche und kulturelle Vermächtnis der deutschsprachigen Bevölkerung von Fierozzo, Palù del Fersina und Frassilongo zu bewahren und aufzuwerten, das ist das Ziel des **Bersntoler Kulturinstituts** (Istituto culturale mocheno, Palù del Fersina, loc. Jorgar 67, Tel. +39 0461 550073, www.kib.it). Bei diesem Institut ist es unter anderem möglich, Bücher, archivierte Dokumente und Fotos einzusehen und sich Audioaufnahmen im Bernstoler-Deutsch anzuhören.

Der Exorzist
Palù del Fersina/Palai en Bersntol

Im Weiler Battisti lebte einst ein Pfarrer, dessen Ruf als Exorzist bis nach Wien reichte.
Da ein Sohn des Kaisers dem Wahnsinn verfallen war und schwere Bewegungsprobleme hatte, wurde der Kurat an den Hof gerufen, um die bösen Geister zu beschwören und auszutreiben.
Man ließ ihn mit einer Kutsche in Palae en Bersntol abholen, und am Stadtrand von Wien wurde der Pfarrer von einem Kardinal empfangen. Der Kaisersohn, der von sieben kräftigen Burschen festgehalten werden musste, wurde vom Kuraten behandelt, beruhigte sich und wurde gesund. Der Pfarrer hätte sich am Hof aufhalten sollen, kehrte aber nach Palae en Bersntol zurück. Nach einiger Zeit erfuhr er mit Grausen, dass der junge Prinz gestorben war, entweder ermordet oder durch Selbstmord.
Handelt es sich hier vielleicht um einen der rätselhaften Berichte über den Mord/Selbstmord von Rudolf von Habsburg in Mayerling?

Die Hexen vom Slimber
Palù del Fersina/Palai en Bersntol

Wenn man einen Stein in den Erdemolo-See wirft, wo die Hexen hausen, bricht ein schreckliches Gewitter mit verheerenden Blitzen aus. Doch das Unwetter beruhigt sich sofort, wenn man eine magische Formel ausspricht, die allerdings nur den Hexen von Slimber bekannt ist.
In einer altüberlieferten Sage ist die Rede von wunderschönen Weidegründen, die sich am Erdemolo-Hof ausdehnten, aber von niemandem benutzt wurden; denn die Tòleri, die Sigismondi, die Cànopi und die Battisti (mit anderen Worten: die Talbewohner) hatten Angst vor den Hexen von Slimber, die bei Nacht von den Bergen herabkamen und die weidenden Kühe zu Tode stachen. Eines Tages wollte ein Hirt namens Heinrich sein Kalb auf die Bergweide führen. Er ließ es auf der Wiese weiden und versteckte sich hinter einer Hütte. Bald kamen die Hexen mit Teufelsgeschrei vom Himmel herab, kniffen das Kalb, bis es verrückt wurde, und warfen es in einen Abgrund. Als sie Heinrich entdeckten, wurde auch ihm das gleiche Schicksal zuteil: Sie kniffen und zwickten ihn, bis er den Verstand verlor, rissen ihm Arme und Beine aus und hängten sie an der Hütte auf. Angeblich soll es sich bei diesen Hexen um Seelen handeln, die die Gruben bewachen.

Der Lago di Erdemolo, Valle del Fersina

Auf 1.700 Metern Meereshöhe befindet sich, in der Nähe des Lago Erdemolo, die **Gruab va Hardimbl**, wo seit 1500 Chalkopyrit abgebaut wurde (der Abbau wurde erst im Laufe des 19. Jahrhunderts eingestellt). Im Inneren der Grube kann man noch gut die Arbeit der *canopi*, der deutschen Bergarbeiter, erkennen. Die Grube kann nur im Rahmen von geführten Touren besichtigt werden, die vom **Bersntoler Museum** (Museo della Valle dei Mòcheni, Palù del Fersina, loc. Jorgar 67, Tel. +39 0461 550073, www.kib.it) angeboten werden. Das Bersntoler Museum organisiert weiters auch Besuche am Filzerhof, einem Bernstoler Landhaus, einer alten Mühle (De Mil) und eines Wassersägewerks (De Sog van Rindel) bei Fierozzo/Vlarotz.

Weitere Informationen

Consorzio proloco Valle dei Mocheni, www.valledeimocheni.it
Ufficio di Sant'Orsola Terme, Loc. Pintarei 75/a, Tel. +39 0461 551440

Das linke Ufer des Val di Cembra

Die Langobardengräber
Civezzano

Die Anwesenheit der Langobarden im Trentino gegen Ende des 8. Jahrhunderts wird von Paulus Diaconus in seiner „*Historia Langobardorum*“ sowie auch von zahlreichen Nekropolen bezeugt.
Am Rio Farinella im Ortsteil Al Foss wurden schon 1885 die ersten Gräber entdeckt, während im frühen 20. Jahrhundert im oberen Ortsteil von Civezzano weitere Grabstätten ans Tageslicht gekommen sind. Angesichts der wertvollen Grabbeigaben kann man vermuten, dass es sich um ranghohe Personen handelte: Es wurden Schwerter, Eisendolche und Reste von Schilden mit bronzenem Buckel gefunden. In einem Frauengrab befanden sich ein Kreuz aus Goldfolie mit vier kleinen Löchern zum Befestigen am Leichentuch, bronzene Armbänder und eine Art Schere.
Das berühmte langobardische **Grab des Prinzen** (Tomba del Principe) findet sich in der Nähe von **Castel Telvana**, heute Sitz des Rathauses (Via Telvana 9, nähere Informationen erhalten Sie in der Gemeinde, Tel. +39 0461 858516). Die Grabbeigaben werden heute teils im Ferdinandeum in Innsbruck (www.tiroler-landesmuseum.at) und teils in der archäologischen Sammlung des Castello del Buonconsiglio (www.buonconsiglio.it) aufbewahrt.

Das Porphyrmuseum
Albiano

Die Gebeine von Mutter Erde kommen bisweilen auf geheimnisvolle Weise zutage. Es sind dies die Steine, die alten Legenden nach dem Menschengeschlecht seinen Ursprung gaben. Einige sind weiß und wertvoll wie der Marmor, andere haben Adern und Färbungen wie der Porphyr.
Albiano ist der Mittelpunkt der Produktion, Verarbeitung und des Vertriebs von Porphyrgestein. Die vielen Steinbrüche, die in die Bergflanken gehauen wurden, haben die Landschaft verändert und ihr ein besonders markantes Aussehen verliehen. Der Porphyr ist der wichtigste Rohstoff des Tals und ersetzt oft das Holz in den Umzäunungen der Felder wie auch im Bau von Häusern. Die Dächer sind mit Porphyrplatten gedeckt.
Das **Porphyr-Haus** (Museum des Trentiner Porphyrs – Casa Porfido, Museo del Porfido trentino, Albiano, Via Don Luigi Albasini 8, Tel. +39 0461 689799, www.casaporfido.it) bietet in interaktiven Ausstellungsräumen, mittels Filmen und historischen Dokumenten die Mög-

Das Porphyr-Museum, Albiano

lichkeit, in die Welt des Trentiner Porphyrs einzutauchen und etwas über seine Geschichte, das soziale und wirtschaftliche Umfeld in den Abbaugebieten, historische Bearbeitungstechniken und die Kunst des Pflasterns zu erfahren.

Die Vulkanbomben von Lases
Lases

Um den Lago di Lases liegen Steine, die man auf den ersten Blick für Kanonenkugeln halten könnte. In Wirklichkeit handelt es sich um in Tuff- und Sandstein eingelagerte, sogenannte Vulkanbomben. Sie sind bei Vulkanausbrüchen vor 280 Millionen Jahren entstanden, die zur Bildung der Bozner Porphyrplatte geführt haben, zu der auch die Lagoraikette gehört.
So sagen es die Wissenschaftler. In der volkstümlichen Überlieferung hingegen wird erzählt, dass diese Kugeln nichts anderes sind als die Verstofflichung der bösen Gedanken des Teufels und dass sie immer brennend heiß sind. Die Pechvögel, die sie unabsichtlich berühren, verbrennen sich. Sie suchen daher im nahen kleinen See Erfrischung, finden dort aber den Tod.
Die Wissenschaftler erklären, dass dieses Brennen der Haut und der Wunsch nach Abkühlung die Symptome der *Pellagra* (der rauen Haut) sind, einer im 19. Jahrhundert sehr verbreiteten Krankheit.
Der See von Lases scheint immerhin eine große Anziehung auf Selbstmörder auszuüben. Im Pfarrarchiv wird als Todesursache von Ertrunkenen oft „Mania

pellagrosa" verzeichnet, „Pellagra-Wahn". In der Medizin weiß man heute, dass die Pellagra auf Hunger, einseitige Ernährung und Vitaminmangel zurückzuführen ist. Wer im See den Freitod suchte, war nicht von den Vulkanbomben „verflucht", sondern litt sehr wahrscheinlich an Fehl- oder Mangelernährung.

Das Phänomen der **Vulkanbomben** kann man in einigen Teilen des Val di Cembra (Cembra-Tal) beobachten. Das Entdecken der Bomben, die einen Durchmesser von einigen Zentimetern bis zu einem Meter erreichen können, ist für ein ungeschultes Auge gar nicht so einfach. Ein paar dieser Kugeln findet man entlang der Landstraße, die neben dem Lago di Lases (Lases-See) verläuft, weitere eingegliedert in den Porphyr in der Nähe der Ponte di Cantilaga (Cantilaga-Brücke), im Gebiet um Castello di Segonzano.

Die natürlichen Kühlschränke im Kalten Tal
Lases

Im Val Fredda in Lases fallen noch heute mit Schlössern verriegelte Türen auf. Es handelt sich um Eislöcher, die im Trentino als *giazere* bezeichnet wurden, um Aushöhlungen im Gestein, in denen es infolge des Eintritts kalter Luft durch die Felsrisse zu sehr niedrigen Temperaturen kam, sodass sie von den Einheimischen als natürliche Kühlschränke benutzt wurden. Um Neugierige oder Diebe abzuhalten, die es auf die in diesen Eislöchern aufbewahrten Lebensmittel abgesehen hatten, wurde von einem Fluch erzählt: Wer eine dieser *giazere* betrat, ohne der Besitzer dieses Eislochs zu sein, wurde sofort von den Eisgeistern in Eis verwandelt.

Vor allem das Val Fredda (Kaltes Tal) oberhalb von Lases ist von **Eislöchern,** das heißt Rissen und Aushöhlungen im Gestein, geprägt, die sich alle unterhalb eines abgerutschten Hanges befinden und aus denen ständig kalte Luft strömt. Dies ermöglicht ganzjährig die Ausbildung von Eis. Der Weg ins Innere des Biotops Lona-Lases, der direkt zu diesem Phänomen führt, wird zurzeit neu angelegt. Weitere Informationen und eine Ausflugskarte stellt Ihnen das Tourismusbüro Cembra zur Verfügung (Ufficio turistico di Cembra, Tel. +39 0461 683110).

Versteinerte Waldgeister
Segonzano

Die Erdpyramiden von Segonzano, bis zu zwanzig Meter hohe Erdsäulen, stellen eine interessante geologische Erscheinung dar. Die Steine, die sie auf der Spitze tragen, haben verhindert, dass die eiszeitliche Moränenschicht, aus der sie sich erheben, ausgewaschen wurde. Im Volksmund werden sie *omeni* ge-

Die Erdpyramiden, Segonzano

nannt, Männer, und die Volksfantasie hat in ihnen versteinerte Feen, Waldgeister und Riesen gesehen, die den Bewohnern dieser Gegend einst übel mitspielten. Auch Albrecht Dürer war vom *genius loci* dieses Tals so fasziniert, dass er auf seiner ersten Italienreise 1494/95 hier mehrere Aquarelle schuf: Auf einem ist eine zinnenbewehrte Burg (die heutige Burgruine von Segonzano) zu sehen, auf einem anderen ein Landschaftsbild, das er selbst als „Wehlsch pirg" betitelt hatte. Während des Ersten Weltkriegs dienten die Erdpyramiden den österreichischen Soldaten als Zielscheiben.

Im Ortsteil Sabion von Segonzano ist noch ein Naturdenkmal zu bewundern: Eine riesige Linde schützt die Wallfahrtskirche Madonna dell'Aiuto, in der bis um 1970 ein Einsiedler lebte.

Ein mit Treppen, Aussichtspunkten und Schautafeln ausgestatter Weg ermöglicht in einer drei Stunden langen Wanderung die unterschiedlichen Arten von **Erdpyramiden** zu bewundern. Der Fußweg beginnt bei einem Parkplatz an der Strada provinciale (Landstraße) Nr. 71 in der Nähe der Brücke über den Torrente Regnana (Regnana-Bach). Die Erdpyramiden liegen alle entlang des Dürerweges (www.duererweg.it), der die Etappen des deutschen Künstlers Albrecht Dürer bei seiner Reise durch Italien verfolgt.

Die großen Hochwasser
Sover

Die Dörfer Sover und Brusago waren einst durch eine Straße miteinander verbunden, die durch das „Mühlental" führte, aber bei der verheerenden Überschwemmung 1882 weggespült wurde. Von einer weiteren Hochwasserkatastrophe wurde Sover auch im 20. Jahrhundert heimgesucht, und zwar als es im Jahr 1966 in vielen Teilen Italiens zu Zerstörungen und Verwüstungen kam. Bilder vom überschwemmten Florenz gingen um die ganze Welt und riefen weltweite Hilfsaktionen zur Rettung der Kunstwerke auf den Plan. Auch die Stadt Trient erlitt schwerste Hochwasserschäden. Und es ging das Gerücht um, dass es sich um eine „Strafe Gottes" gehandelt habe. Im Jahr zuvor, 1965, war während des Zweiten Vatikanischen Konzils der Kult des „heiligen" Simon von Trient (siehe unter „Trient") durch ein päpstliches Dekret offiziell abgeschafft worden. Der „heilige" Simon war kein Heiliger mehr: Und Trient wurde vom Hochwasser verwüstet …

Widerstand gegen Napoleon
Sover

Eine historische Begebenheit hat in der Geschichte des Dorfs Sover tiefe Spuren hinterlassen: Es waren die Kämpfe, die vom 3. bis zum 27. Februar 1797, während der Napoleonischen Kriege, im Ortsteil Colbis zwischen der Fleimstaler Miliz und napoleonischen Truppen ausgetragen wurden.
Im Pfarrhaus der Kirche San Lorenzo werden noch die „Hauptmannsfahne" und die Goldmedaille aufbewahrt, mit der der Hauptmann Domenico Santuari vom österreichischen Kaiser für seinen heroischen Widerstand gegen die französischen Truppen ausgezeichnet worden war.
Um der Hauptmannsfahne und der Medaille nicht zu schaden, dürfen diese nicht besichtigt werden, aber am Sockel des Glockenturms der **Pfarrkirche San Lorenzo** (Chiesa parrocchiale di San Lorenzo) wurde in Erinnerung an die Kämpfe von Sover eine Gedenktafel angebracht. Interessant ist auch die Mahnung, die auf einer Sonnenuhr der Kirche zu lesen ist: „Ich bin nur toter Schatten, und sage euch doch, dass die Polenta-Stunde (die Essenszeit) die schönste ist."

Weitere Informationen

Azienda per il Turismo Altopiano di Piné e Valle di Cembra, wwwvisitpinecembra.it
Ufficio di Cembra, Piazza San Rocco 10, Tel. +39 0461 683110

Das rechte Ufer des Val di Cembra

Der geheiligte Eimer
Cembra

Lavis esela – Pitiave Rupinu – Lelxana-Felna vinutalina – Kusenkus Trinaxe: „Der geheiligte Eimer (den) der Priester den Göttern Pitius, Ripinius und Vulcanus weihte, indem er dreimal mit dem Weinbecher das Trankopfer darbrachte“, lautet die Inschrift in rätischem Alphabet, die sich am oberen Rand einer Situla befindet. Dieser Bronzeeimer kam um die Mitte des 19. Jahrhunderts bei Arbeiten auf dem Doss Caslìr bei Cembra zutage. Für die Räter hatte die Schrift eine sakrale und zugleich dekorative Funktion. Die Situla findet sich heute in der archäologischen Abteilung des Schlosses Buonconsiglio in Trient.

Ansicht Cembras

Außer diesem Bronzegefäß wurden auf dem Doss Caslìr auch andere Funde gemacht. Die Einheimischen glaubten früher, dass sich auf dem Hügel ein außergewöhnlicher Schatz befände, der aber von bösen Geistern gehütet wird.

Um diesen Schatz an sich zu bringen, musste man die rechten magischen Formeln kennen und sich in absoluter Stille nähern. Ein Mann, der diese Formeln kannte, ließ sich beim Graben nach dem Schatz von zwei jungen Männern helfen. Sie gruben und gruben, bis sie auf einmal ein Geräusch hörten, als hätten sie mit dem Spaten eine große Kiste berührt. „Freunde, wir haben es geschafft!“, rief der jüngere Gehilfe aus. Im gleichen Moment wurden sie von einer kräftigen Ohrfeige getroffen: Der eine wurde bis zu den Erdpyramiden von Segonzano geschleudert, der zweite bis zur Brücke an der Avisio-Mündung in die Etsch, während der dritte, der den Schrei ausgestoßen hatte, auf den Giare Alte beim Lago di Lases landete.

Cembra befindet sich auf der rechten Seite des Avisio-Baches. Das Dorf, das auf einer großen Terrasse aus der Eiszeit im Schutze des Cembra-Berges liegt, überblickt eine weitläufige Ebene, die sogenannte Campagna Rasa (kahles Feld). Südlich davon erhebt sich der **Doss Caslìr**, eine archäologische Fundstelle, die zwar besichtigt werden kann, jedoch nicht ausgeschildert ist. Von lokalen Handwerkern wurde eine Nachbildung des Bronzeeimers angefertigt, die im Laufe der letzten Jahrzehnte zum Zeichen des Trentiner Weinbaus wurde, da einige Gravuren auf dem Henkel eine Szene darzustellen scheinen, in der den heidnischen Göttern Wein dargeboten wird.

Das Jüngste Gericht von Valentino Rovisi
Cembra

Vom Fassataler Maler Valentino Rovisi (1715–1783) stammt ein „Jüngstes Gericht“ in der Kirche San Pietro in Cembra. Auf dem 1759 datierten Fresko hat sich – wie oft auf Gemälden religiösen und mythologischen Sujets – auch der Autor selbst abgebildet: Er ist auf der abgezogenen Haut zu erkennen, die der heilige Bartholomäus wie ein Leichentuch in der Hand hält. So besteht auch hier kein Zweifel an der Identität des Künstlers.

Die **Kirche San Pietro** (Chiesa di San Pietro) liegt im historischen Zentrum von Cembra und ist eines der bedeutendsten Kunstdenkmäler des Cembra-Tales. Sie wurde in gotischem Stil gebaut und wird von einem mittelalterlichen Glockenturm flankiert. Besichtigungen sind nur nach Vormerkung möglich (Tel. +39 0461 683110).

Den Karneval verbrennen
Grauno

Grauno ist ein Dorf im östlichen Trentino, an der Grenze zwischen dem Cembra- und dem Val di Fiemme (Fleimstal). Gegen Faschingsende wird hier eine große Kiefer gefällt und entlaubt. Am Faschingsdienstagmorgen wird sie auf den Hauptplatz geschleift, wo bei einer „Komödie“ die Taten und Untaten der Dorfbewohner ironisch angeprangert werden. Der Mann, der als Letzter geheiratet hat, muss die Kiefer „taufen“ und die jungen Männer anführen, die den Baum bis auf den Hügel Doss de Carneval tragen, wo er aufgestellt wird. Am Nachmittag wird gesungen und getanzt und die Kiefer mit Stroh und Autoreifen geschmückt. Am Abend, zur Zeit des Ave Maria, wird sie in Brand gesteckt: Sie versinnbildlicht den Karneval, der verbrannt werden muss. Aus dem Flug der Funken zieht man Schlüsse auf eine gute oder schlechte Ernte.

Der **Doss del Carneval** ist eine Erhebung im unteren Teil des Dorfes Grauno. Auf seiner Spitze, die beinahe vollständig aus schwarzer Erde und Kohle besteht, das Ergebnis einer jahrhundertealten Tradition, befindet sich eine Grube, die als *Buca del carneval* (Karnevalsgrube) bezeichnet wird, in deren Inneres die *pino del carnevale* (Karnevalskiefer) gestellt wird. Man erzählt sich, dass die Grube, die heute drei Meter tief ist, im Mittelalter sieben Meter in die Tiefe ging und dass auf dem Grund eine Porphyrplatte ruht, worauf seit dem Mittelalter die große Karnevalskiefer gestellt wird.

Weitere Informationen

Azienda per il Turismo Altopiano di Piné e Valle di Cembra, www.visitpinecembra.it
Ufficio di Cembra, Piazza San Rocco 10, Tel. +39 0461 683110

5. Das Val di Fiemme

Das südwestliche Ende des Val di Fiemme

Die Matoci
Valfloriana

Die Hauptrolle des Faschings in Valfloriana spielen die *matoci*, die „Verrückten", die traditionsgemäß bei keinem „närrischen" Karneval fehlen dürfen. Die *matoci* gehören zu anderen absonderlichen, schrulligen Maskenfiguren – wie die Harlekine, die farbig gekleideten Musikanten, das Brautpaar und die Clowns –, die durch die 13 Weiler der Gemeinde Valfloriana ziehen. Die *matoci* tragen dabei vor dem Gesicht eine *facera* genannte hölzerne Maske und schwere Kuhglocken am Gürtel. Der Ursprung dieser Karnevalsfiguren verliert sich im Dunkel der Geschichte.

Der Umzug des **Carnevale dei Matoci** (Comitato carnevale tradizionale di Valfloriana, www.associazioni-valfloriana.it/carnevale) findet vor allem am Faschingssamstag statt. Eine wichtige Initiative, um den Carnevale di Valfloriana zu fördern und bekannt zu machen, ging vom Museo degli Usi e Costumi della Gente Trentina (Volkskundemuseum) in San Michele all'Adige im Zuge des Projektes „Carnival King of Europe" (www.carnivalkingofeurope.it) aus.

Arlecchino beim Karneval, Valfloriana

Meneghina, das ekstatische Fräulein
Capriana

Wie kann man 14 Jahre lang leben, ohne zu essen, zu trinken und zu schlafen und dabei entsetzliche Leiden auf sich nehmen?
Das war das Schicksal von Domenica Lazzeri, genannt „Meneghina", die im Jahr 1815 in Capriana zur Welt kam und dort 1848 starb. Meneghina wies an der Stirn die Spuren einer Dornenkrone auf. Der größte Teil ihres Gesichts war blutbedeckt, an Händen und Füßen trug sie die Wundmale Christi. Es handelt sich um die Geschichte einer armen jungen Frau, die keine Wunder wirkte, sondern nur große Schmerzen erlitt, sie aber als Gabe Gottes auf sich nahm und sich 14 Jahre lang einzig von geweihten Hostien nährte.
In jenen Jahren waren Mystikerinnen keine seltene Erscheinung. Zwei ähnliche „ekstatische Fräulein" lebten auch in Südtirol: Maria von Mörl in Kaltern und Creszentia Nierklutsch in Tscherms, mit denen Domenica Lazzeri, von den Engeln getragen, in telepathischer Verbindung stand. Um Domenica Lazzeri erwuchs eine von Aberglauben getragene Verehrung, die aus dem damaligen Geist der Romantik zu erklären ist. Auf einer Inschrift wird an das Leben und die Leiden Domenicas erinnert und an die Tatsache, dass die Schmerzensmutter sie wegen ihres Zunamens zum Glaubenszeugen erwählt hatte: „Lazzeri" erinnert an Lazarus, den Freund Jesu.
Vor mehreren Jahren wurde eine Untersuchungskommission einberufen, um zu überprüfen, was im Leben Meneghinas wirklich mystisch und fromm war und um die Gestalt der Mystikerin von allen magisch-abergläubischen Elementen loszulösen. Außerdem wurde der Prozess zur Seligsprechung der Meneghina aus Capriana in die Wege geleitet.
In Capriana erinnern mehrere Orte an Domenica Lazzeri: das Geburtshaus, das noch einige ihrer persönlichen Gegenstände aufbewahrt, ein auf dem Friedhof errichteter Schrein und eine Statute, die am Ortseingang steht und vom Franziskaner Andrea Martini zur Feier des 150. Jahrestages ihres Todes geschaffen wurde. Im Tal des Rio Bianco, zwischen Capriana und Carbonare, ist kürzlich auch die Mühle restauriert worden, in der Domenica vor ihrer geheimnisvollen Krankheit mit ihrer Familie arbeitete. Das Geburtshaus und die Mühle stehen Besuchern offen. Für weitere Informationen kontaktieren Sie bitte die Vereinigung **Amici della Meneghina** (Freunde der Meneghina), die 1989 mit dem Ziel gegründet wurde, ihre Seligsprechung voranzutreiben und die Erinnerung an sie am Leben zu erhalten.

Weitere Informationen

Azienda per il Turismo Val di Fiemme, www.visitfiemme.it
Ufficio di Castello di Fiemme (saisonal geöffnet), Via Latemar, Tel. +39 0462 231019

Castello und Molina di Fiemme

Grenzinschrift auf 2.000 Metern
Molina di Fiemme

Ansicht von Molino di Fiemme

Am Monte Pergol ist in die Nordseite einer glatten Felswand eine wahrscheinlich römische Inschrift eingeritzt. Die 30 Zentimeter großen, in mehreren Reihen angebrachten Buchstaben bilden folgenden Text: FINISTER / TRID ET FELTER / LIM LAT P /// IRID LTILLIA / NE. Er scheint sich auf eine Grenze zwischen den Gebieten von Trient und Feltre zu beziehen, könnte aber auch an rätselhafte Begebenheiten erinnern, die nicht in Vergessenheit geraten sollten.

Die Übersetzung der Inschrift könnte folgendermaßen lauten: „Grenze zwischen den Tridentini und Feltrini. Grenze vier Fuß breit." Die Inschrift, die wahrscheinlich aus dem 1. Jahrhundert nach Christus stammt, ist an der höchsten Stelle einer Felswand des Monte Pergol (2.019 m ü. d. M.) im **Val Cadino** angebracht, und zwar an der Strada provinciale (Landstraße) Nr. 31, die von Molina di Fiemme zum Manghen-Pass führt. Die Inschrift ist sehr schwer zu erreichen und nicht ausgeschildert.

Die Kornkreise am Doss Zelor
Castello di Fiemme

Auf diesem Hügel sind die Reste von Wohnbauten zu erkennen, die auf die römische Kaiserzeit (2.–4. Jh. n. Chr.) datiert werden. Aber von diesen archäologischen Erhebungen abgesehen, steckt der Ort selbst noch voller Rätsel. Aus der Vogelperspektive sehen diese Spuren wie „Kornkreise" aus, die von den Ufologen als Botschaften von außerirdischen Wesen interpretiert werden. Wiewohl schon seit Jahrhunderten bezeugt, treten diese Kornkreise in den Vereinigten Staaten in den Dreißiger- und Vierzigerjahren und besonders häufig seit den Sechzigerjahren des 20. Jahrhunderts auf. Einer der überra-

schendsten Kornkreise wurde am 12. August 2001 in Milk Hill im englischen Wiltshire entdeckt: Er hatte einen Durchmesser von 245 Metern und setzte sich aus 409 unterschiedlich großen Kreisen zusammen.
Gewiss, hier auf dem Doss Zelor handelt es sich um die Spuren einer alten Siedlung. Auf einem Felsen ist eine sonderbare Felszeichnung entdeckt worden, die vielleicht einen Hirsch oder einen Steinbock darstellt, aber in der Form auch an den Grundriss von Bauten erinnern könnte. Um den Doss Zelor ranken sich rätselhafte Geschichten. Ein Hirtenjunge erzählte von einer leuchtenden, vom Himmel herabgekommenen Kugel, die auf einer nahen Wiese gelandet war. Aus dieser Kugel seien „Zwerge" herausgekommen, grüne Wesen mit riesigen Ohren. Als sie den Jungen bemerkten, seien sie wieder in die Kugel eingestiegen und hätten sich entfernt. Auf der Wiese aber sei ein großes Brandmal zurückgeblieben. Ufos am Doss Zelor? Wer weiß!

Die **Fundstelle Castello di Fiemme** (Doss Zelor) befindet sich zur Rechten des Avisio-Flusses und ist frei zugänglich. Besucher können den Parkplatz des angrenzenden Tennisfelds nutzen.

Das langobardische Ave Maria
Carano

Unterhalb des Dorfs Carano liegt der Ortsteil Aguai, wo sich ins Tal gekommene langobardische Truppen und die Einheimischen eine blutige Schlacht lieferten. Die Langobarden, die von irischen Priestern begleitet wurden, christianisierten in der Folge dann das Val di Fiemme (Fleimstal). Im Volk hat sich noch ein alter Singsang erhalten, das „langobardische Ave Maria". Diese Litanei bezieht sich auf die historischen Begebnisse, bringt aber auch eine rätselhafte Tatsache ans Tageslicht: Die Schlange, die in den vorchristlichen Religionen als göttliches Symbol galt, wird nun in der christlichen Tradition zum Sinnbild des Dämons.

Die Fraktion **Aguai** liegt 4 Kilometer von der Gemeinde Carano, zu der sie gehört, entfernt.

Weitere Informationen

Azienda per il Turismo Val di Fiemme, www.visitfiemme.it

Ufficio di Castello di Fiemme (saisonal geöffnet), Via Latemar, Tel. +39 0462 231019

Cavalese

Die Fleimstalbahn
Cavalese

Der wichtigste Bahnhof der Fleimstalbahnstrecke war Cavalese, das sogar zwei Haltestellen hatte: Cavalese Succursale und Cavalese Stazione.
Die Strecke der Fleimstalbahn führte von Auer im Etschtal bis nach Predazzo, dem letzten Fleimser Ort. Zum Bau der Fleimstalbahn – wie auch der Grödner Bahn – wurden 10.000 Männer herangezogen, die Tag und Nacht zu arbeiten hatten. 6.000 waren Kriegsgefangene aus dem Ersten Weltkrieg, vor allem Russen. Im Tal ist noch die Erinnerung an die unmenschlichen Bedingungen dieser Kriegsgefangenen lebendig, die unter Hunger zu leiden und Schwerarbeit zu leisten hatten. Guglielmo Degiampietro aus Forno erzählt: „Hier waren Russen beschäftigt, die im Wald als Holzfäller tätig waren; denn im Tal gab es drei Sägewerke … Ich denke noch oft an diese armen Schlucker … Als Lohn erhielten sie einen Laib Brot, sicher nicht mehr als ein Kilo, den sie miteinander teilten. Pro Tag bekamen sie eine Scheibe Brot, nicht mehr. Im Dorf gab es damals noch keine Kanalisation, das Schmutzwasser wurde auf die Straße geschüttet, und wenn die Russen sich im Gänsemarsch zur Arbeit begaben, schauten sie, ob in diesem Schmutzwasser nicht vielleicht eine Kartoffelschale zurückgeblieben war. Wenn sie etwas Essbares entdeckten, traten sie aus der Reihe und nahmen das Gewehr ab … Gewiss, manchmal haben sie auch gestohlen, aber fast immer nur Esswaren oder Kleidung, doch die Bauern zeigten sie nicht an … Wir Kinder hatten ein bisschen Angst, waren aber auch sehr neugierig. Die Russen versuchten mit uns zu sprechen, aber wir verstanden sie nicht, sie sagten ‚*Dobri vecer*' zu uns, ‚*Dobra tac*' oder ‚*Nima ple barabota*'. Sie waren nicht böse. Einige junge Bauernmädchen haben sich in Russen verliebt … Im Tal gibt es nicht wenige ‚Russenkinder'. Am schlechtesten ging es den Kriegsgefangenen, die beim Bau der Straße und der Bahnlinie arbeiteten, etwas besser waren die Gefangenen dran, die den Bauern zur Hand gingen."
Nicht wenige der russischen Kriegsgefangenen kamen ums Leben: Sie starben an Hunger, infolge von Misshandlungen oder wurden zum Tode verurteilt, wenn sie zu flüchten suchten, aber wieder gefangen wurden.
„Die Russen", wird noch heute im Val di Fiemme (Fleimstal) erzählt, „sprachen eine andere Sprache, aber sie dachten und fühlten wie wir, sie hatten ähnliche Sitten und Bräuche und liebten die Erde und die Familie, wie wir. Besonders tüchtig waren sie beim Bau von Häusern und Heuschobern. Sie

Cavalese

zersägten einen Baumstamm der Länge nach und legten die Balken dann auf vier Ecksteine, damit sie nicht den Boden berührten. Die glatte Seite innen, die gewölbte Seite mit der Baumrinde außen, wie wir. Ein Russe sagte ständig *isba* wie Stube, und er hatte nicht ganz Unrecht (etymologisch leitet sich Stube vom altgermanischen *stofa* – ‚warmer Wohnraum' – oder vom vulgärlateinischen *extufare* – ‚ein warmes Bad nehmen' – her, und eine ähnliche Etymologie hat die russische *isba*, altrussisch *istuba*). Und während sie ein Haus oder einen Heuschober bauten, beteten sie zu den Geistern. ‚Habt ihr auch Hausgeister?', fragten sie uns. ‚Wir nennen sie *domavoj* – und ihr?' ‚*Morkies*', gab ich zur Antwort. Sie erzählten, dass auch sie neben dem Haus den Heuschober, den Stall und den Kornspeicher hatten, und außerdem eine Holzhütte zum Baden. In einem Ofen wurden Steine erhitzt, die dann mit Wasser besprengt wurden, und die Leute begannen zu schwitzen. Dann liefen sie ins Freie und wuschen sich in einem Fluss oder einem Bach oder wälzten sich im Schnee. Eine Alte wiederholte mir immer wieder: Im Haus stirbt man, im Bad wird man neu geboren."

Der Siegeszug der Massenmotorisierung führte im Jahr 1963 zur Schließung der Eisenbahn des Val di Fiemme. In der Nähe von Masi di Cavales kann man noch die alte Eisenbahnbrücke über den Avisio sehen, die mit zwei metallenen Trägern mit einer jeweiligen Spannweite von 39 Metern gebaut wurde. Heutzutage wird die alte Eisenbahnstrecke einmal jährlich im Zuge des Mountainbike-Rennens **La vecia ferovia** (www.laveciaferovia.it) befahren.

Das Haus Ress und der Geheimgang
Cavalese

In Cavalese erhebt sich an der Piazza Ress ein mächtiges Gebäude, das als Casa Ress bekannt ist, als Haus Ress. Die Bewohner von Carano wollten es niederreißen, weil die Familie Ress als Angehörige der Fleimser Talgemeinschaft sich dem Antrag widersetzt hatte, dass den Bewohnern von Carano das Holzrecht zugestanden wurde. Das Haus wurde von den aufgebrachten Leuten aus Carano belagert, aber die Ress konnten durch einen unterirdischen Gang flüchten, der aus dem Keller jenseits des Gambis-Bachs ins Freie führte. Neben diesem Geheimgang besitzt das Haus Ress auch magische Schränke, hinter denen sich wahre Zimmer verbergen, die in vergangenen Zeiten voller Schätze waren.

Der Vorort unterhalb der Piazza Ress heißt **Zo per Villa**. Dort blieben trotz verschiedenster Renovierungsarbeiten Häuser im traditionellen Fleimser Baustil erhalten. Außer der bereits erwähnten Casa Ress, Sitz des Rathauses von Cavalese, sind dies die Casa Settili, die Casa Chelodi, die Casa Gelmi, die Casa Welponer und die Villa Daiano. Übersichtskarten, in die die wichtigsten kunsthistorischen Denkmäler eingetragen sind, gibt es im Tourismusbüro in Cavalese.

Der Blitzableiter und die Walpurgisnacht
Cavalese

Der erste Blitzableiter wurde um das Jahr 1830 auf dem Glockenturm der Assunta-Pfarrkirche angebracht, da sie „von den Blitzen verhöhnt“ wurde. Die Blitzschutzanlage tat lange ihren Dienst – bis am 30. April 2003 ein Blitz einschlug und das Dach Feuer fing: Es war die Walpurgisnacht, die Nacht der Hexen.

Unter den rauchgeschwärzten Resten der Assunta-Kirche blieben die Mauern und das Portal mit einer sonderbar „ketzerischen“ Darstellung stehen: Jesus wird schon erwachsen und mit dem Kreuz in der Hand aus dem Geist des Gottvaters geboren.

Im Parco della Pieve (Stadtpark in Cavalese) befindet sich der Banc de la Reson oder Banco della Ragione (Tisch der Weisheit): Im Schatten von jahrhundertealten Linden steht ein runder Steintisch, umgeben von zwei kreisförmigen Rundbänken aus je sechs Steinblöcken. Eine Aushöhlung in der Tischplatte diente der Stimmabgabe. Dieses in Italien einzigartige, 1.400 Jahre alte Freiluft-Parlament diente den Treffen der *comun general* (Gemeindeversammlung), die jährlich an Mariä Himmelfahrt am 15. August abgehalten wurden.

Die Wallfahrtskirche dell'Addolorata in Cavalese

Im unteren Teil Cavaleses liegt die **Pfarrei dell'Assunta** (Pieve dell'Assunta), die vom weitläufigen Parco dell'Assunta umgeben ist. Die Pfarrei, die Wallfahrtskirche dell'Addolorata (Santuario dell'Addolorata) und der Friedhof sind von einer Mauer aus dem 18. Jahrhundert umgeben und das Eingangstor wird von zwei großen Linden gesäumt. Für Informationen über die Öffnungszeiten kontaktieren Sie bitte das Tourismusbüro Cavalese (Ufficio turistico di Cavalese, Tel. +39 0462 241111).

Verschwinden und Wiederauftauchen der Pietà
Cavalese

Eine sonderbare Legende, die auf die erste Hälfte des 17. Jahrhunderts zurückgeht und im Alpenraum recht verbreitet ist, bezieht sich auf die Pietà in Cavalese.

Das Vesperbild war in der Pfarrkirche aufgestellt worden, doch dreimal verschwand es von dort und wurde in der dem heiligen Michael geweihten Kapelle wieder aufgefunden. So ließ man die Pietà am selbst erwählten Platz und verehrte sie als wundertätiges Abbild. Die im 16. Jahrhundert erbaute Capella di San Michele (St.-Michaels-Kapelle) wurde im Jahr 1824 abgebrochen, und an ihrer Stelle wurde eine am 15. August 1830 geweihte Wallfahrtskirche errichtet, die bald zu einem viel besuchten Pilgerziel wurde.

Die Magnifica Comunità di Fiemme
Cavalese

Der Palazzo und Glockenturm der Magnifica Comunità di Fiemme, Cavalese

Die Magnifica Comunità di Fiemme (Die Herrliche Talgemeinde Fleims) ist ein durch Gewohnheitsrecht entstandenes Verwaltungssystem, das einer nicht näher definierten historischen Epoche entspringt. Es fußte auf den Prinzipien der Demokratie und der Repräsentativität und sah eine große Zahl von öffentlichen Ämtern vor. Das Oberhaupt des Tals und Präsident der Gemeinde war und ist der *scario*, der ein Jahr im Amt blieb. Er wird am ersten Mai von den *regolani* (Bürgermeistern) der Gemeinde ernannt, die ihrerseits von den *vicini* der Gemeinde gewählt werden, also von jenen Familien, die durch ihre Verdienste das Recht bekommen haben, in der Magnifica Comunità di Fiemme zu wohnen.

Die Magnifica Comunità, die dem Klerus und den Trentiner Bischöfen immer sehr nahe stand, erlaubte den Ihrigen nicht, an den Aufständen des Deutschen Bauernkrieges 1525 teilzunehmen – einem Phänomen mit einem gar mitteleuropäischen Charakter, das tiefe Einschnitte im kollektiven Bewusstsein des nahen Tirols hinterlassen hatte. Die *fiammazzi* (Fleimstaler) schworen *uno per fuoco* (einer pro Herd, also je ein Vertreter aus jeder Familie) dem Fürstbistum von Trient ihre Treue – vor zwei Kommissaren, die der Bischof Bernardo Clesio eigens entsandt hatte.

In So per villa, dem oberen Teil von Cavalese, steht der **Palazzo della Magnifica Comunità di Fiemme**, gebaut als zeitweiliger Sitz für den Stellvertreter des Fürstbischofs von Trient. Dieser Stellvertreter begab sich zweimal jährlich ins Val di Fiemme (Fleimstal), um dort Recht zu sprechen. 2009 wurde der Palazzo zu einem Museum bzw. einer Pinakothek umgewidmet. Von großem historischen Wert sind der Freskenzyklus aus der Renaissance, die Bildersammlung der Künstler der Fleimstaler Schule und die Gefängnisse (Piazza Cesare Battisti 2, Tel. +39 0462 340812, www.palazzomagnifica.eu).

Hexenprozesse als jährliches Schauspiel
Cavalese

Im Januar 1501 wurde Giovanni Dalle Piatte aus Altrei wegen Hexerei verhaftet und in das bischöfliche Gefängnis in Cavalese überführt. Er wurde aus dem Tal verbannt, aber drei Jahre später erneut verhaftet. Im Laufe des Prozesses nannte er mehrere Frauen aus Truden, Cavalese, Varena, Tesero und Predazzo und bezichtigte sie der Hexerei – wodurch er geradezu eine Verhaftungswelle auslöste: Sieben Frauen wurden ohne Beweise eingekerkert. Zwei gingen an Entbehrungen zugrunde, während die anderen gefoltert und im März 1505 auf dem Scheiterhaufen am Doss del Rizol verbrannt wurden. Im gleichen Monat wurden auch vier Frauen aus Tesero zum Feuertod verurteilt, und weitere zwei Frauen aus Carano erlitten im September dasselbe Geschick.
Diese Prozesse, die auch in jüngster Zeit wissenschaftlich untersucht worden sind, beweisen, dass im frühen 16. Jahrhundert, zu Beginn der modernen Zeit, im damals zu Tirol gehörigen Trentino noch uralte magisch-religiöse Riten und Glaubensformen überlebten, die auch das Christentum noch nicht hatte ausmerzen können.
Die Hexenprozesse wurden erstmals 1984 in den Straßen von Cavalese in Szene gesetzt. Das Wachrufen der Geschichte geschieht dabei zwar nicht ganz originalgetreu, lockt aber dennoch jedes Jahr im Jänner Hunderte von Schaulustigen an.

Der Erfinder der Fotografie
Cavalese

Die Fotografie ist nicht an einem einzigen Ort erfunden worden, im Gegenteil versuchten verschiedene Länder, sich auf diesem Gebiet Konkurrenz zu machen und die ersten Patente für sich zu gewinnen.
Auch das Trentino kann sich rühmen, zur Entwicklung der Fotografie beigetragen zu haben. Der aus Rovereto gebürtige Apotheker Demetrio Leonardi wird zwar nicht zu den Erfindern, aber doch zu den Großen der Fotografie

Demetrio Leonardi bei fotografischen Versuchen

gerechnet. Er lebte von 1830 bis 1838 in Cavalese – in eben einer Zeit, in der in diesem Bereich viele Experimente durchgeführt wurden. Leonardi war es gelungen, ein Bild auf Papier zu projizieren, aber er konnte dieses für einen Moment erschienene Bild noch nicht fixieren.

Im Jahr 1837 erfuhr Leonardi dann, dass der Franzose Louis Daguerre ein Verfahren anwandte, bei dem die mit Quecksilberdämpfen entwickelten Fotos dann in einer Kochsalzlösung fixiert wurden: Er gilt mit diesen Daguerreotypien als offizieller Erfinder der Fotografie.

Die fotografischen Experimente von Demetrio Leonardi haben keine Spuren hinterlassen. Man weiß aber, dass Leonardi 1834 und 1875 die Zusammensetzung des **Wassers der Ceva-Quelle** (Acque della Sorgente Ceva, in der Nähe von Carano) analysierte und dessen Gebrauch als Heilmittel gegen rheumatische und Hautkrankheiten vorschlug. Das Wasser hatte bis in die ersten Jahrzehnte des 20. Jahrhunderts einen gewissen Bekanntheitsgrad, den es auch dem Kanalsystem verdankte, welches das Wasser bis zum Gasthof Ai Bagni (Zu den Bädern) transportierte.

Weitere Informationen

Azienda per il Turismo Val di Fiemme, www.visitfiemme.it
Ufficio di Cavalese, Via F. lli Bronzetti 60, Tel. +39 0462 241111

Von Cavalese bis Predazzo

Der Feiertagschristus
Tesero

An der Fassade der spätgotischen San-Rocco-Kapelle (1528) befindet sich ein Fresko mit einer sonderbaren Allegorie des „Feiertagschristus". Die Christusfigur ist von den Symbolen und den bildlichen Darstellungen der Tätigkeiten umgeben, die ein frommes christliches Leben am Sonntag verbietet. Verpönt sind Feldarbeiten, Jagd und Angeln, das Würfel- und das Kegelspiel, das Musizieren, das Weintrinken und das träge Im-Bett-Faulenzen. Denn am Sonntag sind nur Kirchgang, Beten und Almosengeben erlaubt.

Die **Kapelle San Rocco** befindet sich neben der Pfarrkirche von Tesero und wurde 1976 restauriert. Das Dorf Tesero liegt auf beiden Seiten des Flusslaufs des Rio Stavone. Am 19. Juli 1985 kostete ein Dammbruch bei den Minen von Prestavel im Val di Stava 268 Menschen das Leben. Um die Erinnerung an diese Katastrophe wachzuhalten, wurde das Centro di documentazione di Stava (Zentrum für Dokumentation von Stava, Fondazione Stava 1985, Tel. +39 0462 814060, www.stava1985.it) errichtet.

Der Mülleimer des Riesen
Panchiá

Die überdachte Brüche in Panchiá

Sehr interessant ist eine großartige, aus gekreuzten Stämmen gezimmerte hölzerne Brücke, die im Jahr 1923 restauriert wurde und sich bis heute – als eine der wenigen überdachten Brücken im Trentino – gut erhalten ist. Der Überlieferung nach war die Brücke überdacht worden, da in der Nähe ein Riese lebte, der die Brücke als Abfalleimer benutzte und die Knochen der Schafe, die er zerrissen und gefressen hatte, hineinwarf. Nachdem die Brücke mit einem Dach versehen worden war, musste sich der Riese nach einem anderen Mülleimer umschauen.

Die überdachte Holzbrücke führt auf der Höhe von Panchiá ein bisschen oberhalb des Zusammenflusses des Rio Bianco und des Avisio über den Avisio-Bach. Das Dach wurde 1903 angebracht und nahm, auch als der Rio Bianco 1966 über die Ufer trat, keinen Schaden.

Das wundertätige Wasser von Cavelonte
Panchiá

Auf dem Casteler-Hügel, der sich am rechten Ufer des Ru de Cornon erhebt, soll sich wissenschaftlichen Untersuchungen zufolge eine vorgeschichtliche Wallburg befunden haben, aus der sonderbarerweise Wasser quillt. Das Wasser enthielt, so wurde erzählt, Eisen, das von einem Waffendepot stammte, das einige aufständische Banditen hier angelegt hatten. Die Geschichte konnte weder widerlegt noch bestätigt werden. Doch die Mineralquelle im Cavelonte-Tal wurde so bekannt, dass hier im frühen 20. Jahrhundert ein Kurhaus angelegt wurde. Das Mineralwasser wurde mehrmals analysiert: 1830 vom Chemiker Leonardi und um 1880 von illustren Chemikern der Universität Bologna. Am 30. Juni 1880 verabschiedete die Magnifica Comunità di Fiemme ein Dekret, mit dem sie dem Apotheker Riccardo Thaler aus Rovereto das Recht auf die Quelle und den Verkauf des Wassers einräumte.

Die **eisenhaltige Quelle** liegt im Val Cavelonte (nur eine Stunde zu Fuß von der überdachten Holzbrücke bei Panchià entfernt) in einer etwa 40 Meter langen Höhle. Vom Thermalbad von Cavelonte blieben nur **Ruinen und die Kapelle del Redentore** (Cappella del Redentore) übrig, die 1855 gebaut wurde. Folgt man einem Pfad, der im Ersten Weltkrieg von österreichischen Truppen angelegt wurde und an dem man immer wieder auf Stollen, kleine Pflasterstraßen und Schützengräben trifft, erreicht man die Litegosa-Spitze (Cima Litegosa, 2.548 m ü. d. M.).

Die Erdbebenschachtel
Ziano di Fiemme

Diese Schachtel soll von einem rätselhaften Reisenden nach Ziano gebracht worden sein. Er kam von der griechischen Insel Thera (heute Santorin), wo die Einheimischen, die sich mit See- und Erdbeben auskannten, Kenntnisse entwickelt hatten, mit denen sie Erdbeben voraussagen, aber auch auslösen konnten.

Bei Ziano di Fiemme führt der **Radweg des Val di Fiemme** (Fleimstal) vorbei, der es, stets dem linken Ufer des Avisio folgend, ermöglicht, das gesamte Tal von Molina bis Fiemme a Predazzo zu durchfahren.

Weitere Informationen

Azienda per il Turismo Val di Fiemme, www.visitfiemme.it
Ufficio di Tesero, Via Roma 35, Tel. +39 0462 810097
Ufficio di Ziano, Piazza Italia, Tel. +39 0462 570016
Ufficio di Panchià (saisonal geöffnet), Via Nazionale 1, Tel. +39 0462 815005

Predazzo

Der weiße und schwarze Berg
Predazzo

Einer örtlichen Überlieferung nach kann man die Glückseligkeit oder das ewige Leben nur dann erreichen, wenn man den weißen und schwarzen Berg besteigt.
Viele haben versucht, dieses Rätsel zu entschlüsseln: Handelt es sich um zweifarbiges Gestein, um ein riesiges Schachbrett mit weißen und schwarzen Feldern oder um einen Berg besonderer Art? Einige vertreten die Ansicht, dass dieser Berg ein ehemaliger Vulkan und der Doss Capèl eine Bresche des Ausbruchs ist, auf den ein riesiger Lavastrom folgte.
Der Vulkan könnte vor 200 Millionen Jahren tätig gewesen sein. Der Lavastrom ergoss sich in ein Meer voller Korallenatolle, und die Sedimente bilden heute die große Latemargruppe. Wo kann man mehr darüber erfahren? Im geologischen Museum der Dolomiten in Predazzo, dort sind Mineralien, Gesteinsarten und Fossilien aus verschiedenen geologischen Zeitaltern zu sehen. Auf dem Doss Capèl selbst treten die senkrechten schwarzen Adern zutage, die nichts anderes sind als in die Kalksteinfrakturen eingedrungenes und dann erkaltetes Magma. In Marmor verwandeltes Kalkgestein, Stratifikationen mit Meeresablagerungen, Ammoniten und Bitumen. Ein weißes und schwarzes Felsgestein?
Die geologische Vielfalt dieser Gegend hat schon zu Beginn des 20. Jahrhunderts zu einer Art „kulturellem" Tourismus geführt. Im Hotel La Nave d'Oro (Das goldene Schiff) gaben sich illustre Wissenschaftler und Reisende die Klinke in die Hand, von denen das Gästebuch, das verloren ging, gezeugt hatte. In Predazzo fand vom 9. bis zum 13. September 1903 außerdem der IX. internationale Geologenkongress statt.

Ein wunderschönes Erlebnis bietet ein Ausflug auf den **Doss Capèl über Predazzo**, entweder mit der Seilbahn oder zu Fuß. Das **Museo Geologico delle Dolomiti** (Geologische Museum der Dolomiten, Piazza SS. Filippo e Giacomo 2, Tel. +39 0462 500366, Führungen zur Geologie nach Voranmeldung) hat dort einen gut ausgestatteten Rundweg angelegt, in dessen Verlauf man immer wieder die schwarzen und weißen Streifen im Gestein sehen kann. Der Gasthof La nave d'oro wurde vor fast 50 Jahren abgerissen.

Der Geigenwald
Predazzo

Der geheimnisvolle, faszinierende Klang der Stradivari-Geigen scheint nicht nur auf die Form der Violinen, auf die Leime und die Lacke zurückzuführen zu sein, sondern auch vom verwendeten Holz abzuhängen: in diesem Fall vom Holz der Resonanzfichten, die aus dem im Gemeindegebiet von Predazzo gelegenen Paneveggio-Wald stammen.

Gewiss, zu Stradivaris Zeiten gab es noch Bäume, die im 17. Jahrhundert eine „kleine Eiszeit“ überstanden hatten, und natürlich waren sie, im Gegensatz zu den heutigen Bäumen, noch nicht der Umweltverschmutzung ausgesetzt. Die von Stradivari verwendeten Rottannen waren perfekt konzentrisch gewachsen und wiesen keine Knoten auf. Doch bis heute greifen die berühmtesten

Geigenbauer der Welt auf die im Paneveggio-Wald gewachsenen Resonanzfichten zurück: Die Magie der Musik der Geigen aus Paneveggio kennt kein Ende.

Das **Centro Visitatori del Parco Naturale di Paneveggio-Pale di San Martino** (Besucherzentrum des Naturparks Paneveggio-Pale in San Martino, Tel. +39 0462 576283) an der Staatsstraße 50, die von Predazzo auf den Rolle-Pass hinaufführt, beschäftigt sich mit dem Wald der roten Tanne, der als Foresta dei Violini (Wald der Geigen) bekannt ist. Beim Besucherzentrum beginnt der Sentiero Marciò (Marciò-Weg), ein Rundweg, der eine Stunde zu Fuß durch das Innere des Waldes führt.

Weitere Informationen

Azienda per il Turismo Val di Fiemme, www.visitfiemme.it
Ufficio di Predazzo, Via Cesare Battisti, Tel. +39 0462 501237

6. Das ladinische Trentino: das Val di Fassa

Moena

Die Fee Moena
Moena

Moena soll der Name eines wunderschönen Fabelwesens gewesen sein, vielleicht einer Fee, einer hier im Val di Fassa (Fassatal) als Aguana bezeichneten Wasserfee. Mit Sicherheit ist der Ortsname vom ladinischen Wort *Moyena* herzuleiten, das „sumpfiges Gelände“ bedeutet. So malt die Fantasie oft die Wirklichkeit aus.

Moena ist der Hauptort des Val di Fassa und ist auch als die Fata delle Dolomiti (die Dolomitenfee) bekannt. Der Ort wurde zudem durch den Käse Puzzone di Moena (Spretz Tsorì) berühmt, der durch seinen intensiven Geschmack hervorsticht (www.stradadeiformaggi.it).

Die Bastei der Türken
Moena

In Moena steht ein Brunnen, der mit einem Halbmond und einem Stern geschmückt ist, während sich oben ein Türkenkopf und unten die Inschrift *Turchia* (Türkei) befindet. Das Türkenviertel in Moena soll um das Haus eines Türken entstanden sein, der sich nach der Belagerung von Wien im Jahr 1592 hier im Ort niedergelassen und geheiratet hatte. An dieses Begebnis erinnern ein Faschingsbrauch und vor allem ein besonderer Hochzeitsritus, der als „Bastei der Türken“ bezeichnet wird und in dem folgende Formel ausgesprochen wird: „Die Gesetze des Korans sind klar: Wenn ein Fremder ein türkisches junges Mädchen heiraten will, muss er so viel zahlen, wie ihre Schönheit wert ist. Aber Achtung: Ein Türke darf nicht gekränkt werden, beim Bart des Propheten.“
Pater Frumenzio Ghetta, Franziskaner und ladinischer Geschichtsforscher, hat in diesem Zusammenhang geschrieben: „Vor vielen Jahren habe ich im Staatsarchiv in Trient ein Dokument aus dem Jahr 1538 abgeschrieben, in dem ausdrücklich von den Sarazenen (wie die Türken damals genannt wurden) die Rede war, die die Verwandten des Priors von San Pellegrino als Sklaven hielten. Der Prior wandte sich an den Trentiner Bischof Bernhard von Cles mit der Bitte, ihm die Erlaubnis zu geben, in der Diözese die zur Befreiung der Sklaven notwendigen Geldmittel zu sammeln. […] Mehr wissen wir nicht von dieser traurigen Begebenheit, und unbekannt ist auch, wo die Blutsverwandten des Priors gefangen worden waren. Eins steht fest: Um die Wende vom 15. zum 16. Jahrhundert waren türkische Pferdetrupps zu Beutezügen bis ins Friaul und

nach Venetien vorgedrungen. Aber es ist kaum anzunehmen, dass sie bis auf den Passo San Pellegrino gelangt waren. Die Leute aus Moena könnten unterwegs auf einer Pilgerfahrt geraubt worden sein, aber wir bewegen uns hier im Reich der Fantasie."

Der Brunnen mit Türkenkopf, Bart, Turban und Halbmond befindet sich im **Ortsteil Turchia** (Rione Turchia) in Moena. Die Erinnerung an die Entstehungsgeschichte des Ortsteils wird auch durch einige Fresken, die die Häuserfassaden schmücken, festgehalten. Und nicht nur das: Die Einwohner des Ortsteils ehren immer noch die türkische Tradition mit der Ausrichtung der *bastia* – der Bräutigam muss, begleitet von Soldaten und Frauen in orientalischer Kleidung, gefolgt von den Freunden und Verwandten, den Ortsteil Turchia erreichen und dort den Sultan um Erlaubnis fragen, die zukünftige Ehefrau aus dem Gebiet wegbringen zu dürfen. Ein weiteres Fest, das aus dieser Tradition hervorgegangen ist, ist das Festa di Turchia (Fest der Türkei, www.gropdeturchia.com), das jedes Jahr im August stattfindet.

Die drei Grenzen am Passo di San Pellegrino
Moena

Auf dem Monte Aloch (der Name bezeichnet im Keltischen eine Kultstätte) am San-Pellegrino-Pass wurde im Jahr 1358 ein Hospiz für die Reisenden gegründet, die sich aus Mitteleuropa ins Heilige Land begaben. Das Hospiz wurde bis ins 15. Jahrhundert von Mönchen betreut, dann aber einem Laienbruder anvertraut, der jedes Jahr von der Dorfgemeinschaft Predazzo und ab 1491 vom Bischof von Trient ernannt wurde. Während des Ersten Weltkriegs wurden das Hospiz und die Kirche im Mai 1915 von den österreichischen Truppen in Brand gesteckt.

In Passnähe findet sich an der Stelle, an der das Habsburgerreich, das Fürstbistum Trient und die Republik Venedig zusammentrafen, bis heute noch ein Grenzstein.

Heutzutage ist der **Passo San Pellegrino** (Pellegrino-Pass, 1.918 m ü. d. M., 11 Kilometer von Moena entfernt) ein beliebtes Ausflugsziel vieler Touristen, sowohl im Sommer als auch im Winter. Das Hospiz, das zu Beginn des Ersten Weltkriegs zerstört wurde, wurde in neuem Baustil wieder errichtet, ist heute aber verlassen. Der Grenzstein, auf dem die Jahreszahl 1474 zu lesen ist, befindet sich im Ort Zinghen, unweit des Hospizes.

Weitere Informationen

Azienda per il Turismo Val di Fassa, www.fassa.com
Ufficio di Moena, Piaz de Navalge 4, Tel. +39 0462 609770/4

Soraga – Sorèga

Die weißen Ochsen
Soraga – Sorèga

Zwei Legenden ranken sich um die Kirche von Soraga: Eine bezieht sich auf ihre Gründung, die zweite auf ein Gelübde.

In der ersten Sage wird erzählt, dass man zur Wahl des rechten Standorts für die neue Kirche ein weißes Ochsenpaar vor einen Karren gespannt hatte (eine übrigens auch in anderen Orten überlieferte Geschichte): Wo sie stehen blieben, sollte das Gotteshaus errichtet werden. Und die Ochsen machten auf einem Hügel Halt, sodass die Assunta-Kirche von Soraga, die 1280 erstmals urkundlich erwähnt wird, hoch über dem Dorf erbaut wurde.

In einer zweiten Legende wird von einer Dame erzählt, die sich, um einem Krieg oder einer Pestepidemie zu entgehen, aus ihrem Heimatort Dolo bei Venezia ins Val di Fassa (Fassatal) geflüchtet hatte. Hier bei Soraga ließ sie die Burg Doleda errichten. Als Dank für die Rettung aus Lebensgefahr hatte die Burgherrin von Doleda der Gottesmutter ein Gelübde abgelegt: So begab sie sich samt ihrem Gefolge jeden Sonntag zur Hochmesse nach Soraga: Für den Weg brauchte sie drei Stunden zu Fuß.

Die **Chiesa parrocchiale di Soraga** (Pfarrkirche Soraga), die den Heiligen Petrus und Paulus geweiht ist, ist eine der ältesten Kirchen im Val di Fassa. Der Altar aus den Jahren um 1675 ist aus vergoldetem Holz gefertigt und reich verziert. Er stammt aus dem Bozner Dom und wurde 1802, zusammen mit dem Tabernakel, das im Grödnertal in Südtirol gefertigt worden war, in der Kirche aufgestellt. Für Informationen über die Öffnungszeiten kontaktieren Sie bitte die Gemeinde Soraga (Tel. +39 0462 768179).

Der Col de Me und die Fassaner Hexen
Soraga – Sorèga

Im Jahr 1573 kamen Orsola Lombarda und Orsola De Luca als Hexen vor den Richter; von 1627 bis 1631 wurde der Prozess gegen Maddalena Pilat und ihre Gefährtinnen geführt, und von 1642 bis 1644 jener gegen Giuliana da Pozza, die Hebamme von Soraga. Die Prozesse fanden in Brixen im Beisein des Fassaner Statthalters und des Fürstbischofs statt und wurden in drei Sprachen geführt: Italienisch, Deutsch und Ladinisch.

In den Prozessakten gegen die Hebamme wird die Aussage einer gewissen Domenica, Ehefrau von Giovanni Battista Crozol, angeführt, die behauptet,

Die Pfarrkirche in Soraga

dass die Hebamme den Tod ihrer vier Kinder verursacht habe. Hier ihre Aussage vom 27. Juni 1643 vor dem Richter Giovanni Battista Massar Mayr im Turmhaus von Vigo: „Als sich vor einigen Jahren meine Entbindung näherte, leistete mir die Hebamme aus Soraga die ganze Nacht über und auch am folgenden Tag bis gegen Abend Beistand. Das Kind kam schwach und traurig zur Welt und starb schon nach wenigen Tagen, glücklicherweise nach der Taufe. Der Pfarrer Giovanni Andrea Rossi sagte mir, dass das Kind verhext worden sei. Und das wiederholte sich dann noch dreimal mit weiteren drei Kindern, denen die Hebamme den Samen des Teufels eingehaucht hatte."

Ein Bereich des **Museo ladino di Fassa** (Ort San Giovanni/Sèn Jan Vigo di Fassa, Via Chiesa 6, Tel. +39 0462 764267/760182, www.istladin.net) ist der mündlichen Überlieferung und den mit ihr verbundenen Fabelwesen gewidmet. Auch die Hexerei und die heidnische Religion und Tradition kommen zur Sprache.

Weitere Informationen

Azienda per il Turismo Val di Fassa, www.fassa.com
Ufficio di Soraga, Stradon de Fascia 24, Tel. +39 0462 609750

Vigo di Fassa - Vich

Ciasa Soldà
Vigo di Fassa - Vich

Silvestro Soldà war ein tüchtiger Fassataler Soldat, der im 16. Jahrhundert auf der Seite von Kaiser Karl V. gegen die Türken gekämpft hatte und mit reicher Beute in Form von Gold- und Silberschätzen heimgekehrt war. Als auf dem Dorfplatz eines Tages Metall für eine neue Glocke der Kirche San Giovanni geschmolzen wurde, spendete auch Soldàs Frau ein Bronzegefäß. Allerdings wusste sie nicht (oder vielleicht doch?), dass es voller Silbermünzen war. Ihr Mann geriet in Rage: wegen des Verlusts seines Schatzes, aber auch weil er fürchtete, dass das viele Silber den Klang der Glocke beeinträchtigen könnte. Doch das war nicht der Fall: Der Glockenguss gelang bestens, und Soldà beruhigte sich.
Ein weiteres Rätsel um das Ciasa Soldà, das auch als ciastel - „Burg" - bezeichnet wird, betrifft die Fresken aus dem 16. Jahrhundert, die von Reichtum und Ansehen des Hausherrn zeugen. Es handelt sich um Szenen von Schlachten gegen die Türken, aber auch um die Darstellung einer „verkehrten Welt", wie sie in Revò (Val di Non/Nonstal) am Haus Martini-Ziller und in Eppan im Schloss Moos-Schulthaus ebenfalls zu finden ist: eine als Koch gekleidete Katze brät mit der Hilfe eines Fuchses ein fettes Huhn am Spieß, ein Hase ist als Diener gekleidet, ein Jäger zielt auf eine Taube, die auf der Hand eines Mädchens hockt, ein Ochse zerreißt einen Bären, Hühner fressen einen Fuchs und Hasen verfolgen einen Hund.
Das Tourismusbüro von Vigo di Fassa (Tel. +39 0462 609700) organisiert in Zusammenarbeit mit dem Veranstaltungskomitee von Vigo Führungen zur alten Kirche Pieve di San Giovanni und zu den Fresken der Ciasa Soldà.

Der Märtyrertod der heiligen Juliana
Vigo di Fassa - Vich

In einer vor dem 8. Jahrhundert verfassten *Passio* ist von Juliana die Rede, die während der Christenverfolgungen unter den Kaisern Diokletian und Maximian um 304 das Martyrium erlitt, weil sie den ihr zur Ehe versprochenen heidnischen Eleusius nicht heiraten wollte. Ihr Leichnam wurde aus Nikomedien (Türkei) nach Campanien überführt, sodass die Identität der heiligen Juliana aus Nikomedien mit der der heiligen Juliana von Cumae verschmolz.

Die Dolomiten bei Vigo di Fassa

Die Kirche Santa Giuliana in Vigo di Fassa wird erstmals im Jahr 1237 urkundlich erwähnt, doch zweifellos hatte sie schon lange zuvor bestanden. Sie war sicher auf einer vorgeschichtlichen Kultstätte errichtet worden, wo heidnischen Gottheiten Opfer dargebracht worden waren. Hier scheinen astronomisch-religiöse Riten vollzogen worden zu sein. Bei Ausgrabungen ist auf einem Hügel nördlich der Kirche, dem sogenannten Col de Tzela, eine kreisförmige Struktur ans Tageslicht gekommen, ein Kreis aus Steinen, der an einen *omphalos* erinnert, einen „Nabel" oder Mittelpunkt der Welt, unter dem sich unterirdische Gänge befinden. Hier in Vigo di Fassa ist der Tunnel gegen Osten ausgerichtet, gegen den Punkt, an dem die Sonne zur Wintersonnenwende aufgeht und den Gang beleuchtet. Es handelt sich um ein Beispiel einer astronomisch-religiösen Kultstätte, wie sie auch am Montiggler See (Provinz Bozen) anzutreffen ist.

Es mag dahingestellt bleiben, ob der „Sonnenaltar", an dem die heilige Juliana angeblich den Märtyrertod erlitt, mit dieser Kultstätte in Zusammenhang steht. Sonderbar genug, dass der Schatten des Glockenturms der Kirche Santa Giuliana nach Mitte Dezember in eben diese Richtung fällt.

Um die Entstehung der Kirche Santa Giuliana ranken sich mehrere Legenden. Es wird erzählt, dass die ladinischsprachigen Bewohner des Fassatals und Buchensteins sowie die deutschsprachige Bevölkerung des Eggentals und von Tiers ständig von benachbarten Volksstämmen angegriffen wurden, beson-

Die Santa-Giuliana-Kirche

ders aus Treviso, Belluno und Feltre. So beschlossen die Leute aus Fassa, Buchenstein, dem Eggental und Tiers, der heiligen Juliana – der Schutzpatronin des Fassatals – eine Kirche zu errichten, wenn sie sie vor diesen ständigen Belagerungen schützen würde. Doch als die Gefahr gebannt war, konnten sich die Bergbewohner nicht auf den Standort der neuen Kirche einigen: Die „Deutschen" wollten sie in Pianaz errichten, die Fassaner in Larcionè. Da die Deutschen die Stimmenmehrheit hatten, mussten die Fassataler nachgeben. Doch Sonderbares trug sich zu: Die bei Tag erbauten Mauern wurden bei Nacht zerstört. Auf dieser Pian de Santa Uljana müssten noch heute die Grundmauern der Kirche zu finden sein. Auf Rat eines Gemeindeältesten wurde die Kirche dann an der Stelle erbaut, wo sie noch heute aufragt.
Und wie viel Gutes hat die heilige Juliana dem Fassatal beschert! Sie wurde von den Einheimischen so inbrünstig verehrt, dass kein Fassataler Bewohner mehr in die Hölle kam. Das missfiel dem Teufel, der sich, als nobler Herr ver-

kleidet, ins Fassatal begab. Es war Sonntag und alle waren in der Kirche. Als die heilige Juliana die Gefahr erkannte, kam sie den Gläubigen zu Hilfe, zückte ihr Schwert und vertrieb den Teufel (in der Tat wird sie oft mit einem Schwert in der Hand abgebildet und neben ihr der Satan an einer Kette). Um so schnell wie möglich wieder in die Hölle zurückzukehren, tat der Teufel in einer Felswand ein Loch auf, durch das er entschlüpfen konnte, und das bis heute als „Fenster der heiligen Juliana" bezeichnet wird.

In einer anderen Legende wird erzählt, dass die Heilige nicht den Teufel bekämpfte, sondern die Franzosen, zuerst 1797 und dann nochmals im Jahr 1809, als sie vom Karerpass herabzogen und Juliana sie blendete, sodass sie umkehren mussten.

Die Heilige hat die Fassaner auch im Ersten Weltkrieg geschützt, und neben der Kirche wurde ein Soldatenfriedhof angelegt, in dem nicht nur die Gefallenen aus dem Fassatal ruhen, sondern auch aus den Nachbargegenden, deren Bewohner mit zum Bau der Kirche beigetragen hatten.

Die **Chiesa di Santa Giuliana** (Santa Giuliana Kirche), der Schutzpatronin des Fassatals, steht auf einem Hügel mit wunderschöner Aussicht und ist nur 20 Minuten zu Fuß vom Zentrum Vigos entfernt. Für weitere Informationen steht Ihnen das Tourismusbüro in Vigo zur Verfügung (Tel. +39 0462 609700).

Der Hexenkerker
Vigo di Fassa – Vich

Der Turm in Vigo ist das Symbol der Fassataler Ortschaft und ihrer bewegten, geheimnisvollen Geschichte.

Der Turm war die Masseria di Corte di Sopra, der Sitz des bischöflichen Verwalters im Tal, der durch einen Portikus von der Masseria di Sotto getrennt war. Das Amtshaus war der Sitz des Richters, des Hauptmanns und der Talgemeinschaft. An einem Balken über dem Eingangsportal befand sich die Jahreszahl 1444, während sich die Jahreszahl 1525 auf Umbauarbeiten bezog. Mit Sicherheit wurde das Bauwerk in der ersten Hälfte des 16. Jahrhunderts von Silvestro Soldà errichtet, als Stefano Larcher bischöflicher Hauptmann war. An die 40 Jahre später, zur Amtszeit von Gasparo Pajr (1573), wurden im Turm die ersten „Fassaner Hexen" eingekerkert, die unter Folter vernommen und dann nach Brixen überführt wurden, wo sie zum Tod auf dem Scheiterhaufen verurteilt wurden. Im Turmkerker wurden alle Hexen und Hexer gefangen gehalten, denen im Fassatal in den Jahren 1628–1629, 1644, 1681 und 1685 der Prozess gemacht wurde. Im Kerker befand sich auch das Folterrad.

Bis zur Aufhebung der Fürstbistümer Trient und Brixen im Jahr 1803 gehörte das Fassatal unter politisch-administrativem sowie auch kirchlichem Gesichtspunkt zur Diözese Brixen. Die Grenze zur Diözese Trient verlief etwas unterhalb von Soraga. Die Bevölkerung bildete eine halbfreie, von langobardischer Rechtsprechung beeinflusste Talgemeinschaft unter Anführung eines höfischen Verwalters. Laut Pater Frumenzio Ghetta, dem besten Kenner des Fassatals, hatte sich der Rechts- und Verwaltungssitz des Tals, das um das 10. Jahrhundert dem Gebiet von Brixen angeschlossen worden war, von Anfang an im Turmhaus von Vigo befunden. Das Bauwerk bestand aus einem befestigten Flügel und einem Wohngebäude mit Diensträumen, und es war von Gärten, Feldern und Wiesen umgeben.

Unter dem Portikus findet sich ein Hinweis auf die Stelle, an der die Gefangenen durch ein Bodenloch in die Tiefe gestürzt wurden, wo sie oft starben. In der Redewendung *te metto sotto el portegàl* („Ich lege dich unter den Portikus"), mit der einer Person die Verhaftung angedroht wird, lebt noch die Erinnerung an diesen grausamen Brauch fort.

Heutzutage ist nur mehr wenig vom **Torre di Vigo di Fassa**, der im Zentrum des Dorfes stand, übrig geblieben: Der Abriss des Turms im Jahr 1932 hat einen der wichtigsten Orte des öffentlichen Lebens des Tales zunichtegemacht. In seinen Kerkern wurden die Fassataler Hexen eingesperrt, gefoltert und befraft, um ihnen anschließend in Brixen den Prozess zu machen. Viele endeten auf dem Scheiterhaufen oder starben in Gefangenschaft.

Der Name der Dolomiten
Vigo di Fassa – Vich

Déodat Dieudonné Sylvain Guy Tancrède Gratet de Dolomieu wurde am 23. Juni 1750 in einem Schloss im Ort Dolomieu im französischen Département Isère, nicht weit von Grenoble, geboren.

Wie es sich für einen Adeligen zur damaligen Zeit gehörte, wurde er schon als Kind in den Malteserorden aufgenommen, der erste Schritt zu einer militärischen Laufbahn. Im Alter von 18 Jahren wurde er aus dem Orden ausgestoßen und gefangen gesetzt, vielleicht wegen der Tötung eines Gefährten, vielleicht aber auch wegen seiner allzu offen deklarierten revolutionär-republikanischen Ideen.

Vom Soldatenleben wandte er sich daraufhin den Wissenschaften zu, studierte in Metz, reiste von 1781 bis 1786 durch Frankreich, die Schweiz, Portugal und Italien und schickte der Pariser Akademie der Wissenschaften regelmäßig Berichte über seine geologischen und mineralogischen Entdeckungen

zu. Und wahrscheinlich dank seiner wissenschaftlichen Kenntnisse und seines Rufs konnte er, obwohl ein Adeliger, die Französische Revolution überleben.
Er schloss sich Napoleon an, folgte ihm über Malta nach Ägypten, kehrte nach einigen Studien über den Nil wieder nach Europa zurück. Er wurde – vielleicht wegen obskurer politischer Konflikte mit dem Malteserorden – in Kalabrien gefangen genommen und in Sizilien eingekerkert, wo er 21 Monate in der Festung von Messina verbrachte. Unmittelbar nach dem Sieg der Franzosen in der Schlacht von Marengo am 14. Juni 1800 wurde er freigelassen, wahrscheinlich auf Veranlassung des Ersten Konsuls selbst. Er unternahm noch einige Studienreisen durch die Alpen, doch sein Körper war von der monatelangen Haft geschwächt und er starb am 28. November 1801 in Châteauneuf (Saône-et-Loire) im Alter von nur 51 Jahren.
Im Jahr 1789 reist Dolomieu durch das Eisacktal, wo ihm ein besonderes Gestein auffällt. Er analysiert es, unterzieht es einer Salzsäureprobe und stellt fest, dass es „*une pierre calcaire très peu effervescente*" ist: ein kaum aufbrausender Kalkstein, den er als magnesiasauren Kalk erkennt. Er schickt das Gestein dem Genfer Naturwissenschaftler Nicolas-Théodore de Saussure zu und bittet ihn, es zu Ehren seines Vaters, des Geologen Horace-Bénédict de Saussure, als *Saussurite* zu bezeichnen. Doch Saussure lehnt ab, schlägt dagegen den Namen *Dolomit* vor. Die aus dem uralten Karbonat-Gestein bestehenden Berge der Südalpen erhalten so ihren Namen: die Dolomiten.
Eine gute Möglichkeit, die Dolomiten des Fassatales zu entdecken, bilden die zahlreichen Wanderwege in diesem Gebiet. Einer davon ist der **Trekking delle leggende**, der zu den schönsten naturbelassenen Orten des Tales führt, immer auf der Spur von alten Geschichten und Fabelwesen der Dolomiten, die seit 2009 zum Weltkulturerbe gehören.

Weitere Informationen

Azienda per il Turismo Val di Fassa, www.fassa.com
Ufficio di Vigo di Fassa, Strada Rezia 10, Tel. +39 0462 609700

Pozza di Fassa – Poza

Der Mönch und der Teufel
Pozza di Fassa – Poza

Der Turm in Pozza, der auch *Torn* genannt wird, stammt aus der ersten Hälfte des 17. Jahrhunderts. Er war vom Bozner Arzt Giovanni Battista Rossi erbaut worden, einem Bruder des Pfarrers Giacomo Rossi und Sohn eines gewissen Zoan Ross, der aus Piano im Soletal ins Fassatal gekommen war. Hier hatte er Pellegrina Costazza geheiratet, die Tochter des Notars Giovan Battista Costazza aus Mazzin, der aber in Pozza lebte, in dem schönen freskengeschmückten Haus an der Staatsstraße in Richtung Pera. Giovanni Battista Rossi soll sich zum Bau des *Torn* den älteren Turm in Vigo di Fassa zum Vorbild genommen haben. Im Jahr 1628 wurde der Bauherr dann als de Rossi in den Adelsstand erhoben. Die letzten Besitzer waren die Costazza-Detomas, und 1960 ersteigerte sich Dr. Mario Sarpellon aus Venedig den Turm und ließ ihn restaurieren.
Im Turm muss sich in vergangenen Zeiten Schreckliches zugetragen haben, denn noch heute sind in stürmischen Nächten Gejammer und Wehgeschrei zu hören. Welches Geheimnis mag sich in diesen Mauern verbergen?
Angeblich soll hier eine gewisse Zeit lang ein Exorzist gelebt haben, ein armer Mönch, der einen am Berg von Ciampedìe lebenden Teufel austreiben sollte. Die Begegnung war schrecklich. „Mich schützt die Gnade Gottes!“, rief das Mönchlein aus, aber der Teufel war bärenstark. So versteckte sich der Mönch im Keller des Turms, in dessen starken Mauern er sich sicher wähnte, und stieß laute Verwünschungen gegen den Teufel aus, der sich in Stein verwandelte: in das Felsgestein der zerklüfteten Türme, die man auf dem Weg vom Ciampedìe zum Vajolon antrifft. Aber in finsteren Nächten scheinen der Mönch und der Teufel immer wieder miteinander zu ringen.
Der **Torre di Pozza di Fassa** (Turm von Pozza di Fassa) befindet sich im Dorfzentrum von Pozza. Er besitzt einen viereckigen Grundriss und mächtige Mauern mit Schießscharten, die bis knapp unter das Pultdach reichen.

Der schlaue Schmied
Pozza di Fassa – Poza

Die Monzonigruppe in den Fassataler Dolomiten wird aus einem durch Kristallisation von Magma entstandenen Tiefengestein gebildet, das 1864 vom französischen Geologen Albert Auguste Cochon de Lapparant (1839–1908)

Der Torre di Pozza di Fassa

entdeckt und nach dem Fundort als *Monzonit* bezeichnet wurde. Dieses nicht häufig vorkommende Intrusivgestein ist in Italien bei Biella anzutreffen, in Norwegen bei Oslo und in Amerika im US-Staat Colorado.

Es handelt sich um ein durch Kontaktmetamorphose entstandenes Gestein, das sich vor etwa 200 Millionen Jahren gebildet hat, als auf die Dolomitenformation eine Phase reger vulkanischer Tätigkeit folgte. Das Ergebnis war ein in Europa einzigartiges Paradies aus den verschiedensten Mineralien, die hier aufeinandertreffen. Die Monzoni sollen, wie viele umliegende Berge, in der Vergangenheit von „Zwergen" bewohnt worden sein – wobei damit die wohl meist kleinwüchsigen Bergknappen zu verstehen sind, die hier in den Gruben nach Edelsteinen und Erzen suchten.

Das Fassatal ist ein sagenreiches Land, und in vielen Geschichten ist von alten Bergwerken und geheimnisvollen Metallgüssen die Rede. In einer dieser Sagen wird erzählt, dass in lange zurückliegenden Zeiten alle Geschöpfe lebendig waren, Menschen und Tiere, Pflanzen und Minerale.

Hier eine dieser Geschichten:

Ein Schmied, der direkt am Fuß der Monzonigruppe tätig war, musste eines Tages eisenhaltiges Gestein schmelzen, um ein Schwert anzufertigen. Aber so sehr er sich auch abmühte: Das Gestein schlief einen tiefen Schlaf und wollte sich nicht wecken lassen. Die Frau des Schmieds schaute ihrem Mann bei der Arbeit zu und fragte ihn, warum das Gestein nicht zum Schmelzen zu bringen war. Der Schmied gab aber keine Antwort. Auf das Drängen seiner Frau erzählte der Mann ihr schließlich die Geschichte vom Meister der Meister, vom ersten großen Schmied, dem das Schmelzen gelungen war, nachdem er sich

Die Taramelli-Schutzhütte, Pozza di Fassa

zusammen mit seiner Frau in den Schmiedeofen gestürzt hatte. Der Eisenstein hatte sich erweichen lassen und das Metall entstand.
Die Frau des Schmieds war keineswegs verängstigt – im Gegenteil: Sie erklärte sich bereit, sich selbst und ihren Mann zu opfern, um das Werk zu vollbringen. Um sich nicht von seiner Frau trennen zu müssen, fand der Schmied eine Lösung: Er fachte das Feuer an, er und seine Frau schnitten sich Haare und Nägel ab und warfen sie in den Brennofen. „Ein Teil für das Ganze!", rief der Schmied aus. Es kam zu einer Explosion, und das Metall war geschmolzen.
Die **Taramelli-Schutzhütte** (Rifugio Taramelli, 2.046 m ü.d.M.) liegt im Valle dei Monzon und ist von der Società degli Alpinisti Tridentini (Verein der Trentiner Alpinisten, S.A.T) im Jahr 1904 aus Forschungszwecken mit Monzonit-Platten gebaut worden. Den verschiedenen Mineralien ist auch das **Museo Mineralogico Monzoni** (San Giovanni di Fassa, Via Pilat 10, Tel. +39 0462 764173, www.poldin.com/museo) gewidmet und ist das Ergebnis von jahrelangen Untersuchungen vonseiten seines Gründers, Tone Rizzi Poldi.

Der Teufel der Dolomiten
Pera di Fassa

Als „Teufel der Dolomiten" wurde der berühmte Bergführer und Bergsteiger Giovanni Battista („Tita") Piaz aus dem Fassatal bezeichnet. Er kam 1879 in Pera di Fassa zur Welt und starb 1948 an den Folgen eines banalen Fahrradunfalls praktisch vor seiner Haustür.
Seine außergewöhnliche Lebensgeschichte grenzt ans Fantastische. Einer in seinem Heimattal verbreiteten Überlieferung nach, war er aus der Verbindung eines Talbewohners mit einer Saligen hervorgegangen, einer Waldfee, der er sein unglaubliches Klettertalent verdankte, aber auch sein bizarres Wesen und

Tita Piaz

seine Gesichtszüge, die einer Berglandschaft oder einem Felsen glichen. Er war der bevorzugte Bergführer von König Albert von Belgien und anderen illustren Persönlichkeiten, doch zwischen ihm und seinem Freund Paul Preuß kam es zum sogenannten Mauerhakenstreit, in dem Preuß sich pro, Piaz dagegen kontra den ständigen Einsatz von Mauerhaken aussprach. Viele neue Führen an Felswänden, die bis dahin als unbezwingbar galten, tragen seinen Namen.

Piaz war auch politisch sehr engagiert: zuerst gegen Österreich, dann gegen den Faschismus; wegen seiner couragierten Ideen wurde er mehrmals verhaftet.

Tita Piaz schrieb viel: über sich, seine bergsteigerischen Unternehmungen, sein Leben, seine politischen Ideale, seine Freunde sowie seine Feinde. Seine spannende Autobiografie „Dolomiten, meine Freiheit" erschien 1966 erstmals in deutscher Sprache (nach den italienischen Ausgaben 1947 und 1949). Eine umfassende Biografie wurde 1985 von Arturo Tanesini verfasst, einem mit Piaz befreundeten Schriftsteller und Alpinisten, der unter anderem schrieb: „Tita Piaz ist der impulsivste, urtümlichste, instinktivste, leidenschaftlichste Mann, den ich kenne. Er setzt seiner Großzügigkeit, dem ungeordneten Ausbruch seiner Leidenschaften, seiner heftigen Sprache keine Grenzen, seine Sentiments werden niemals von Opportunität in Schach gehalten, er kennt keine andere Moral als seinen Instinkt. Er tut nur das, was ihm gefällt und was er will. Er ist ein zutiefst aufrichtiger Mensch, ohne Zugeständnisse. Und somit auch ohne Mitleid. Er beschimpft die Welt, ist aber im gleichen Atemzug bereit, sein Leben zu opfern. Er ist eine Symbolgestalt aller menschlichen Kontraste", er ist – wie man zu seiner Zeit sagte – der Berggeist, der letzte Nachfahr von alten, nunmehr ausgestorbenen Geschlechtern.

Luciana Palla hat in ihrem 2006 erschienenen, faszinierenden Buch „*Tita Piaz a confronto con il suo mito*" diese legendäre Gestalt und ihren Mythos neu ausgeleuchtet.

Die Begegnungen von Tita Piaz und König Albert von Belgien wurden von Piaz 1933 mit dem Bau der **Schutzhütte Re Alberto** (Gartlhütte, 2.621 m ü. d. M., www.rifugiorealberto.com) am Fuße der Vajolet-Türme verewigt. Die Hütte liegt im Gemeindegebiet von Tiers in Südtirol, aber man erreicht sie über die Wege 546 und 542, die in Gardeccia starten, das entweder mit dem Sessellift von Pera di Fassa oder mit der Seilbahn von Vigo di Fassa aus erreichbar ist.

Weitere Informationen

Azienda per il Turismo Val di Fassa, www.fassa.com
Ufficio di Pozza di Fassa, Piaza de Comun 2, Tel. +39 0462 609670,
Tel. +39 0462 609674 (Fassa Outdoor Point)

Canazei - Cianacei

Die Schneemadonna und die Entstehung des Marmoladagletschers
Canazei - Cianacei

In Gries, einem Ortsteil von Canazei, liegt die Kirche Madonna della Neve, ein altes Pilgerziel. Vor vielen, vielen Jahren, so wird erzählt, dehnten sich auf der Marmolada riesige Wälder und weite Wiesen aus. Und hier beginnt unsere Geschichte: Am 5. August, dem Tag der Schneemadonna, kamen die Leute von den Hochweiden der Marmolada herab, um zur Wallfahrtskirche in Gries zu pilgern. Wolken zogen auf, und die Bauern warfen besorgte Blicke auf den Himmel; denn das Heu war noch nicht trocken und konnte deshalb nicht eingeholt werden. Dennoch stiegen alle ins Tal hinab – alle, bis auf eine alte geizige Frau, die nicht um ihr Heu kommen wollte.
Die Leute, die an ihrer Wiese vorbeikamen, ermahnten sie, sich zur Messe ins Dorf zu begeben. Doch die Alte erwiderte nur: „Schneemadonna hin und Schneemadonna her, ich bringe mein Heu in die Scheune und die anderen bleiben leer." Kaum hatte sie diese Worte ausgesprochen, verdunkelte sich der Himmel und es begann zu schneien. Und es schneite viele Tage und Nächte, ja vielleicht sogar Monate und Jahre lang. Die Alte, die Wiesen und die Wälder: Alles wurde unter einer dicken Schnee- und Eisdecke begraben, und die Marmolada wurde zu dem Gletscherberg, wie wir ihn heute kennen.
Die **Chiesa della Madonna della Neve** (Kirche der Schneemadonna) in Gries befindet sich an der Straße, die von Campitello nach Canazei führt. Eine Besonderheit dieser Kirche ist das zwiebelförmige Dach des Kirchturms. Für Informationen über Besuchszeiten steht Ihnen Frau Giuseppina Rizzi zur Verfügung (Tel. +39 338 8610870). Am ersten Sonntag im August findet außerdem das Fest della Madonna della Neve statt.

Die Eisstadt
Canazei - Cianacei

Im Jahr 1916 legten die Österreicher auf der Marmolada eine wahre „Eisstadt" an: In das Gletschereis gruben sie Tunnels von insgesamt acht Kilometern Länge ein, die von der Cima Dodici her betreten werden konnten und vom E-Werk in Roa bei Canazei sogar mit Strom versorgt wurden. In den Tunnels wurden Truppenabteilungen untergebracht, und in 3.000 m Höhe, an der Punta Rocca, wurde die höchste Kanone der Dolomitenfront aufgestellt. Bis heute wird der Stellungskrieg im Hochgebirge von Kriegsexperten als außergewöhnliches Beispiel militärischer Strategie studiert.

Als der Marmolada-Gletscher in den 80er-Jahren des vorigen Jahrhunderts zu schmelzen anfing, tauchten erste Überreste der Eisstadt auf. Das **Museo privato della Grande Guerra 1914-18** (privates Museum des Großen Krieges 1914-18, Fedaia-Pass – 13 Kilometer von Canazei entfernt – Tel. +39 0462 601181) bewahrt eine beachtliche Sammlung von Kriegsausrüstung, Fotos, Karten und Berichten aus jener Zeit auf.

Die Dame auf dem Delfin
Canazei - Cianacei

In der grauen, steilen Felswand der Marmolada ist unmittelbar unter dem Gletscher die Figur eines jungen Mädchens auf einem Delfin zu erkennen. In längst vergangenen Zeiten dehnte sich hier nämlich ein Meer aus, und ein junges Mädchen, eine Nymphe oder eine Wassernixe, vergnügte sich auf einem Delfin zwischen den aus dem Wasser aufragenden Felsinseln reitend. Aber ein böser Geist wollte sich ihrer bemächtigen. Das junge Mädchen bat die Felsen um Hilfe, die sie in einer Höhle versteckten. Doch der böse Geist sprach eine Zauberformel, und die junge Dame wurde eins mit den Felsen, die sie schützen wollten.

Von Alba di Canazei auf der Straße, die die Marmolada umsäumt, kommend, glaubt man die Gestalt einer Frau auf einem Delfin im Felsen zu erkennen.

Weitere Informationen

Azienda per il Turismo Val di Fassa, www.fassa.com
Ufficio di Canazei, Piazza G. Marconi 5, Tel. +39 0462 609600,
Tel. +39 0462 609607 (Fassa Outdoor Point)

7. Von Trient bis Grigno: das Valsugana

Pergine Valsugana

Hellseher auf Schloss Pergine
Pergine Valsugana

Um Castel Pergine ranken sich viele Sagen und Legenden. Im Rundturm soll sich der Folterraum mit den entsprechenden Geräten befunden haben, und eine der grausamsten Methoden war die Tropfenfolter. Bis heute ist noch die Nische zu sehen, aus deren Decke Wassertropfen auf den Kopf des am Boden gefesselten Verurteilten fielen. Auch diese Tatsachen mögen zu dem Gerücht beigetragen haben, dass sich hier im Schloss noch die Geister der Unglücklichen herumtreiben, die zu Tode gefoltert worden sind.

Das Castello di Pergine

Vor fast 90 Jahren hat auf Castel Pergine eine berühmte spiritistische Sitzung stattgefunden. Nachdem das Bauwerk nach dem Ersten Weltkrieg in ein Hotel verwandelt worden war, hielt sich hier auch lange der bekannte indische Philosoph, Dichter und spirituelle Lehrer Jiddu Krishnamurti mit seinem Gefolge und mehreren indischen Prinzen auf. Auf Schloss Pergine diktierte er die theosophische Schrift „Ananda". Die Gruppe um Jiddu Krishnamurti war inspiriert von der Theosophischen Gesellschaft, die 1875 in Manhattan von Helena Petrovna Blavatsky gegründet worden war, die sich ihrerseits auf den „Meister Moyra" bezog, der ihr den Weg zur Erleuchtung gewiesen hatte. Die wichtigsten Punkte dieser Lehre sind das spirituelle Konzept des Karma, wonach jede körperliche oder geistige Handlung eine Folge hat, und die Wiedergeburt, durch die der Mensch sich ständig verbessern kann, um schließlich das Nirwana zu erreichen.

Die Werke von Helena P. Blavatsky waren seinerzeit sehr berühmt. Die auf Castel Pergine versammelten Okkultisten standen stark unter dem Einfluss ihrer „Geheimlehre", eines Basiswerks der Grenzwissenschaft, das sich mit dem Wesen und der Lehre der Magie, den Wurzeln des Christentums und den Irrtümern vieler Religionen beschäftigte.

Ebenfalls im Jahr 1925 träumte die Amerikanerin Annie Haldermann, eine Anhängerin des Okkultismus, von einem Schloss, das sie in Wirklichkeit niemals gesehen hatte. Sie machte sich, von Neugier getrieben, auf die Reise, und nachdem sie halb Europa durchkreuzt hatte, fand sie im Castel Pergine ihr „Traumschloss". Sie blieb hier zwei Jahre lang und organisierte spiritistische Séancen, bei denen sie einmal den Geist der „weißen Dame" evozierte, einer Gräfin, die einer Überlieferung nach im Schloss umherwandelte. Sie materialisierte sich als durchscheinende Gestalt, deren Antlitz einen leichten Schimmer ausstrahlte, deren Züge aber erkenntlich waren. Diese Erscheinung vollzog sich vor vielen Adepten im Kaminzimmer.

Mysteriöse Gestalten haben in Pergine aber auch in weiter zurückliegender Vergangenheit gelebt: Aus dem Ortsteil Castagné di Pergine stammte Antonio Zunt (1450), der neben den Pustertalern Mathias Perger, genannt „Lauterfresser" (1646), und Bartlmä Oberkofler, genannt „Lebenfierer" (1647), zu den großen Tiroler Hexern gerechnet wird.

Zwischen den Bächen Fersina und Brenta liegt der Tegazzo-Hügel, auf dem das **Castello di Pergine** (Via al Castello 10, Tel. +39 0461 531158, www.castelpergine.it) thront. Die Burg ist in privatem Besitz und wird als Restaurant und Gasthof genutzt. Thron- und Gerichtssaal dienen heute als Speisesäle, während sich im Mittelgeschoss die Folterinstrumente und das Gefängnis der Tropfenfolter befinden. Die Burg ist nur wenige Kilometer von Pergine entfernt und kann besichtigt werden. Gelegentlich finden dort auch Ausstellungen von zeitgenössischen Künstlern und musikalische Aufführungen statt.

Der Hexer Antonio Zunt
Pergine Valsugana

Beim Prozess gegen Antonio Zunt aus Castagné di Pergine, der zwischen 1450 und 1458 angestrengt wurde, handelt es sich um das älteste dokumentierte Gerichtsverfahren gegen einen Hexer auf Tiroler Boden. Hinweise auf diesen Prozess finden sich in einer 1610 in Venedig erschienenen Publikation von

Giordano Zirletti mit dem Titel „*Criminalium consilium seu responsum ex clarissimis Jurisconsultis*".
Antonio Zunt ist kein großer Hexer. Ihm wird der Prozess gemacht, weil drei Landsleute ihn bei Enrico Campanet, dem Hauptmann von Pergine, angezeigt haben: Er wird beschuldigt, den bösen Blick auf sie geworfen und sie verhext zu haben. Als Beweis führen sie den angeblichen Diebstahl eines Kleides an sowie die „Verwünschungen", die Zunt gegen seine Ankläger ausgestoßen hatte.
Interessant an diesem Prozess, dessen Ausgang wir nicht kennen, sind zwei Urteile seitens der Ermittlungsbehörde. Einige Angehörige des Gerichtshofs sahen die gegen Zunt vorgebrachten Beschuldigungen als irrelevant an und beschlossen daher, nicht gegen ihn vorzugehen. Die anderen Richter dagegen beschlossen, dass Zunt, auch wenn ihm das Vergehen nicht nachgewiesen werden konnte, doch als schuldig anzusehen sei, da er „im Ruf stand, es begangen zu haben". Er musste demnach gefoltert, nach einem Geständnis für schuldig befunden und zum Tode durch Enthauptung verurteilt werden.
Dieser rätselhafte, emblematische Fall unterlag zwei unterschiedlichen Gerichtsverfahren: Dem römischen Recht, das dem Angeklagten ein gerechtes Urteil garantierte, stand vom 15. Jahrhundert an ein inquisitorisches Strafverfahren gegenüber, das sich besonders bei Vergehen gegen die Moral und die Religion sowie bei Hexerei immer stärker durchsetzte.

Mussolinis geheimer Sohn
Pergine Valsugana

Pergine war im vorigen Jahrhundert für seine „Nervenheilanstalt" bekannt. In dieses Krankenhaus, dessen hohe Mauern durch eine schöne Kastanienallee verschleiert werden, wurde auch Ida Irene Dalser aus Sopramonte di Trento eingewiesen, Benito Mussolinis erste Frau. Der spätere Duce hatte sie geheiratet, als er noch als Journalist in Trient arbeitete. Bis heute wird erzählt, dass sich in den Dreißigerjahren eine junge Frau mit langen schwarzen Haaren Tag für Tag an die Fenstergitter im dritten Stock klammerte und verzweifelt schrie: „Vergiss nicht, er ist dein Sohn, er ist dein Sohn!"
Albino Benito Mussolini kam im Jahr 1915 zur Welt und wurde vom Vater anerkannt. Mussolini war damals ein gern gelesener, kritischer Journalist, zuerst bei der Zeitung *Avanti*, dann bei *Il Popolo d'Italia*, der sozialistischen Zeitung in Trient, wo er auch Cesare Battisti kennenlernte. 1915 wurde Mussolini an die Front eingezogen und schrieb leidenschaftliche Briefe an Ida Irene Dalser, die seine Zeitung auch finanziell unterstützt hatte. Nach seiner Heimkehr

von der Front engagierte er sich zunehmend für den Faschismus und verließ Ida zugunsten von Rachele Guidi, seiner künftigen Ehefrau. Ida Dalser fand sich mit ihrem Schicksal nicht ab, folgte und verfolgte Mussolini, der sie in die Verbannung schicken ließ. Sie kehrte in ihre Heimatstadt Trient zurück, war völlig verarmt, bekam aber eine kleine Unterstützung von Mussolini. Sie sorgte sich um die Zukunft ihres Sohns, verstand nicht, warum Mussolini ihn nicht sehen wollte. Benito Mussolinis Bruder Arnaldo, der inzwischen zum Chefredakteur der Zeitung *Il Popolo d'Italia* aufgestiegen war, schickte den Jungen in das angesehene Internat der Barnabiten in Moncalieri: Er sollte von der Mutter ferngehalten werden. Nach Arnaldos Tod wurde Albino Benito von der Familie Bernardi adoptiert, die ihm ihren Namen gab. Schon einige Jahre zuvor, 1926, war Ida verhaftet worden (unter dem Vorwand, sie habe sich einem Minister bei einem Besuch in Trient genähert) und in die Nervenheilanstalt Pergine eingewiesen worden, wo die Ärzte die Diagnose gefälscht und sie für unzurechnungsfähig erklärt hatten.

Sie flüchtet aus der Irrenanstalt und kommt bei Verwandten unter, hofft auf eine Begegnung mit ihrem Sohn. Doch sie findet ihn nicht, wird immer verzweifelter und wird neuerlich in die Heilanstalt eingewiesen. Albino Benito wird zur Marine eingezogen und kommt auf ein Kriegsschiff in einem chinesischen Hafen. Mit einem Telegramm, das ihm fälschlicherweise den Tod seiner Mutter verkündet, wird er nach Italien zurückgerufen, im Hafen von Brindisi verhaftet und ebenfalls in eine „Irrenanstalt" eingeliefert. Er ist jetzt 20 und lebt bis zu seinem Tod im Jahr 1942 in der Anstalt Monello in Mailand. Offizielle Todesursache: „Kräfteverfall". „Offiziell" ist er allerdings bereits ein Jahr zuvor im Krieg gefallen und für tot erklärt worden. Seine Mutter Ida Irene Dalser stirbt schon 1937 in der Irrenanstalt auf der Insel San Clemente bei Venedig an einer „Gehirnblutung".

Die **psychiatrische Anstalt** von Pergine wurde im Jahr 1882 eingeweiht und nahm Tiroler mit italienischer Muttersprache im Habsburgerreich auf. Sie war damit das Gegenstück zur großen Irrenanstalt in Hall in Tirol. Heutzutage dienen einige Räumlichkeiten wissenschaftlichen Untersuchungen, andere wiederum verschiedenen Kunst-Ausstellungen im Zuge des Sommerfestivals **Pergine spettacolo aperto** (Tel. +39 0461 530179, www.perginefestival.it), das sich den Themen Ausgrenzung, Randlage und Unbehagen in der Gesellschaft widmet.

Weitere Informationen

Azienda per il Turismo Valsugana, www.visitvalsugana.it
Ufficio di Pergine Valsugana, Piazza Serra 10, Tel. +39 0461 727760

Der Caldonazzo-See

Der rätselhafte Ursprung des Lago di Caldonazzo
Caldonazzo

Die volkstümliche Überlieferung schreibt dem Caldonazzo-See eine rätselhafte Entstehungsgeschichte zu. Dieser Legende nach sollen in der Ebene zwischen der Marzola und dem Tenna-Hügel, wo sich heute der See ausdehnt, zwei Städte gelegen haben, Susa und Caldón. Die Bewohner dieser Städte waren so hartherzig, dass die Strafe Gottes auf sie herabkam: In einer einzigen Nacht wurden die beiden Städte vom Hochwasser überschwemmt, und an ihrer Stelle bildete sich der See. An klaren Abenden kann man auf dem Seegrund bis heute noch die Schatten alter Ruinen sehen.
Im Jahr 2006 fanden Taucher auf dem Grund des Caldonazzo-Sees tatsächlich Steinanordnungen, die wie Überreste alter Bauten wirken.
Der **Caldonazzo-See** besitzt eine Fläche von fünf Quadratkilometern und eine durchschnittliche Tiefe von 26,4 Metern. Dank der günstigen klimatischen Bedingungen kann man dort bereits ab Mai und bis Mitte September schwimmen gehen. Entlang der Seeufer gibt es einige Strände und Strandbäder.

Vorrömische Kultur im Valsugana
Calceranica al Lago

In der romanisch-gotischen Kirche Sant'Ermete in Calceranica al Lago befinden sich ein der Diana geweihter Altar und ein römischer Grabstein. Bis vor Kurzem hielt man die Weiheinschrift am Diana-Altar für eine der wenigen römischen Inschriften im Valsugana, doch die Archäologie macht laufend überraschende Entdeckungen, die wieder neue Rätsel aufgeben.
Im Juni 2006 kam in Levico eine Grabstele aus Sandstein aus dem 4. Jahrhundert v. Chr. ans Tageslicht. Auf einem Flachrelief sind zwei Pferde zu sehen, die einen Wagen mit zwei Personen ziehen. Es könnte sich um eine vorrömische Stele der altvenetischen Kultur handeln; denn ähnliche sind im Gebiet zwischen Padua und Este entdeckt worden.
Die Frage ist nun, ob diese Stele direkt in Levico hergestellt worden ist – was bedeuten würde, dass das Valsugana zu vorrömischer Zeit einen hohen Kulturstand aufgewiesen hat. Doch bisher konnte diese These durch keine Beweise belegt werden. Die Stele könnte auch viele Jahrhunderte nach ihrer Herstel-

Die Kirche Sant'Ermete, Calceranica al Lago di Caldonazzo

lung aus dem Veneto nach Levico gebracht worden sein. Ein Rätsel, das noch zu lösen ist.

Die **Chiesa di Sant'Ermete** steht im historischen Zentrum von Calceranica al Lago. Erbaut im Jahr 1000, ist sie die älteste Kirche der Valsugana. Für Informationen über Öffnungszeiten kontaktieren Sie bitte das Tourismusbüro Valsugana. Ebenfalls in Calceranica befindet sich der **Parco minerario** (Bergbau-Park, Piazza Municipio, Tel. +39 0461 016272, www.minieracalceranica.it), ein wertvolles Zeugnis des intensiven Bergbaus in Calceranica von 1800 bis in die Mitte des 20. Jahrhunderts.

Weitere Informationen

Azienda per il Turismo Valsugana, www.visitvalsugana.it
Ufficio di Caldonazzo (saisonal geöffnet), Piazza Vecchia 15, Tel. +39 0461 727752
Ufficio di Calceranica (saisonal geöffnet), Piazza Municipio 1, Tel. +39 0461 727745
Ufficio di Levico Terme, Viale Vittorio Emanuele III 3, Tel. +39 0461 727700

Der Lago di Levico

Das starke und das schwache Wasser
Vetriolo Terme

Seit uralten Zeiten sollen die einheimischen Hirten ihre Schafe zu den Quellen in Vetriolo, einem Dorf nahe dem berühmten Kurbad Levico, geführt und ihren an Maul- und Klauenseuche erkrankten Tieren dieses Wasser zu trinken gegeben haben. Es wird auch erzählt, dass die Bauern der Umgebung die Rohre, die von den Quellen und Grotten in 1.600 m Höhe nach Levico hinabführten, anbohrten, um das Wasser abzuleiten und damit die verschiedensten Krankheiten zu heilen.
In Vetriolo hielt sich auch der Anthroposoph Rudolf Steiner auf, der die heilkräftigen Eigenschaften des Wassers von Vetriolo rühmte. Die außergewöhnlichen Merkmale des „starken Wassers" waren schon im 17. Jahrhundert bekannt. 1782 verfasste Prof. Talandini dann eine medizinische Analyse und 1814 wurde die erste Kuranstalt an den Quellen in Vetriolo eröffnet. Das „starke" sowie das „schwache" Wasser (das in der Ocra-Grotte entspringt) enthalten verschiedene Mineralien wie Nickel, Mangan und Zink.

Das **starke Wasser** wie das **schwache Wasser** sind beides eisenhaltige Quellen, die beide in der Nähe von Vetriolo entspringen. Zurzeit wird nur Erstere für therapeutische Zwecke genutzt, und zwar in den Thermen von Vetriolo, dem höchstgelegenen Thermalbad Europas (1.500 m ü. d. M., Tel. +39 0461 701835, www.termedilevico.it). In den Sechzigerjahren des 19. Jahrhunderts wurde hier ein Aquädukt gebaut, das das Wasser von der Quelle bis nach Vetriolo in 12 Kilometern Entfernung leitete.

Burg Selva und die schöne Giana
Levico Terme

Die Launen des Burgherrn von Selva kannten keine Grenzen. Sobald er im Tal ein hübsches junges Mädchen sah, ließ er es entführen und auf seine Burg bringen, wo er es zu Tode vergewaltigte.
Eines Tages begegnete der Herr von Selva der hübschen Giana, der Tochter des Dorfschusters. Giana lief weg, aber der Burgherr ließ sie während der Sonntagsmesse entführen. Da Giana den Gelüsten des Herrn nicht unterliegen wollte, wurde sie auf der Burg eingekerkert, konnte aber mithilfe des Gefängniswärters, der Gianas Vater kannte, flüchten. Doch die Häscher fingen sie ein und banden sie zur Strafe mit Händen und Füßen an zwei Haselbäume,

Levico-See

die sie bis auf den Boden gebogen hatten, dann aber losließen, sodass die arme Giana in zwei Teile zerrissen wurde.
Noch heute sind in hellen Mondnächten die Schreie der schönen Giana zu hören. Und auf der Ebene, wo Giana hingerichtet wurde, wachsen seitdem keine Haselbäume mehr.

Castel Selva stand bereits im 12. Jahrhundert, doch nachdem es um 1700 verlassen worden war, wurde ein Großteil der Steine als Baumaterial ent- und verwendet. Die Ruinen der Burg sind zu Fuß in einer einfachen halbstündigen Wanderung, die bei der Ortschaft Selva beginnt (2 Kilometer von Levico Terme entfernt), zu erreichen.

Die Gespenster in der „Toresella"
Novaledo

Im westlichen Gemeindegebiet von Novaledo erhebt sich ein „Toresella" genannter Turm, in dem angeblich Gespenster leben.
Bepi Bepeto, ein einheimischer Bauer, mähte in dieser Gegend eine Wiese. Er hatte Durst und trank Wasser aus einer Kürbisflasche, als er plötzlich einen Pfiff hörte, einen Windhauch spürte und ihm die Kürbisflasche aus der Hand

gerissen wurde. Er machte sich sofort aus dem Staube, und als er sich umwandte, sah er, dass aus dem Toresella hundert Seelen aufstiegen, die sich um seine Kürbisflasche stritten.

Der **Torre Quadra** (viereckiger Turm) von Novaledo befand sich dicht an der Grenze der Bistümer Trient und Feltre und war mit einer Mauer befestigt, die an den Berghängen begann und bis zu den Sümpfen verlief, die den Talgrund bedeckten. Heute sind nur mehr einige Ruinen entlang der Straße von Levico Terme nach Novaledo erhalten.

Weitere Informationen

Azienda per il Turismo Valsugana, www.visitvalsugana.it
Ufficio di Levico Terme, Viale Vittorio Emanuele III 3, Tel. +39 0461 727700

Die Ruinen des Torre Quadra, Novaledo

Die Hochebene von Vigolo Vattaro

Die heilenden Pyramiden
Vigolo Vattaro

Beim Kloster der Piccole Suore dell'Immacolata Concezione (Kleine Schwestern der Unbefleckten Empfängnis), in dem brasilianische Schwestern leben, findet eine Therapie Anwendung, bei der die angeblich heilende Wirkung der Pyramidenform eingesetzt wird: Stangen aus reinem Messing bilden die Seitenkanten und die Basis einer etwa einen Meter großen Pyramide. Der Patient

Geburtshaus von Paolina Visintainer in Vigolo Vattaro

liegt auf einem nach den vier Himmelsrichtungen orientierten Bett ohne Metallteile direkt unter der Pyramide. Unter den Körper kommt eine Bleiplatte, die die Energie des von der Pyramide erzeugten Kraftfeldes katalysiert. Die Pyramidologie, eine Parawissenschaft, sucht die Kenntnisse der antiken Pharaonen, der Pyramidenbauer, und der modernen Wissenschaftler miteinander zu vereinbaren. Die geometrischen Verhältnisse der großen Pyramiden haben den Weg zu Interpretationen im Sinne des alchemischen Symbolismus geebnet. Bei der Pyramide von Gizeh zum Beispiel, der die therapeutische Pyramide der Piccole Suore in Vigolo Vattaro in kleinerem Maßstab nachgebildet ist, finden sich Maße und Größen, die von den Alchemisten als Lösung der Quadratur des Kreises angesehen werden. Mit anderen, den Vorstellungen der Alchemisten entsprechenden Worten ausgedrückt, symbolisiert die Dialektik zwischen Quadrat und Kreis die Dialektik zwischen Erde und Himmel, zwischen dem Materiellen und dem Geistigen und somit auch zwischen Krankheit und Heilung. Nicht zufällig trägt die Pyramide in Vigolo Vattaro den Namen „Lebendiges Wachstum" – als Bezug zu diesem Motto, das dem Pharao im alten Ägypten, der Gott und König zugleich war, seine Apotheose zum Sonnengott garantierte, als ewiger und höchster Ausdruck von Wachstum und Leben.

Paolina Visintainer (1865–1942), die zusammen mit Virginia Nicolodi die **Congregazione delle Piccole Suore dell'Immacolata Concezione** (Kongregation der demütigen Schwestern der Unbefleckten Empfängnis) gründete und im Jahr 2002 heiliggesprochen wurde, stammte aus Vigolo Vattaro. Wollen Sie das Geburtshaus von Schwester Paolina besuchen, wenden Sie sich an das Istituto religioso (religiöses Institut, Piazzetta di Santa Madre Paolina, Tel. +39 0461 848755). Der Leichnam der Heiligen wird in Sao Paolo in Brasilien aufbewahrt, wobei eine Reliquie in der Pfarrkirche von Vigolo Vattaro verblieb.

Die Marienerscheinung in Féles
Bosentino

In der Entstehungsgeschichte der Wallfahrtskirche Madonna di Féles wird erzählt, dass Maria hier einem stummen zwölfjährigen Hirtenbuben erschienen sei. Die Muttergottes hatte dem Jungen einen unter einem Kastanienbaum gewachsenen Farn gezeigt und mit der Hand einen Felsblock berührt, auf dem der Abdruck ihrer Hand zurückgeblieben war.

Als der junge Hirte ins Dorf lief, um von dem Wunder zu berichten, bemerkte er, dass er jetzt auf einmal sprechen konnte.

An jenem Ort, wo dem Hirtenjungen die Madonna erschien, steht heute die **Wallfahrtskirche della Madonna del Féles** (Santuario della Madonna di Féles). Der Name der Kirche hängt mit der Vielzahl an Farnen (*felci*), die in der Gegend wachsen, zusammen. Die Wallfahrtskirche liegt drei Kilometer von Bosentino entfernt. Für weitere Informationen steht das Tourismusbüro Vigolana zur Verfügung (Tel. +39 0461 848350).

Weitere Informationen

Consorzio Turistico della Vigolana, www.vigolana.com
Ufficio di Vigolo Vattaro, Via San Rocco 4, Tel. +39 0461 848350

Von Borgo Valsugana bis Grigno

Die Gespenster von Castel Telvana
Borgo Valsugana

Wer hatte mit dem Kampf begonnen? Die Welsberg oder die Gasperotti, treue Anhänger des Hauptmanns Joachim von Neumarkt? Das kann heute nicht mehr gesagt werden, aber die Erinnerung an ihre Streitigkeiten ist auf Burg Telvana bis auf den heutigen Tag lebendig. Von den Burgmauern ist noch der Lärm rollender Steine zu hören, die von der unteren Burg bis zum Bergfried hinauf geschleppt und dann erneut hinunter gerollt werden, immer und ewig:

Das Castel Telvana, Borgo Valsugana

Die ehemaligen Burgherren müssen als Tote für die Untaten büßen, die sie im Leben begangen haben.

Auch eine andere Legende hat Burg Telvana zum Schauplatz: Der Tiroler Landesfürst Sigmund hatte um die Mitte des 15. Jahrhunderts nach einem vergnüglichen Faschingsfest die Idee, den Abend mit einer Pferdeschlittenfahrt zu beschließen. Vielleicht war der Abhang zu steil, vielleicht scheuten die Pferde aus irgendeinem Grund: Der Schlitten stürzte um, und das Leben des Herrn von Tirol und Vorderösterreich war in Gefahr. Sigmund (der spätere „Münzreiche") erinnerte sich an Franziskanerbrüder, die ihn um eine Spende für ihr Kloster gebeten hatten, und er gelobte ihnen im Fall seiner Rettung eine großzügige Schenkung. Sigmund kam mit heiler Haut davon, hielt das Versprechen aber nicht ein – was einer Überlieferung nach zu vielen glücklosen Geschehnissen in seiner Regierungszeit geführt hat.

Castel Telvana thront seit dem 12. Jahrhundert über dem Dorf Borgo Valsugana. Heute ist es teils in gutem Zustand, teils sind nur mehr Ruinen übrig. Sein Inneres kann nicht besichtigt werden, es bietet sich aber dennoch eine schöne Wanderung dorthin an, die auf einem schmalen Pfad von Corso Ausugum (Borgo) bis zum Franziskanerkloster führt.

Olle und das Haus Andriollo
Borgo Valsugana

Den Frauen, ihrer Kultur, ihrer Geschichte und ihrer Rolle im Laufe der Jahrhunderte ist in Olle, einem Ortsteil von Borgo Valsugana, ein Museum gewidmet, das seinen Sitz im Haus Andriollo hat.
Mühen und Arbeit, Aberglauben und Krankheit sind die Ausgangspunkte eines Museumsparcours, der sich vom Untergeschoss des Hauses bis zum zweiten Stock hinzieht und die Geschichte der Frauen und ihrer Rolle im Laufe der Jahrhunderte, bis zur Erkenntnis des eigenen Wertes und der Bedeutung ihrer Arbeit nachzeichnet. Das Museum steht im Zeichen von Alice Andriollo, die hier ihr Leben verbracht hat, als Herrin und zugleich Sklavin des Hauses und seiner Bewohner.
Casa Andriollo beherbergt eine Dauerausstellung, die den Frauen der Berge gewidmet ist (Olle, Piazza della Chiesa 2, Tel. +39 0461 754052). Das Museum gliedert sich in folgende Bereiche: die Heilkunst des Körpers und des Geistes, die Zimmer von Alice Andriollo, der Verlauf des Lebens, das Wissen der Frauen, die Spiritualität und Kultur. Olle befindet sich in Richtung des Valsella-Tales, 2 Kilometer von Borgo entfernt.

Der Drache, das Wildschwein und der Jäger
Borgo Valsugana

Arte Sella ist eine 1986 ins Leben gerufene Veranstaltung der Gegenwartskunst, die im Laufe der Jahre zunehmend an Bedeutung gewonnen hat. Jedes Jahr werden direkt vor Ort neue Kunstwerke aus natürlichen Materialien wie Steinen, Blättern, Zweigen und Baumstämmen geschaffen und dann in der Landschaft zurückgelassen, wo sie dem natürlichen Verwesungsprozess ausgesetzt sind.
Aber das Valsella galt schon immer als geheimnisvolle und magische Stätte. Man erzählt sich, dass zweimal im Jahr der glänzende Drache durch das Tal zieht: im Sommer, um sich in den nahen Seen zu erfrischen, und im Winter, um wieder in seine Höhle zurückzukehren.
In vergangenen Zeiten wurde es von Pilgern und Gläubigen besucht, die sich zur Einsiedelei San Lorenzo all'Armentera begaben. Eine Legende erzählt, wie

Ein Kunstwerk des Kunstprojektes Arte Sella

die Kirche entstanden ist: Um das Jahr 1400 hatte Siccone der Jüngere, der Herr von Caldonazzo, alle befreundeten Adeligen aus der Umgebung zu einer Jagdpartie ins Valsella eingeladen. Gejagt wurde ein riesiges Wildschwein, das auf den Feldern Schäden anrichtete. Die Jagdaufseher hatten jedem Teilnehmer eine Stelle zugewiesen, an der sie auf das Wildschwein warten sollten. So konnte die Jagd beginnen. Doch der siegessichere Siccone kam aus einem Versteck hervor und trat dem Wildschwein auf freiem Feld entgegen: Das Wildschwein ging furchtlos auf ihn zu, packte das Pferd mit den Hauern und warf den Ritter aus dem Sattel. Siccone erschrak beim Anblick des „Ungeheuers" zu Tode und rief den heiligen Lorenz an: Wenn er ihn aus der Gefahr rette, würde er ihm eine Kapelle stiften. Und so geschah es.
Der kunsthistorischen Wahrheit halber sei allerdings gesagt, dass die Kirche San Lorenzo all'Armentera sehr viel älter ist und mit Sicherheit auf das Mittelalter zurückgeht. Die Apsisfresken, darunter ein sanft lächelnder heiliger Lorenz, werden auf das 14. Jahrhundert datiert.

Wenn man von Olle aus 8 Kilometer der Strada provinciale (Landstraße) Richtung Valsella folgt, kommt man zum Hotel Legno. Von dort aus startet der Weg SAT 210, der in eineinhalb Stunden zu Fuß zur **Einsiedelei di San Lorenzo all'Armentera** (Eremo di San Lorenzo all'Armentera) führt. Wollen Sie die Einsiedelei besuchen, können Sie sich in der Stadtbibliothek informieren (Biblioteca Comunale di Borgo Valsugana, Tel. +39 0461 754052).

Folgt man der Straße von Valsella bis zur Strobela-Brücke über den Torrente Maggio (Maggio-Bach), erreicht man den Beginn des Wanderwegs „ArteNatura", auf dem verschiedene Kunstwerke entlang eines 2 Kilometer langen Forstwegs am südlichen Abhang des Monte Armentera ausgestellt sind. Der Kern des Kunstprojektes **Artesella** befindet sich am Ende des Weges ArteNatura, in der Nähe von Malga Costa (Tel. +39 0461 751251, www.artesella.it).

Das Castel Ivano

Finstere Geschichten
Ivano-Fracena

Unter dem Bergfried von Burg Ivano verlief, einer alten Überlieferung nach, ein in den Felsen gehauener, unterirdischer Gang, der zu den Stallungen im Dorf Agnedo hinunterführte: ein Fluchtweg für die Burgherren, wenn sie von Aufständen und Belagerungen bedroht wurden.

Im Wehrgang des „jenseitigen" Palastes tat sich die Falltür zur Todesgrube auf, in die die Gefangenen geworfen und am Boden von spitzen Messern durchbohrt wurden. In einem Raum im letzten Stock des „diesseitigen" Palastes dagegen gaben sich die Hexen Stelldichein, und ihre Schreie und ihr Hohngelächter sind noch heute in Vollmondnächten zu hören. Die Burgmauern triefen vom Blut der vielen Frauen und Kinder, die hier bei lebendigem Leibe eingemauert wurden.

Auf der Wiese beim Schloss, der sogenannten „Seelenwiese", versammelten sich die Seelen der früheren Burgherren, die zur Strafe für ihre Sünden singen und Hexentänze aufführen mussten.

Unter dem Besitzer Professor Vittorio Staudacher (1913–2005), einem illustren, in Mailand tätigen Chirurgen, ist Castel Ivano umfassenden Restaurierungsarbeiten unterzogen worden. Auf der Burg fanden viele wissenschaftliche Tagungen von hohem, internationalem Niveau statt; in den ehemaligen Stallungen wurden Ausstellungen von renommierten italienischen und ausländischen Künstlern veranstaltet. Während der Restaurierung traten mehrere Räume zutage, die jahrhundertelang vermauert waren und in denen angeblich noch heute Gespenster leben. Es gibt auf der Burg auch einen Saal, dessen Tür rätselhafterweise von einer Wand verschlossen wird und sich angeblich nur beim Tod eines Burgherrn öffnet – was auch beim Tod von Professor Staudacher geschehen sein soll.

Castel Ivano (Tel. +39 0461 763432, www.castelivano.it) befindet sich 2 Kilometer von Strigno entfernt. Erste Hinweise auf seine Existenz finden sich in Schriften aus dem 12. Jahrhundert. Sein jetziger gotischer Stil geht auf eine Erneuerung aus dem 16. Jahrhundert durch die Herzöge von Österreich zurück. Es ist immer noch im Besitz der Familie Staudacher und Sitz des kulturellen Zentrums „Castel Ivano Incontri", das wichtige Ausstellungen und Kongresse organisiert.

Ein Ort mit einem rätselhaften Namen
Ospedaletto

Der Ortsname von Ospedaletto (= kleines Hospital) wird durch eine Sage erklärt. In längst vergangenen Zeiten hatte hier ein Ort namens Caréno gelegen, ein verfluchtes Dorf, dessen Einwohner alle schreckliche Egoisten waren. Ein Pilger, der durch die Gegend zog und um Unterkunft bat, wurde von allen verjagt. Er wurde einzig von zwei armen Frauen aufgenommen, die das Bett und das Brot mit ihm teilten. So verfluchte der Pilger das Dorf, das im Wasser versank. Er rettete nur die zwei Frauen, die dem Dorf den Namen Ospedaletto gaben, zur Erinnerung an die gastliche Aufnahme des Reisenden.

Die Brücke des Ogers
Ospedaletto

In dieser Gegend gab es einst viele sonderbare Erscheinungen. Zum Beispiel soll hier auch ein Oger gelebt haben. Eines Tages begegnete einem Hirten, der seine Herde auf die Weide trieb, dieser menschenähnliche Unhold, der dem Schäfer eine Brücke über eine sonst unüberwindliche Schlucht errichtete. Doch der Schäfer musste ihm dafür seine Seele geben.
Welche rätselhafte Entstehungsgeschichte auch immer diese Brücke haben mag – sie besteht aus zwei Felspfeilern, auf denen eine natürliche Felsenbrücke ruht. Die Brücke hat eine Lichtweite von 40 Metern und kommt auf eine Gesamtlänge von 60 Metern, sie ist 35 Meter hoch und bis zu 3,5 Metern breit.
Die **Ponte dell'Orco** (Brücke des Ogers) entstand im Laufe der Jahrhunderte durch die vom Wasser verursachten Korrosionen. Der Weg zur Brücke beginnt beim Sportplatz von Ospedaletto. In der Nähe des Kirchleins Madonna della Rocchetta verläuft ein Weg, der ins Val Bronzale (Bronzale-Tal) führt. Die Wanderung nimmt ungefähr 40 Minuten in Anspruch.

Die Höhlen Bigonda, Calgeron und Ernesto
Grigno

30.000 Meter Gänge und Höhlen, Stille und Dunkel, im Gestein verankerte Seile, Überraschung, Anstrengung, die Angst, für immer dort in der Tiefe zu bleiben: Die Grotta della Bigonda ist riesengroß und bisher nur teilweise erforscht. Ein faszinierendes Labyrinth mit Hunderten von Bächen und an die 50 unterirdischen Seen, die sich bei den ersten Regenfällen mit Wasser anfüllen.

Ein Teil dieser Unterwelt ist von den Höhlenforschern bereits erforscht und auf Karten abgebildet worden.
Die Bigonda-Höhle weist unzählige Abzweigungen und Ebenen auf. Wenn man einen mit Daten und Inschriften versehenen Stock – so erzählte man einst – in einen der unterirdischen Bäche warf, tauchte er in der venezianischen Lagune wieder auf. Und in volkstümlichen Überlieferungen ist auch von einem Drachen die Rede, der die Bigonda-Höhle verteidigte, dann aber vor den Höhlenforschern geflüchtet war und sich in der nahen Calgeron-Höhle versteckt hatte.
„Ernesto" ist der Name einer ganz besonderen Höhle, die sich auf der Marcesina-Hochebene befindet, in 1.130 m Höhe zwischen dem Val d'Antenne und dem Val dei Brentoni. Sie wurde im Jahr 1983 entdeckt, ist 65 Meter lang und gänzlich erforscht. Diese Grotta dell'Ernesto weist verschiedene unterirdische Räume auf, die als Sala del focolare (Saal der Feuerstätte), Sala grande (großer Saal) und Sala della torcia (Saal der Fackel) bezeichnet werden und in denen sich viele Stalaktiten und Stalagmiten befinden. Im Höhleninneren (und das ist das Geheimnisvolle) sind Knochenreste von Braunbären, Steinböcken und Hirschen entdeckt worden, aber auch Reste von Geräten aus Feuerstein, verbranntes, nunmehr vom Gestein eingeschlossenes Holz, Knochenfragmente von kleinen Tieren, Muscheln und Speisereste wahrscheinlich von alt- bis mittelsteinzeitlichen Jägern (7. Jahrtausend v. Chr.).
Schwer zu glauben ist für uns heute die Tatsache, dass es den Menschen der damaligen Zeit gelungen ist, in so tiefe Höhlen einzudringen.

Die **Grotta della Bigonda** wurde 1952 von einigen Kindern aus der Fraktion Selva di Grigno entdeckt, die **Grotta dell'Ernesto** hingegen 1983 bei Straßenbauarbeiten. Sie trägt den Namen des Jungen, der sich als erster in die Höhle wagte. Die **Grotta del Calgeron** (auch G.B. Trener genannt) befindet sich zur orografischen Linken des Flusses Brenta und ist in einer halben Stunde zu Fuß auf der Straße erreichbar, die zur Fraktion Selva di Grigno führt. Die Grotten dürfen nur von erfahrenen Höhlengängern besucht werden (Gruppo Grotte di Selva di Grigno, Tel. +39 347 7879221, gruppogrotteselva@virgilio.it).

San Uldarico
Grigno

In Grigno soll einst ein deutscher Bischof samt Gefolge und Bediensteten angelangt sein. Dieser Bischof namens Ulrich stand im Geruch der Heiligkeit; und da im Gebiet von Grigno damals eine schreckliche Dürre herrschte, baten die Einheimischen den Gast um Hilfe und Fürbitte.

Der See Forcella Magna, an dem es Bischof Ulrich angeblich regnen ließ

Der Bischof forderte sie auf, ihm nach Trient zu folgen. Als sie an einer heute „Forcella" genannten Stelle angekommen waren, öffneten sich die Schleusen des Himmels: Nach neun Monaten Trockenheit regnete es! Aus Dank für dieses Wunder errichteten die Leute aus Grigno und dem ganzen Tesino eine Kapelle, zu der sie in Trockenzeiten bis heute noch Wallfahrten unternehmen: Es ist die Kirche San Dorigo – wobei es sich beim Namen Dorigo um eine volkstümliche Form von Uldarico (Ulrich) handelt.

Die **Chiesa di San Uldarico** (Kirche San Uldarico) liegt 15 Minuten zu Fuß vom Zentrum Grignos entfernt.

Sie stammt wahrscheinlich aus dem 11. Jahrhundert, wurde im 17. Jahrhundert neu erbaut und im 19. Jahrhundert renoviert. Für Informationen zu den Öffnungszeiten kontaktieren Sie die Gemeinde Grigno (Tel. +39 0461 775111).

Weitere Informationen

Azienda per il Turismo Valsugana, www.visitvalsugana.it

Ufficio di Borgo Valsugana, Piazza Degasperi 20, Tel. +39 0461 727740

Das Valle del Tesino

Die Wanderhändler aus dem Tesino
Pieve Tesino

Vom frühen 17. Jahrhundert bis zum Ersten Weltkrieg zogen die Bewohner des Tesino-Tales als Wanderhändler durch die Welt. Und kurios ist dabei, dass sie mit Stichen handelten. Bei diesen Drucken handelte es sich um Abbildungen in verschiedenen Formaten, die einzeln oder gebunden feilgeboten wurden und Heilige, Stadtansichten und Tiere darstellten, aber auch ganz und gar profane Sujets wie attraktive junge Mädchen und elegante Offiziere. Es waren Holzschnitte, Kupferstiche und später Öldrucke in Schwarz-Weiß oder Farbe, die sich die *tesini* bei der Druckerei Remondini in Bassano del Grappa besorgten. Sie zogen von einem Bergbauernhof zum anderen, von einem Wirtshaus zum anderen, um mit ihrer Ware zu hausieren. Einige wagten sich bis in verschiedene europäische Länder, ja sogar bis nach Russland vor, und sie waren viele Monate, manchmal sogar mehrere Jahre lang unterwegs. Nicht wenige blieben für immer im Ausland, und Geschäfte der Buffa, der Daziario, der Tessaro und der Fietta waren in allen Gebieten des Habsburgerreichs anzutreffen. Mit dem Aufkommen der Fotografie im frühen 20. Jahrhundert erlebte der Wanderhandel der Tesiner einen merklichen Rückschlag. Doch in abgelegenen Bergbauernhöfen kann man hier und da bis heute noch von den Tesinern verkaufte Stiche sehen.

Der Fotograf am Zarenhof
Pieve Tesino

Auf einigen Fotos von der Krönung des vorletzten russischen Zars Alexander III. im März 1881 ist auch der Name des Fotografen vermerkt: B. Avanzo.
Die Geschichte dieses aus dem Tesino stammenden Fotografen ist im Zusammenhang mit den Tesiner Wanderhändlern zu sehen, die im 19. Jahrhundert das riesige russische Reich bereisten und dabei ihre Stiche feilboten. Einige von ihnen gelangten zu Ansehen und Reichtum und gründeten besonders in Moskau und Petersburg einträgliche Handelsniederlassungen. Zu diesen erfolgreichen Tesinern gehörte auch die Familie Avanzo, besonders der Zweig der „Marchi", die sich als Antiquitätenhändler, Verleger und Fotografen betätigten. Der am 8. September 1850 in Pieve Tesino geborene Gio Batta Avanzo Marchi ließ sich in Moskau nieder, eröffnete ein Fotoatelier und heiratete Teresa Elisa Lemercier, eine Tochter belgischer Kaufleute. Durch seine Fotogra-

fien von der Parade anlässlich der Zarenkrönung erwarb er sich großen Ruhm, und es wurde viel über das von ihm angewandte Fotoverfahren diskutiert. Vielleicht hatte er sich der Daguerreotypie bedient, bei der – nach dem vom Franzosen Louis Daguerre erfundenen und 1839 veröffentlichten System – versilberte Kupferplatten belichtet wurden, vielleicht aber hatte er auch schon auf die Erfindungen von John Herschel, William Talbot oder Richard Leach Maddox zurückgegriffen. Seine Fotografien fanden am Zarenhof so großen Anklang, dass sie noch heute in der ehemaligen Zarenresidenz Tsarskoe Selo, 16 Kilometer südwestlich von Petersburg zu sehen sind.

Um die Erinnerung an die Tesiner Wanderhändler aufrechtzuerhalten, wurden das **Centro Documentazione Stampe Ambulantato Tesino** und **„Per Via“ – Museo tesino delle stampe e dell'ambulantato** eingerichtet, mit einer umfangreichen Sammlung von Stichen, sei es auf Papier, sei es in digitaler Form. Ganz in der Nähe befindet sich auch das **Museum Casa De Gasperi**, das im Geburtshaus des berühmten Staatsmannes Alcide De Gasperi untergebracht worden ist.

Biagio delle Castellare
Castello Tesino

Biagio II. von Castellare lebte im 14. Jahrhundert, und er ist als einer der grausamsten mittelalterlichen Herrscher in die Geschichte eingegangen. Mit seinen mörderischen Genossen hatte er in der ganzen Gegend das Sagen. Besonders erbarmungslos war er den jungen Bräuten im Dorf gegenüber, denen er das *ius primae noctis* auferlegte. Diese und andere Gewalttätigkeiten hatten ihn dem Volk verhasst gemacht. Eines Tages ritt er einem seiner Opfer – war es ein Tier oder eine Frau? – bis ins Tesino nach, wo ihn die Einheimischen in einen Hinterhalt lockten. Sie nahmen ihn gefangen, klagten ihn wegen verschiedener Gewaltverbrechen an und verurteilten ihn zum Tod durch den Strang. Sein Leichnam blieb am Galgen hängen und war drei Tage lang dem Gespött der Bewohner ausgesetzt, bevor er verbrannt wurde. Seine Asche wurde im ganzen Tal verstreut: gleich den vielen Kindern seiner Gewaltakte, die über das ganze Tal verstreut waren.

Noch heute leben im Tesino die Gefangennahme, der Prozess und die Verurteilung des **Biagio delle Castellare** bei einem großen Umzug in historischen Kostümen auf. Die Veranstaltung findet alle 5 Jahre (2015, 2020, 2025) statt, sie beginnt im Castello Tesino und endet im Castel Ivano.

Weitere Informationen

Azienda per il Turismo Valsugana, www.visitvalsugana.it

Ufficio di Castello Tesino, Via Dante 10, Tel. +39 0461 727730

Das Valle di Primiero

Das versunkene Dorf Piubago
Siror/Tonadico

Zwischen den Dörfern Siror und Tonadico lag in längst vergangenen Zeiten die Ortschaft Piubago. Im Jahr 1116 aber trat der Lazér-Bach – was häufig geschah und geschieht – über die Ufer und riss mit riesigen, schäumenden Wassermengen alle Häuser mit, sodass vom Dorf nichts mehr übrig blieb. Die Bewohner der Nachbarorte sahen diese Katastrophe als eine Strafe Gottes an, weil die Leute aus Piubago ihr Dorf für das schönste im Tal hielten. Bei Nacht gehen an der Stelle, an der das Dorf bestanden hatte, noch heute seltsame Lichter um. Es sind die Geister der Ertrunkenen auf der Suche nach ihrer Kirche, um ihr Herz von der Sünde des Hochmuts zu läutern.

Auf dem Gewölbe einer Unterführung in der Nähe des Rathauses von Siror (Via Asilo 4, Tel. +39 0439 62800) hat der Künstler Max Gaudenzi in einer Malerei die Geschichte von Piubago dargestellt. Die **Kapelle San Giacomo**, die sich zwischen Siror und Tonadico befindet, war das einzige Gebäude, das der zerstörerischen Kraft des Wassers standhalten konnte.

Der Schatz der Knappen
Fiera di Primiero

Der Bergbau wurde in Primiero von den Herren da Camino eingeführt, den Nachfolgern des grausamen Feudalherrn Ezzelino da Romano. In den Gruben dieser Gegend wurden vom 13. Jahrhundert an silberhaltiger Bleiglanz am Monte Asinozza und Kupferkies am Colsanto abgebaut. Der Bergbau erfuhr eine rasche Entwicklung und fand seinen Höhepunkt im 15./16. Jahrhundert, als hier rund 500 Stollen und mehr als 100 Schmieden in Betrieb waren. Die Mehrzahl der Bergknappen kam aus deutschsprachigen Gebieten. Im Jahr 1477 wurde ein Bergbaustatut erlassen, und 1547 wurde eine Silberschmelze eingerichtet, die von der Münze in Innsbruck abhängig war. Erzherzog Sigmund von Österreich ließ in Fiera di Primiero ein Bergpalais errichten. Die Bergleute selbst gaben bei einem deutschen Bildschnitzer einen Flügelaltar für die Assunta-Pfarrkirche in Auftrag, der an Werktagen geschlossen, aber an Feiertagen geöffnet wurde. Einer Überlieferung nach ließen sich die Altarflügel nicht öffnen und schieden Blut aus, wenn sich in der Grube ein Unglück ereignete.

Im **Palazzo delle Miniere** (Piazzetta del Dazio, Tel. +39 0439 762344), einem Gebäude aus dem 15. Jahrhundert in spätgotischem Stil, ist ein kleines ethnografisches Museum untergebracht. Es ist in mehrere Bereiche gegliedert und stellt die Tätigkeiten des Schmiedes, des Holzfällers, des Sattlers und des Stuhlmachers dar. Andere Bereiche widmen sich der Näherei und Weberei, der Heuernte, dem Anbau, der Käseherstellung und natürlich dem Bergbau.

Der Vater des Suezkanals
Fiera di Primiero

Luigi Negrelli

Es wurde lange darüber diskutiert, wer der eigentliche Entwerfer des Suezkanals war. Heute gilt der 1799 in Fiera di Primiero geborene Luigi Negrelli als eigentlicher Planer des Kanaldurchstichs. Zu Lebzeiten errang sich Negrelli auch mit anderen Straßen- und Wasserbauprojekten großen Ruhm, und im Jahr 1849 wurde er von Kaiser Franz Joseph als Alois Negrelli von Moldelbe in den Adelsstand erhoben (wobei der Adelstitel an seine Verdienste an Moldau und Elbe erinnerte). Leider starb Negrelli 1858 in Wien, ohne den ersten Spatenstich zum Suezkanal zwischen dem Mittelmeer und dem Indischen Ozean miterlebt zu haben. Sein weitblickendes Projekt wurde dann vom französischen Unternehmer Ferdinand de Lesseps in die Tat umgesetzt.

Der zweite Stock des **Palazzo delle Miniere** (Fiera di Primiero, Piazzetta del Dazio, Tel. +39 0439 762344) ist vollständig den zahlreichen Projekten Luigi Negrellis im Straßen-, Eisenbahn- und Wasserbau und in der Architektur gewidmet. Gegenüber des Palazzos befindet sich das Geburtshaus von Negrelli (in Privatbesitz, nicht öffentlich zugänglich).

Der Kobold Mazarol
Fiera di Primiero

Beim Mazarol handelt es sich um einen Kobold, der ein rotes Gesicht hat, einen roten Anzug trägt und in den Wäldern des Primiero und bei Burg Welsperg lebt. Er erscheint unvermittelt und verschwindet ebenso schnell wieder. Wer ungeschickt ist und auf seinen Schatten tritt, muss ihm bis in seine Höhle folgen, wo er Polenta und Milch zu essen bekommt und dann die Herde hüten muss.

Die Ruinen des Castel Pietra im Val Canali, Fiera di Primiero

Anscheinend hat der Mazarol den Menschen beigebracht, wie sie aus Milch Butter, Käse und Topfen gewinnen können.
Die Burg Pietra soll von den vor Attilas Hunnen geflüchteten Leuten aus Primeriacum errichtet und dann von einem gewissen Vitale di Arsono erfolgreich verteidigt worden sein. Nachdem sie 1675 ein Raub der Flammen geworden war, zwangen die Welsperg, die damaligen Herren im Tal, die einheimische Bevölkerung, sie wieder aufzubauen. Einer Überlieferung nach soll der Brand aus Rache von der Mutter einer jungen Braut gelegt worden sein, der der Lehnsherr das *ius primae noctis* abverlangt hatte. Um nicht als Brandstifter zu gelten, beschuldigten die Einheimischen ihren wilden Kobold, den Mazarol, dieses Vergehens. Auf jeden Fall leuchteten seit Jahrhunderten nachts Flammen in der Ruine auf, und der Mazarol sprang von einer Mauer auf die andere und rief dabei aus: „Feuer! Feuer!“ Und Mazarols Seele irrt heute noch durch die Räume.

Die Burg Pietra ist heute als Castel Welsperg bekannt, während in der Villa Welsperg, dem Besucherzentrum des Naturparks, Wechselausstellungen stattfinden.

Das **Castel Pietra** (www.valcanali.it) steht auf einem großen Findling am Eingang zum Val Canali, 4 Kilometer von Fiera di Primiero entfernt an der Strada provinciale (Landstraße) Nr. 347 in Richtung Agordo. In unmittelbarer Nähe befindet sich das **Centro visitatori del Parco Naturale Paneveggio-Pale di San Martino** (Besucherzentrum Naturpark Paneveggio-Pale San Martino) in der Nähe der **Villa Welsperg** (Tel. +39 0439 765973, www.parcopan.org), die im 19. Jahrhundert vom Geschlecht der Welsperg als Jagdresidenz erbaut wurde.

Der Räuber Bolzón
Imer

Es sind oft gerade Kriminalfälle, die Eingang in die volkstümlichen Überlieferungen finden. Die letzte Hinrichtung fand im Jahr 1806 statt. Der Verurteilte war ein gewisser Bolzón, ein Bandit aus dem Ort Imer.

Er war berüchtigt für seine Räubereien, hatte aber nie eine Bluttat begangen, bis er eines Tages mit einem Beil zwei Gendarmen tötete, die ihn verhaften sollten. Nach dem Mord floh er in die Berge und verbrachte dort den Winter – beherbergt von Sennern, Bauern und Wirten. Diese kannten ihn als Dieb, der oft den Armen und Bedürftigen half, aber nicht als Mörder. Angeblich von Reue geplagt, stellte sich Bolzón im Frühjahr schließlich den Obrigkeiten. Er wurde zum Tode am Galgen verurteilt. Und alle, die ihm während seiner Flucht geholfen hatten, wurden dazu gezwungen, während seiner Hinrichtung einmal am Seil zu ziehen und einen Nagel in seinen Sarg zu schlagen.

Die Straßen im Zentrum von Imer stehen im Zeichen des Projektes **„SentArte“**, einer Dauerausstellung von Bänken, die von verschiedenen Künstlern gestaltet wurden; die Initiative wird von einer Vielzahl von einheimischen Künstlern und Handwerkern mitgetragen. Eine Karte des Parcours ist beim **Tourismusbüro der Gemeinde** erhältlich (Tel. +39 0439 67023, saisonal geöffnet).

Weitere Informationen

Azienda per il Turismo San Martino di Castrozza, Primiero e Vanoi, www.sanmartino.com
Ufficio di Fiera di Primiero, Via Dante 6, Tel. +39 0439 62407

8. Entlang des Flusses Noce: das Val di Non

Der Tovelsee

Das rechte Ufer des Noce

Der Tovelsee
Tuenno

Ein Kuriosum: Mitten im Naturpark Adamello-Brenta, wo heute wieder Braunbären leben, liegt das Toveltal mit seinem berühmten See. Dieses in 1.178 m Höhe gelegene, von dichten Tannenwäldern eingeschlossene Gewässer war in vergangenen Zeiten als „roter See" bekannt, da sich das Wasser im Sommer tiefrot färbte. Diese Erscheinung, die auf die 1954 von Vittorio Marchesoni untersuchte einzellige Alge *Glenodinium sanguineum Marchesoni* zurückzuführen war, konnte bis zum Jahr 1964 beobachtet werden. Dann ist sie auf „rätselhafte" Weise verschwunden – was aber nicht ganz so rätselhaft ist: Wahrscheinlich hat die Umweltverschmutzung diese Alge getötet, die sich alljährlich im fortgeschrittenen Frühjahr entwickelt hatte. Erst kürzlich hat das landwirtschaftliche Institut von San Michele all'Adige allerdings herausgefunden, dass die Rotfärbung des Sees nicht unbedingt auf diese Alge zurückzuführen sein muss, sondern auch durch drei andere Algenarten bedingt entstehen könnte: die *Tovellia sanguinea* (Rotalgenart, die heute aufgrund der Nährstoffarmut nur mehr sehr selten vorkommt), die *Baldinia anauniensis* (Grünalgenart, die heutzutage im Tovelsee häufig zu finden ist und dem See seine jetzige Farbe verleiht) und eine dritte Alge, deren Art und Beschaffenheit zurzeit untersucht wird.

Der **Lago di Tovel** ist vom Dorf Tuenno über die Strada provinciale (Landstraße) Nr. 14 des Val di Tovel (Toveltal) erreichbar. Im Winter ist die Straße gesperrt, im Sommer verkehrt ein Shuttlebus. Informationen dazu erteilt der Naturpark Adamello Brenta (Tel. +39 0465 806666, www.pnab.it). Das Besucherzentrum des Naturparks am Ufer des Tovelsees informiert über die Wiederansiedelung des Braunbären in dem Gebiet sowie über das Phänomen der Rotfärbung des Sees.

Liebe und Hexerei auf dem Schloss von Nanno
Nanno

Die Herren von Nanno und jene von Spaur waren seit vielen Generationen miteinander verfeindet. Eines Tages aber verliebte sich Melisenda di Nanno leidenschaftlich in Ludwig von Spaur, der ihre Liebe erwiderte. Als ihre heimliche Liebschaft aufgedeckt wurde, ließen ihre Familien sie bei lebendigem Leibe in die Ringmauer von Schloss Nanno einmauern. Ihre Schreie hallten im ganzen Tal wider, und das Echo dieses tragischen Geschehens ist im Schloss bis auf den heutigen Tag zu hören.

Dämonenverehrung, Nanno

Das Schloss Nanno war im Jahr 1615 auch der Schauplatz mehrerer Hexenprozesse. Aufsehenerregend war der Prozess gegen Vigilio und Maria Rosati aus Romeno, die beschuldigt wurden, auf mehreren Hexensabbaten gemeinsam mit dem Teufel getanzt, gegessen und sich amüsiert zu haben. Ihr Geständnis wurde mit der Folter erpresst, „die damals sehr verbreitet war und unterschiedliche Stufen hatte, von der Schraubenfolter der Daumen, die als leichteste Form der Tortur galt, über das Aufhängen an einem Seil bis hin zum qualvollen Schlafentzug“. Die beiden konnten sich durch die Übergabe ihres gesamten Besitzes und des Eingeständnisses ihrer Schuld vor dem Scheiterhaufen retten.

Vom ursprünglichen Kern des **Schlosses von Nanno**, das im Mittelalter vom Geschlecht der Nanno erbaut und später von den Tono zerstört wurde, blieb nur ein kleiner verfallener Turm dicht an der nordöstlichen Fassade übrig. Das Schloss befindet sich an der Strada provinciale (Landstraße) Nr. 10, die von Tuenno nach Nanno führt. Das Innere des Schlosses ist nicht für Besucher zugänglich.

Der Trentiner „Petrarca“
Rallo

In der Stadtbibliothek Rovereto wird ein Manuskript des 15. Jahrhunderts aufbewahrt, das im Stil Petrarcas verfasst ist.

Thema dieses Epos ist die umstrittene Liebesgeschichte zwischen Cristoforo Busetti aus Rallo und Dorotea von Arsio – eine Liebesgeschichte mit Happy End. Cristoforo Busetti war der erste Trentiner Dichter, der Verse auf Italienisch schrieb. Sein abenteuerliches Leben führte ihn zuerst nach Padua, wo er Jura studierte. Seine große Leidenschaft galt jedoch den alten Kodizes und Dichtern wie Dante, Petrarca, Tasso und Ariost, und so beschloss er, selbst Dichter zu werden. Er verliebte sich in die Komtesse Dorotea von Arsio, wurde aber von deren Vater, dem Grafen von Arsio, als Bewerber abgewiesen. So begab er sich nach Innsbruck, wo er vier Jahre lang das Amt eines Geheimrats von Erzherzog Karl von Österreich bekleidete und seinen regen Briefwechsel mit Dorotea fortsetzte. Nachdem er seine Versdichtung „*Canzoniere – Dorotea contessina d'Arsio*" beendet hatte, kehrte er ins Val di Non (Nonstal) zurück, wo er am 16. November 1564 endlich seine geliebte Dorotea heiraten konnte. Cristoforo Busetti starb 1610 in Trient, sein „*Canzoniere*" wurde erst postum im Jahr 1836 in Mailand veröffentlicht. Die beiden Geliebten sollen sich mehrmals heimlich im Kloster Neustift in der Nähe von Brixen getroffen haben, wo ein Verwandter Prior war.

Die Tabula Clesiana
Cles

Am 29. April 1869 wurde auf den Campi Neri (Schwarze Felder) bei Cles die berühmte *Tabula Clesiana* entdeckt, eine Bronzetafel, die für die Geschichtsforschung von außergewöhnlicher Bedeutung ist. Mit einem am 15. März 46 n. Chr. erlassenen Edikt verlieh Kaiser Claudius den Anaunen (Nonstalern), Tuliassern und Sindunern, die in den Nocetälern wohnten und dem *municipium* Trient unterstanden, die römische Staatsbürgerschrift. Die Bronzetafel ist 38 mal 50 Zentimeter groß, fünf Zentimeter stark und hat ein Gewicht von 7.140 Gramm. Die 37-zeilige Inschrift besteht aus 1.590 Buchstaben. Einer Überlieferung nach ergibt die Summe dieser Zahlen das auf der Tafel angeführte Datum, das heißt, die Iden des März des Jahres 46 nach Christi Geburt.

Die *Tabula Clesiana* ist im Museum des Castello del Buonconsiglio in Trient aufbewahrt (www.buonconsiglio.it). In Cles kann eine Kopie in Originalgröße im **Palazzo Assessorile** besichtigt werden, der auch Ausstellungen und Sonderschauen bietet. (Piazza Municipio, Tel. +39 0463 662090, www.comune.cles.tn.it – Eintritt frei)

Der nackte Papst
Cles

In der schon im Jahr 1191 urkundlich bezeugten Kirche San Vigilio im Ortsteil Pez kann man ein Fresko bewundern, das die Himmelfahrt der Seligen darstellt: Alle mit Körpern wiedergegebenen Seelen sind bekleidet. Der Papst aber ist nackt, wie auch die zwei Jünglinge an seiner Seite. Das Gemälde scheint von den Brüdern Giovanni und Battista Baschenis geschaffen worden sein: Der nackte Papst kann als nicht einmal sehr unterschwelliger Protest gegen ein zu niedriges Honorar interpretiert werden und die zwei Männer als Abbilder der Künstler, die sich nicht einmal eine angemessene Kleidung leisten konnten.

Der nackte Papst, Fresko in der Kirche San Vigilio, Cles (Pez)

Vom Zentrum von Cles erreicht man zu Fuß in wenigen Minuten den Dos de Pez, eine Aussichtsterrasse, die einen Panoramablick auf den Lago di Santa Giustina und Castel Cles bietet. Kurz vor Erreichen der Terrasse, im Ortsteil Pez, befindet sich das **Kirchlein San Vigilio**, das älteste im Ort. Die Kirche ist für Besucher zugänglich. Informationen über die Öffnungszeiten erteilt Pro Loco Cles (Tel. +39 0463 421376).

Andreas Hofers Stein
Cles

Im frühen 19. Jahrhundert saß Andreas Hofer, der Anführer des Aufstands gegen die bayerischen Herrscher und ihre französischen Verbündeten, müde und verzweifelt auf einem Stein bei der Burg Cles. Wo waren seine Anhänger, seine Trentiner Freunde, all die Personen, die an ihn, seine Worte und seinen Mut geglaubt hatten? Er war mutterseelenallein, hier in diesem Gebirgstal, das er – wie die anderen Tiroler Gebiete – von den fremden Unterdrückern befreien wollte. Plötzlich waren Schritte zu hören. Sicher die Wächter, so dachte er, die ihn festnehmen wollten, aber er war zu erschöpft, um zu reagieren, und wartete mit geschlossenen Augen. Da spürte er, wie eine geheimnisvolle Hand ihn leicht an der Schulter berührte und eine sanfte Stimme zu ihm sprach: „Fremder, du bist todmüde, hast Hunger und Durst. Nimm dieses Brot und dieses Stück Käse. Wenn du es gegessen hast, schenke ich dir auch ein Glas Wein ein." Andreas Hofer stärkte sich und konnte seinen Weg fortsetzen: Im Augenblick war sein Leben gerettet. Die geheimnisvolle Person, die sich Hofers erbarmt hatte, aber für immer unbekannt blieb, hinterließ auf diesem Felsblock bei der Burg Cles auch die Initialen des Freiheitshelden.

Auf einem einsamen Hügel am Ufer des Lago di Santa Giustina, umringt von Obstwiesen, erhebt sich **Castel Cles**. Das Schloss im Besitz der Barone von Cles ist nicht für Besucher zugänglich. Am besten einsehbar ist es von der Panoramaterrasse des Dos de Pez.

Weitere Informationen

Pro Loco di Cles, www.prolococles.it, www.visitvaldinon.it
Ufficio di Cles, Corso Dante 30, Tel. +39 0463 421376

Die Hochebene von Predaia

Die Zirkuspeitschen aus Taio
Taio

In vergangenen Zeiten war das Dorf Taio nicht nur in der gesamten Donaumonarchie, sondern auch bis nach Amerika für seine Peitschenstöcke bekannt, die aus dem verflochtenen Holz des Zürgelbaums *(Celtis australis)* hergestellt wurden. Das Handwerk war 1830 von Simone Barbacovi eingeführt worden und erlebte bald eine industrielle Entwicklung: Im Jahr 1875 waren im Ort 14 Produktionswerkstätten in Betrieb und 1930 waren es sogar 31 Fabriken, in denen 350 Personen beschäftigt waren. Außer Peitschenstöcken wurden in Taio auch Schirm- und Gehstöcke erzeugt. Zu den berühmtesten Kunden der einheimischen Betriebe gehörte der Zirkus Orfei, dessen Dompteure ausschließlich Peitschen aus Taio benutzten.

Von den vielen Fabriken, die im 19. Jahrhundert in Taio florierten, hat nur eine einzige überlebt. Es handelt sich um die **Tamè-Bertagnolli** (Via Alpini 14, Tel. +39 0463 468372), die heute noch eine beträchtliche Menge von Peitschenstöcken herstellt, die vor allem nach Deutschland und Österreich exportiert werden.

Spuren dieses alten Handwerks finden sich in den Abbildungen der aus dem 20. Jahrhundert stammenden Glasfenstern der Kirche San Vittore im Ortskern von Taio. Vereinzelt lebt es auch auf den sommerlichen Volksfesten der Gegend wieder auf (etwa beim „Come en bot", was soviel heißt wie „Wie früher einmal", in Smarano).

Eusebio Chini, Missionar und Cowboy
Segno

Wer ist diese sonderbare Gestalt, die seit 1965 den Statuen der „Väter des Vaterlands" im Capitol in Washington Gesellschaft leistet? Es handelt sich um den Jesuitenpater, Missionar, Kartografen und Astronomen Eusebio Chini, der als „erster Cowboy" in die amerikanische Geschichte eingegangen ist, aber aus dem Nonstal stammt.

Eusebio Chini, der eigentlich Eusebius Franz Kühn hieß und auch als Pater Kino bekannt ist, kam 1645 in Segno, einem Ortsteil der Gemeinde Taio, zur Welt.

Nach Abschluss der theologischen Studien wurde er von Genua aus über Spanien in die Vereinigten Staaten und nach Mexiko entsandt, wo er sich nicht nur der Missionstätigkeit widmete, sondern auch wissenschaftliche Untersu-

Padre-Kino-Museum, Segno (Taio)

chungen auf verschiedenen Gebieten durchführte. Er war der erste Europäer, der die kalifornische Halbinsel (die man bis dahin für eine Insel gehalten hatte) von Osten nach Westen durchquerte, der Expeditionen an den Flüssen in Arizona sowie auch an den Flüssen Gila und Colorado unternahm und viele Karten zeichnete, die sofort in Europa gedruckt wurden. Er hinterließ historische Schriften und zeichnete sich durch Kenntnisse in Geometrie, Optik sowie Astronomie aus. Aber von ganz besonderer sozialer Bedeutung sind seine Versuche zur Verständigung mit den Indianern, deren Rechte er in aller Öffentlichkeit energisch vertrat.

Unter den vielen, späten Anerkennungen für seine Verdienste ist eine von besonderer Relevanz: Am 14. Februar 1965 wurde seine Statue im Capitol in Washington aufgestellt. Unter den 84 Standbildern der glorreichsten Gestalten der US-amerikanischen Geschichte findet sich jetzt auch die eines Sohns aus dem Dorf Segno im Nonstal. Eine Diözese in Mexiko, in der er allergrößte Verehrung genießt, hat seinen Beatifizierungsprozess in die Wege geleitet.

In Pater Eusebio Chinis Geburtsdorf hat man den verdienstvollen Sohn des Ortes nicht vergessen. Am Hauptplatz von Segno, der dem Missionar gewidmet ist, erhebt sich die Reiterstatue von Padre Kino, geschaffen vom mexikanischen Künstler Julian Martinez. Dahinter befindet sich das 1996 eröffnete **Museo di Padre Kino**, das auf Anfrage besucht werden kann (Tel. +39 0463 468248).

Die Grotte Bus de la Pegola
Tres

Aus der Grotte Bus della Pegola bei Tres soll in vergangenen Zeiten das magische Material zur Abdichtung der venezianischen Schiffe und Gondeln gewonnen worden sein.
Unter wissenschaftlichem Gesichtspunkt handelt es sich beim Bus della Pegola um eine künstliche Grotte, die besonders bei Feuchtigkeit und Regenwetter Bitumen, der im Trentiner Dialekt *pegola* genannt wird, ausschwitzt. Der Asphaltflöz wurde im Jahr 1675 von den Brüdern Pedrotti entdeckt, die auch die Genehmigung zum Abbau erhielten.

Die **Bus de la Pegola** befindet sich an der Straße von Tres nach Vervò, im Ort Pozza Longia. Die Grotte ist auch zu Fuß leicht vom Dorfplatz von Tres erreichbar. Zurzeit kann die Grotte aufgrund von Sicherungsarbeiten nur von außen betrachtet werden.

Die „Baptisten-Öfen"
Sfruz

Die Bewohner von Sfruz waren in vergangenen Zeiten für die handwerkliche Herstellung von Kachelöfen bekannt. Es gab praktisch in jeder Familie einen Brennofen, und die Zusammensetzung der Kacheln, die Brennzeit, die Farben und die Kacheldekore wurden vor Außenstehenden wie Geheimnisse eifersüchtig gehütet und von einer Generation auf die andere überliefert.

Einrichtung mit Kachelofen, Sfruz

Zur Entwicklung der Kunst des Kachelofensetzens in Sfruz hatten einige protestantische Wiedertäuferfamilien beigetragen, die unter dem Druck der Gegenreformation ihre für die Keramikerzeugung bekannte Heimatstadt Faenza hatten verlassen müssen. In der Tat wurden die Kachelöfen aus Sfruz auch als „Baptisten-Öfen" bezeichnet.

Nach der Produktionskrise in der zweiten Hälfte des vergangenen Jahrhunderts blühte die Ofenbauerkunst dank der **Associazione culturale „Antiche Fornaci di Sfruz"** (Museum der Alten Öfen, Piazza Degasperi 16, Tel. +39 0463 536186) neu auf. Ziel des Kulturvereins ist die Wiederentdeckung und Verbreitung der überlieferten Keramikkunst im Ort. Der Verein bietet im „Museo delle Antiche Fornaci" Führungen an, die Einblicke in die privaten Haushalte des Dorfes mit ihren traditionellen Kachelöfen bieten.

Der Hexenprozess von Coredo
Coredo

Hexentreffen mit dem Teufel

Die Burg Coredo war die Wiege der gleichnamigen Adelsfamilie, deren Angehörige schon im 12. Jahrhundert als Ministerialen des Fürstbischofs von Trient erwähnt werden. Die Burg selbst aber ist als Schauplatz von Hexenprozessen in die Geschichte eingegangen. Der Laienrichter Gabriele Barbi war schon lange gemeinsam mit dem Inquisitor Giovanni Ramponi im Tal tätig gewesen, als er 1614 im Palazzo Nero einen der tragischsten Hexenprozesse anstrengte. Zehn Personen wurden zum Feuertod verurteilt, sieben Frauen und drei Männer, die angeklagt waren, an Teufelstreffen am Monte Roen teilgenommen und auf Anstiftung des Teufels dann Kinder und Erwachsene vergiftet zu haben, wie sie auch der Unwetter und verheerender Tierseuchen für schuldig befunden wurden. Einer der Angeklagten war Leonardo Perizzali, der Gerichtskanzler aus Castelfondo. Auch gegen die Wünschelrutengänger von Romeno wurde ein Prozess eingeleitet: Sie wurden beschuldigt, das Wetter verhext, Personen verzaubert und vergiftet und mit Zauberkräutern behandelt zu haben. Außerdem warf man ihnen vor, mit der Wünschelrute gestohlene Gegenstände gefunden und die Fruchtbarkeit von Brautleuten durch Magie beeinträchtigt zu haben.

In der Folgezeit fand im Tal ein weiterer Prozess statt, in dessen Verlauf sich etwas Ungewöhnliches ereignete. Es war eine Stimme zu hören, die laut ausrief: „Denkt an eure Vorgänger!“ Die Angeklagten schworen dem Pakt mit dem Teufel ab und konnten sich auf diese Weise retten.

Bis auf den heutigen Tag hat sich Coredo seine geheimnisvolle Atmosphäre erhalten. Im Ort soll ein Schamane leben, der böse Geister evoziert und rätselhafte Rituale vollzieht. So erregte Anfang 2007 eine vom Fernsehen übertragene Nachricht großes Aufsehen, wonach zwei Personen, die mit diesem Schamanen und anderen Personen eine Südamerikareise gemacht hatten, nicht mehr zurückgekehrt waren.

Das **Castello di Coredo** erhebt sich neben der antiken Pfarrkirche (Chiesa parrocchiale) von Coredo. Die Innenräume des Schlosses sind nicht zugänglich, aber vom Friedhof der Kirche aus ist es gut einsehbar. 100 Meter vom Schloss entfernt befindet sich der **Palazzo Nero** (hier ist nur der Freskensaal zugänglich), wo die Hexenprozesse abgehalten wurden, die hier jedes Jahr geschichtlich nachgestellt werden.

In Coredo verwahrt das **Museo dei Costumi Popolari** (Volkskundemuseum, öffnet auf Anfrage unter +39 0463 536942, www.mondialfolk.it) traditionelle folkloristische Gewänder, Utensilien, Werkzeuge und Ornamente aus den verschiedensten Winkeln der Erde.

Weitere Informationen

Azienda per il Turismo Val di Non, www.visitvaldinon.it
Ufficio di Coredo, Piazza Cigni 2, Tel. +39 0463 536499

Die Maddalene

Der geheimnisvolle Sonnenkult
Revò

Im Trentino und in Südtirol gab es einst viele Orte, die dem Sonnenkult geweiht waren. Eine dieser Stätten war der über dem Dorf Revò aufragende Monte Ozol. Auf diesem Berg soll sich ein Heiligtum mit Priestern befunden haben, die der Sonne huldigten. Zur Wintersonnenwende wurde – so wird erzählt – an diesem Wallfahrtsort ein großes Bankett ausgerichtet: Es wurde das Fleisch eines der Sonne geopferten Stiers aufgetischt, die Krüge wurden nach dem Festmahl zerschlagen, und es wurden große Feuer angezündet, um die Sonne, die zur Sonnenwende „stehen geblieben" war, dazu zu bringen, ihren Weg fortzusetzen.
Bei den Kelten – wie bei vielen indoeuropäischen Völkern und den persischen Nomadenstämmen – ist die Sonne weiblich und wird von einer Göttin verkörpert. Ein besonderer Sonnenkult wurde sicher von römischen Legionären aus dem Orient nach Rom gebracht. Es handelt sich um den Mithraskult, der sich von Rom aus über alle Provinzen des Reichs ausbreitete. Das Mithrasfest wurde in der Zeit um die Wintersonnenwende gefeiert, und Mithras selbst soll am 25. Dezember, dem christlichen Weihnachtstag, geboren sein.
Zwei Legenden erzählen von der Geburt dieser mythischen Gestalt: Einer dieser Sagen nach soll er als Mann mit einem Degen und einer Fackel in der Hand aus einem Stein geboren sein, einer anderen Fassung nach kam er als Sohn einer Jungfrau in einer Grotte zur Welt. Eine zentrale Rolle spielt in der mithräischen Ikonografie das Motiv der Stiertötung.

Der **Monte Ozol** (1.556 m ü. d. M.) trennt das Valle di Rumo (Rumo-Tal) von den Dörfern des Alta Val di Non (Oberes Nonstal). Im Ort Doss Ciaslir wurden die Überreste einer rätischen Wallburg entdeckt, die heute nicht mehr sichtbar ist. An dem Ort herrscht trotzdem noch immer eine ganz besondere Atmosphäre …

Die Tempelritter in San Biagio und der verborgene Schatz
Romallo

Schon im Jahr 1340 wird im Val di Non (Nonstal), hoch auf einem Felsen zwischen Dambel und Revò, das Kloster San Biagio mit dem ihm angeschlossenen Spital und Hospiz bezeugt. Der heilige Blasius gilt der volkstümlichen Überlieferung nach als Helfer bei Halsleiden. An seinem Gedenktag, dem 3.

Februar, wird daher in den Kirchen der Blasiussegen erteilt: „Auf die Fürsprache des heiligen Blasius bewahre dich der Herr vor Halskrankheit und allem Bösen", während zwei geweihte Kerzen gekreuzt vor den Hals des Gläubigen gehalten werden. Dieser Ritus geht auf eine sehr alte Heiligenlegende zurück, wonach der Bischof Blasius einen Jungen, der an einer Fischgräte zu ersticken drohte, allein durch Handauflegen gerettet hat.
Die Kirche wird schon 1232 als Sitz der Tempelherren erwähnt. Nach der Auflösung des Templerordens auf dem Konzil von Vienne zog in das Bauwerk ein Frauenkloster ein, der einzige weibliche Konvent im Tal.
Der Steg, über den man zur Kirche San Biagio gelangt, soll zu römischer Zeit angeblich von einem Turm gesichert worden sein. Angesichts seiner abseitigen Lage wurde das Kloster in ein Leprakrankenhaus verwandelt, und als Dank für die Pflege vermachten die Leprakranken den Tempelrittern ihr Hab und Gut, das mit ihnen begraben wurde.
In einer anderen im Volk verbreiteten Geschichte war die Rede von einer goldenen Henne mit zwölf Küken, die unter dem Kirchenaltar vergraben sein sollte. Ein Bauer nahm eines Tages seinen ganzen Mut zusammen und begann nach dem Schatz zu graben. Auf einmal hörte er eine Stimme, die ihm sagte, dass die Henne und die Küken nicht mehr dort waren, dass er aber einen anderen Schatz finden würde: zwei goldene Kandelaber und ein Kreuz, die die Tempelherren aus der Kirche im Vinschgauer Dorf Glurns entwendet hatten. Der Bauer grub, bis er den Schatz fand, und brachte ihn nach Glurns zurück. Tatsächlich fanden sich in den Glurnser Stadtbüchern Aufzeichnungen vom Diebstahl dieser wertvollen Gegenstände.

An der Strada provinciale (Landstraße), die von Revò nach Sanzeno führt, befindet sich das **Eremo di San Biago** (Kloster von San Biagio in Romallo, Ortschaft Biagio, Tel. +39 347 1662990 oder +39 0463 437255). Familie Facinelli, die das Gebäude und den angrenzenden Bauernhof besitzt, empfängt Besucher nach telefonischer Vormerkung zur Besichtigung des Klosters sowie des Hofs.

Der Felsblock im Novella-Bach
Romallo

Etwas unterhalb der Kirche San Biagio findet sich im Novella-Bach ein Granitblock, in den ein Kreuz und eine mit der Zeit verwischte Inschrift eingemeißelt sind.
Im Jahr 1575, so wird erzählt, kam ein Einwohner aus Romallo auf der alten Straße nach San Biagio daher, als er einen Mann sah, der einen großen Stein auf dem Rücken trug und unter Ächzen und Stöhnen ständig wiederholte:

„Wie schwer ist er!“ „Wenn er dir zu schwer ist, wirf ihn doch in den Bach!“, sagte der aus Romallo zu dem Mann. Und so geschah es. Da ihn jemand angesprochen hatte, war der Zauber gebrochen.
Der Felsblock liegt noch heute im Bach, und die Jahreszahl erinnert an diese sonderbare Begegnung.
Der **Parco Fluviale Novella** (Naturpark Novella-Bach, Informationsschalter in Romallo, Piazza Madonna Pellegrina, Tel. +39 0463 432064, www.parcofluvialenovella.it) ist ein 3,5 Kilometer langer Naturwanderweg, der auf einer Reihe von Stegen und Brücken den Canyon des Baches Novella durchquert.

Der heilige Blasius und der Schluckauf
Romallo

Wenn man Schluckauf hat und sich nicht zu helfen weiß, sollte man ein magisches Mittel anwenden und in einem Atemzug einen Aufzählreim hersagen (der im Original natürlich im Dialekt aus Romallo ist):
„Der heilige Blasius hatte neun Schwestern / eine stirbt und es bleiben acht / eine andere stirbt und es bleiben sieben / die dritte stirbt und es bleiben sechs / die vierte stirbt und es bleiben fünf / es sterben die vierte, die dritte und die zweite / die letzte ist noch da, aber der Schluckauf ist weg.“

Sonderbare Liebschaften
Cloz

Im Dorf wird von einem Bauern erzählt (oder vom Herrn auf Burg Mozzo?), der sich in eine Wasserfee verliebt und sie geheiratet hatte. Diese geheimnisvollen Wasserjungfrauen, freie Wesen der keltischen Kultur, gesellten sich oft zu Männern, die sie reich und glücklich machten. Aber sie hatten zwei besondere Merkmale: Niemand durfte sie bei ihrem Namen nennen, und sie hatten bodenlange Haare.
Der Mann – mochte er ein Bauer oder ein Burgherr sein – liebte seine Wasserfee über alles. Aber auf Rat des Priesters, der in ihr eine Hexe sah, tötete er sie.
In klaren Mondnächten ist bis heute noch die dürre Gestalt eines Mannes zu sehen, der sich weinend zu einem Grab begibt und seine namenlose Fee ruft.
An den Berghängen des **Monte Ozol**, auf der rechten Seite des Rio Novella (Novellabach) befindet sich das Dorf Cloz. Die Ortschaft besteht aus zwei Teilen: Santa Maria, auch Cloz di Fuori (Außercloz), und Santo Stefano, auch Cloz di Dentro (Innercloz) genannt. Im Ortsteil

Santa Maria erhebt sich ein Gebäude namens Castelmozzo: Nach der Überlieferung stand hier einst ein Turm inmitten einer Häusergruppe (wenn es kein Schloss war, so musste es wohl zumindest ein befestigter Ort gewesen sein).

Die Bertolla-Uhren
Rumo

Links: Glockenturm mit Bertolla-Uhr
Rechts: Ölgemälde, das die Arbeit in der Werkstatt in der Nähe von Tuenno darstellt

Im technischen Museum Museo Nazionale della Scienza e della Tecnica in Mailand ist eine mit Zirbelholz getäfelte Werkstätte rekonstruiert worden, in der eine wertvolle Sammlung von Uhren und Uhrmachergeräten zu sehen ist. Olivo Bertolla, ein Großenkel des berühmten Uhrmachers Bartolomeo Bertolla (1702–1789), hat dem Museum im Jahr 1986 diese Gegenstände vermacht. Viele der hier ausgestellten Uhren verfügen über ausgeklügelte Triebwerke, die zu damaligen Zeiten fast magisch wirken mussten.
Die Bezeichnung „Uhr“ leitet sich vom mittelniederdeutschen Wort *ûr(e)* ab, das wieder auf das lateinische Wort *hora* für „Stunde“ zurückzuführen ist, und die französische Bezeichnung *horologe* (die ebenfalls auf die lateinische *hora* zurückgeht) wird erstmals 1174 urkundlich erwähnt. Mechanische Uhren waren schon vom Mittelalter an in norditalienischen Klöstern verbreitet, wo sie die Mönche weckten und sie zu den verschiedenen Tages- und Abendgebeten riefen. Im Jahr 1300 war die erste Turmuhr in Paris zu sehen, 1309 folgten Mailand und 1325 Florenz. Die erste Pendeluhr wurde 1657 vom niederländischen Astronomen und Mathematiker Christiaan Huygens (1629–1695) gebaut und als Patent angemeldet (auch Galileo hatte schon eine Pendeluhr ent-

worfen, aber nicht gebaut). Seinen Berechnungen nach musste ein 99,38 cm langes Pendel eine Schwungzeit von einer Sekunde haben. Seine Erfindung, die 1670 vom englischen Uhrmacher William Clement durch die Verwendung einer Ankerhemmung verbessert wurde, und die ebenfalls von Huygens 1675 angewandten Mechanismen führten zu immer besseren, präziseren Uhren, die dann im vorigen Jahrhundert durch die 1929 von Warren Alvin Marrison gebauten ersten Quarzuhren verdrängt werden.

Die Turmuhr der Pfarrkirche San Paolo in Marcena di Rumo wurde vom Uhrmachermeister Bertolla geschaffen. Ein Kapitel voller Wunder und Geheimnisse, denen die Besucher der Bertolla-Uhrensammlung aus Rumo im Mailänder Museum nachgehen können. Seine Werkstätte wurde im ersten Stockwerk des **Museo Nazionale della Scienza e della Tecnica di Milano** (Nationalmuseum für Wissenschaft und Technik in Mailand, www.museoscienza.org) vollständig nachgebaut. Im Rahmen der Feierlichkeiten zum dreihundertsten Geburtstag von Bartolomeo Antonio Bertolla entstanden im Jahr 2002 eine Ausstellung sowie das Buch „*Le geniali creazioni di Bartolomeo Antonio Bertolla e Francesco Borghesi*" („Die genialen Kreationen von Bartolomeo Antonio Bertolla und Francesco Borghesi"). Das Buch ist beim Büro des Fremdenverkehrsamts Val di Non in Marcena di Rumo erhältlich.

Ein Grenzstein
Rumo

Am Passo Termen in 2.252 m Höhe befindet sich ein alter, kurioser Grenzstein: Die in den Stein eingeritzten Buchstaben – ein „I" und ein „B" – erinnern auf der einen Seite an Italien, genauer gesagt an das napoleonische Königreich Italien, auf der anderen an Bayern. Heute bezeichnet dieser Stein nicht mehr die Grenze zwischen zwei Staaten, sondern zwischen den Provinzen Trient und Bozen.

Der **Passo Termen** oder **Termen da Val** (Termen-Pass) ist vom Ortsteil Lanza di Rumo aus auf dem Weg Nr. 113 erreichbar, der in gut zwei Stunden Fußweg zur Schutzhütte Maddalene führt. Derselbe Pfad führt anschließend weiter zum Pass und zum Grenzstein.

Termen-Pass

Die Wetzsteine aus Rumo und das magische Wasser
Rumo

In einem Artikel, der am 24. April 1909 in der Zeitung *Il Trentino* erschienen ist, werden die Wetzsteine aus Rumo gerühmt, „deren Güte durch steigenden Konsum und ständige Untersuchungen" bekräftigt wird. Die Ausbeutung der Steinbrüche bei Rumo begann 1906 und endete im Jahr 1986; denn die Wetzsteine waren inzwischen durch mechanische Schleifmaschinen ersetzt worden. In der Zeitung wurde aber nicht nur für das vorzügliche Steinmaterial aus dem Steinbruch geworben, sondern auch für ein Wasser, mit dem die Wetzsteine feucht gehalten wurden: ein „magisches" Wasser, das Wasser, Vaseline und Ringelblume enthielt.
Mit dieser Mischung sollte man auch Wunden bestreichen, die man sich mit der Sense zugefügt hatte: die Hand oder das verletzte Bein einreiben … und die Sense verbinden.

An den Hängen der Maddalene und des Monte Ozol, im Gebiet, das von den Ortschaften Rumo, Livo, Proves und Tregiovo eingegrenzt wird, haben jüngste archäologische Grabungen einen Schmelzofen aus dem 16. Jahrhundert und etwa 250 Minen zutage gebracht. Der **Kulturverein Rumes** (Associazione culturale Rumes, Sergio Vegher, Tel. +39 335 665 0015) und die Gemeindeverwaltung von Rumo wollen in dem Gebiet ein Netzwerk von Lehrpfaden einrichten, einige Minen für Besucher zugänglich machen sowie Ausstellungen über die Gewinnung von Bleiglanz und Wetzsteinen einrichten. Bereits begehbar sind der „Sentiero delle pietre coti" (Lehrpfad über Wetzsteine), der in der Ortschaft Claseti bei Proveis beginnt, sowie der „Sentiero della galena argentifera" (Lehrpfad über Bleiglanz) bei Corte Inferiore, Ortsteil von Rumo.

Brésen und Cus
Bresimo

Die rätischen Volksstämme, die diese Gegend erobert und hier ihre Burgen auf dem Tor Pagana am Zuccal, auf dem Castel Pagan, auf dem Monte Pin sowie dem Dosso di Altaguarda errichtet hatten, wurden von zwei Brüdern angeführt, die Brésen und Cus hießen. Eines Tages drang zu ihnen das Gerücht vor, dass mit goldenen Rüstungen angetane ausländische Soldaten durch das Nonstal heraufzogen. Unterwegs fraternisierten sie mit der ortsansässigen Bevölkerung und führten neue Bräuche und neue Gottheiten ein.
Brésen und Cus beschlossen, die aus der fernen Stadt Rom gekommenen Eindringlinge mit ihren Bronzeschwertern zu bekämpfen.

Überreste des Castello di Altaguardia, Bresimo

Aber die Römer verstanden sich auf Kriegsführung, und die beiden Brüder wurden samt ihren Völkern besiegt. In einer Gegend, die *Iscla de la Mort* (Todesinsel) genannt wird, sind bis heute noch Waffen zu finden.

So wird die allmähliche Romanisierung der von anderssprachigen Völkern bewohnten Alpengegenden zur Legende verklärt.

Von den genannten Wehrburgen sind heute nur mehr die Ruinen des **Castello di Altaguarda** erhalten. Die Burg erhebt sich auf einem Felsrücken in 1.274 Metern Meereshöhe und ist somit eine der höchstgelegenen Wehrbauten des Trentino. Die kürzlich neu befestigten Ruinen sind zu Fuß in 45 Minuten erreichbar: Kurz vor Baselga, einem der Ortsteile der Gemeinde Bresimo, beginnt beim Rio Castello (Castello-Bach) ein bequemer Weg. Von der Burg aus genießt man einen einzigartigen Panoramablick.

Weitere Informationen

Consorzio Pro Loco Val di Non, www.maddalene.it

Ufficio di Rumo, Frazione Marcena di Rumo, Tel. +39 0463 530310

Das Val di Sole

Die Frösche auf Schloss Pezzen
Croviana

Das im 17. Jahrhundert errichtete Schloss der Pezzen ging im Laufe der Geschichte erst an die Thun und dann an die lombardische Adelsfamilie Taddei de Salis aus Tirano über. Nach der Niederlage von Malé am 20. April 1848 soll sich, einer Überlieferung zufolge, in einem riesigen Kachelofen der Burg mehrere Tage lang ein Freischärler versteckt haben, natürlich in geheimem Einverständnis mit den österreichfeindlichen Schlossbesitzern.
Neben der Geschichte dann die Sage: Im Kellergeschoss des Schlosses soll sich ein geheimnisvoller Schatz befinden. Außerdem sollen in diesen düsteren Gewölben die in Frösche verwandelten Seelen der bösen Schlossherren leben. Sonderbarerweise kommen sie am 19. März, dem Josefitag, ans Tageslicht, um dann sofort wieder zu verschwinden und sich erneut an Allerheiligen zu zeigen.
In der Ortschaft Croviana, in der Nähe der Chiesa parrocchiale (Pfarrkirche) San Giorgio, steht das **Castello dei Pezzen** aus dem 17. Jahrhundert. Das „Schloss der Pezzen“ befindet sich in Privatbesitz und kann nicht besichtigt werden. Eine weitere Kuriosität ist, dass der Spitzname für die Bewohner von Croviana tatsächlich „die Frösche“ lautet!

Giacomo Bresadola und die Pilze
Mezzana

Porträt Giacomo Bresadolas

Pilzfreunde sollten wissen, dass das Soletaler Dorf Mezzana die Heimat von Giacomo Bresadola (1847–1929) ist, eines Geistlichen und Mykologen. Sein Hauptwerk, die 27-bändige *„Iconographia mycologica“*, die er mit selbstgefertigten Handzeichnungen versah, verschaffte ihm Weltruhm. Bekannt sind seine Rezepte mit Pilzen, die er praktisch alle aß – wobei er aber jeweils entsprechende Vorsichtsmaßnahmen traf. Den Fliegenpilz *Amanita muscaria* zum Beispiel verzehrte er, nachdem er ihn enthäutet und in Wasser gekocht hatte.
An der Außenwand der Kirche von Ortisè, eines Ortsteils von Mezzana, ist eine Büste angebracht, die 1966 von Davide Rigotti modelliert wurde und den aus Ortisè stammenden Mykologen Giacomo Bresadola darstellt. Nach dem Pilzexperten aus Mezzana ist auch die

Pejo und Rabbi im Val di Sole

Associazione Micologica Bresadola (Mykologische Vereinigung Bresadola, Tel. +39 0461 913960, www.ambbresadola.org) benannt, die 1957 in Trient gegründet wurde und im Sommer mykologische Exkursionen im Val di Sole (Sole-Tal) organisiert.

Weitere Informationen

Azienda per il Turismo delle Valli di Sole, Pejo e Rabbi, www.valdisole.net
Ufficio di Mezzana, Via IV Novembre 77, Tel. +39 0463 757134
Ufficio di Malè, Viale Marconi 7, Tel. +39 0463 901280

Das Val di Rabbi

Das heilende Wasser
Val di Rabbi

In den katholischen Ländern wird dem Wasser und den Brücken eine sakrale Bedeutung zugeschrieben, und sie werden daher oft zwei Heiligen gewidmet: dem heiligen Johannes von Nepomuk, der in der Moldau ertränkt wurde und als Märtyrer verehrt wird, und dem heiligen Johannes dem Täufer. Neben „wundertätigen" Quellen fanden sich daher oft Statuen dieser zwei Heiligen: Die Gläubigen lösten einen Splitter ab und nahmen ihn als Amulett gegen allerlei Unheil und Krankheit mit nach Hause, kochten ihn im Quellwasser und tranken das Wasser schluckweise beim Klang des Ave Maria ... Nicht weniger alt und rätselhaft war der Brauch, einen hölzernen Kopf, der sich hinter dem Altar der Quellheiligtümer befand und das Haupt von Johannes dem Täufer symbolisierte, als Mittel gegen Kopfschmerzen in einer Prozession mitzuführen. Dieser Usus war in ganz Tirol verbreitet.
In Rabbi wurde die sogenannte alte Quelle schon 1665 entdeckt, und 1671 verfasste Giovanni Gaspare Passi einen ersten Bericht. Die nur 300 Meter entfernte neue Quelle wurde 1846 entdeckt. Der italienische Schriftsteller und Geologe Antonio Stoppani vermerkte in seinem 1876 erschienenen Buch „*Il bel Paese*": „Nach Rabbi sollte sich begeben, wer – mag er gesund oder krank sein – gern gesunde Luft atmet, wer Ruhe und Stille sucht und den Lärm, den Luxus und den Zwang der viel besuchten großen Luftkurorte verabscheut." Bald schon wurde Rabbi von gekrönten Häuptern und berühmten Persönlichkeiten zu einem „Gesundheitsurlaub" aufgesucht. Wie an allen anderen Orten mit „wundertätigen" Quellen ist man auch in Rabbi von der rituell-rätselhaften Verwendung des Wassers zu modernen Kurhäusern übergegangen.
Im frühen 20. Jahrhundert entstanden in Rabbi die ersten Hotels wie das Albergo alla Mezzaluna (Zum Halbmond), ein Alloggio Popolare für weniger finanzkräftige Besucher, die Gasthäuser All'Opinione (Zur Ansicht) und Orso Bianco (Weißer Bär), das Hotel Corona mit Café, ein Kaffeehaus mit Verkaufsstelle für Tabakwaren und Unterkunft, das Hotel Rabbi, das Grand Hotel, das Caffè Alpino und das Caffè Rotonda. Auch illustre Persönlichkeiten aus Kunst und Kultur hielten sich in Rabbi auf; unter ihnen ist besonders der große Pianist Arturo Benedetti Michelangeli zu erwähnen.
Und die Heilkraft des Wassers? Auf die anfänglichen, geheimnisvollen Kuren gegen Kopfschmerzen folgte eine wissenschaftlich begründete Nutzung des heilkräftigen Wassers. Es handelt sich um ein alkalisches, eisenhaltiges, sehr

leichtes Wasser ohne Kalziumsulfat, das durch seinen hohen Kohlensäuregehalt angenehm prickelnd wirkt. Es ist bei Anämie, allgemeinen Erschöpfungszuständen und Kopfschmerzen angezeigt, kann aber auch mit Erfolg zur Besserung von Dystrophie, Rachitis und Dyspepsie eingesetzt werden. Die therapeutische Anwendung erfolgt als Bade- und Trinkkur.

Das Val di Rabbi (Rabbi-Tal) ist ein Seitental des Val di Sole (Sole-Tal) und erstreckt sich etwa zehn Kilometer weit von Malé Richtung Nordwesten. Das **Centro termale di Rabbi** (Thermalbad Rabbi, Ortschaft Fonti di Rabbi 162, www.termedirabbi.it) hat sich auf die Heilung von Arthrosen und Rheumatismus sowie Kreislauf, Hals-, Nasen-, Ohren- und Magen-Darm-Erkrankungen spezialisiert.

In der Nähe des Thermalbads befindet sich eine noch funktionsfähige „venezianische Säge" (Wassersäge) aus dem 18. Jahrhundert (Informationen erteilt das Besucherzentrum des Nationalparks Stilfser Joch, Tel. +39 0463 985190, www.stelviopark.it).

Le Gane
Val di Rabbi

Eine Ortschaft in der Gemeinde von Rabbi, Le Gane, hat einen vielsagenden Namen: Als *gane* werden Fantasiegestalten bezeichnet, die in den Wäldern leben und gern Streiche spielen und Unfug treiben, bisweilen aber auch entschieden boshaft sind. Mit anderen Worten handelt es sich um wahre Hexen. Die Bauern aus den Dörfern Le Gane und Valorz hatten lange unter den Tücken und Bosheiten dieser Hexen zu leiden – bis die Konzilsväter diese bösen Frauen in das Val di Saént im Stilfserjoch-Park verjagten und die Bauern sie für immer los wurden.

Das **Val di Saent** (Saent-Tal) ist zu Fuß von der Berghütte Stablasolo erreichbar, indem man dem Verlauf des Val di Rabbi (Rabbi-Tal) bis zur Abzweigung nach Piazzola folgt und von dort in Richtung des Ortsteils Fontanino weitergeht. Das Tal befindet sich im Gebiet des Nationalparks Stilfserjoch (www.stelviopark.it).

Weitere Informationen

Azienda per il Turismo delle Valli di Sole, Pejo e Rabbi, www.valdirabbi.com, www.valdisole.net

Ufficio di Rabbi, Fraz. San Bernardo, Tel. +39 0463 985048

9. Von Fondo bis Sanzeno: das obere Val di Non

Fondo

Die Pestepidemie
Fondo

In Fondo, so wird erzählt, herrschte einmal eine fürchterliche Pestepidemie, der alle Einwohner zum Opfer fielen - bis auf sieben Familien. Sie gelobten, eine Pilgerfahrt nach Santiago de Compostela zu unternehmen und ihre Häuser mit Jakobsbildern zu schmücken. Das Pestjahr war 1482, aber das älteste Fresko stammt aus dem Jahr 1498 – was wohl bedeutet, dass diese Wandbilder erst nach der Rückkehr von der Pilgerfahrt ausgeführt worden sind.
Es ist sicher kein Geheimnis, aber doch rätselhaft, wie die Jakobswege in ganz Europa ein weitverzweigtes Netz bildeten, auf denen die Gläubigen sich zum Grab des heiligen Jakobus in Santiago de Compostela begaben.

Die Wege nach Santiago de Compostela

Die bedeutendsten Strecken des Jakobsweges beginnen im Herzen Europas und führten durch ganz Frankreich. Der Weg über Toulouse (Avignon, Arles, Saint-Gilles, Montpellier, Toulouse) wurde hauptsächlich von den italienischen Pilgern begangen, der Weg von Le Puy (Conques, Moissac) von Burgundern und Deutschen, der Weg von Vézelay (Saint-Léonard-de-Noblat, Limoges) von Pilgern aus Zentral- und Nordfrankreich und aus Flandern, der Weg von Paris über Tours und Poitiers von nordfranzösischen und nordeuropäischen Pilgern. Die deutschen Pilger benutzten zwei Wege: die Oberstraße über Einsiedeln, Bern, Lausanne, Genf, Chambéry und Valence, die dann in den Weg nach Toulouse einmündete, und die Niederstraße von Köln über Aachen, Brüssel, Valenciennes und Amiens, die dann auf die von Paris kommende Straße traf. Reiseberichten von italienischen Pilgern ist zu entnehmen, dass die Wallfahrer in Mailand zusammenkamen, um sich dann über Vercelli, Turin, Susa, den Montgenèvre, Briançon und Emburn nach Avignon zu begeben, wo sie auf die Straße von Toulouse her trafen.
Schon Dante Alighieri wusste um den Ruf und die Verehrung des heiligen Jakobus, den er in der „Göttlichen Komödie" ins Paradies versetzt: „Schau, o schau, es kommnt der Freiherr jetzt / Darum Galicien suchen auf die Frommen!" (XXV. Gesang, 17–18).
Und in der *„Vita Nova"* schreibt Dante zur Pilgerfahrt nach Santiago de Compostela: „Pilger kann man auf zweierlei Art sein, in weiterem und in engerem Sinn: In weiterem Sinn sind alle, die sich außerhalb ihrer Heimat befinden, Pilger; in engerem Sinn sind als Pilger nur diejenigen anzusehen, die sich zum Grab des heiligen Jakobus begeben und zurückkommen."

Ein Fresko, das **San Giacomo di Compostela** (den heiligen Jakob) zeigt, ist nach der notwendigen Restaurierung in der Casa Doná an der Piazzetta Dante (Dante-Platz) zu sehen. Spuren von anderen drei Bildern des heiligen Jakob finden sich im Ortsteil von San Rocco, in der Via dei Colli und in Forapont.

Heute lebt die Verehrung des heiligen Jakob von Compostela im Val di Non (Nonstal) wieder auf: Der **Cammino Jacopeo d'Anaunia** (Jakobsweg von Anaunia) folgt den Wegen des Tals auf den Spuren der frühen Wanderer. Informationen erteilt der Verein Associazione Anaune Amici del Cammino di Santiago in Fondo (Piazza San Giovanni 9, Tel. +39 0463 450849, www.santiagoanaunia.it).

Lucia, Skorpione und Mohren
Fondo

Auf dem Dosso Santa Lucia soll sich einst eine Burg befunden haben, die in alten Urkunden als Castrum Sanctae Luciae bezeichnet wird. Die Burg ist heute nicht mehr vorhanden, aber an ihrer Stelle erhebt sich eine im 14. Jahrhundert erbaute Kirche, auf deren Innenfresken die Lucia-Legende erzählt wird. Auf diesen Malereien sind geheimnisvolle Symbole zu sehen: ein Skorpion, Mohren und der Buchstabe „S" des griechischen Alphabets auf den Standarten der Soldaten, die Lucia zur Marterstätte schleppen. Das Volk schreibt diesen Symbolen folgende Bedeutung zu: Der Skorpion versinnbildlicht die Juden, die hier als Verräter Christi dargestellt werden, das „S" ist der Anfangsbuchstabe des Wortes Synagoge, und die drei Mohren verkörpern den Islam, eine der drei monotheistischen Religionen, der als Verräter des katholischen Glaubens interpretiert wird.

Das **Kirchlein**, das der **heiligen Lucia** geweiht ist, steht auf dem gleichnamigen Hügel nordwestlich von Fondo und ist von dessen Ortskern zu Fuß in 15 Minuten leicht erreichbar. Die Trockenmauer entlang der Straße durch den Kiefernwald ist übersät mit Findlingen, die wahrscheinlich von der verschwundenen Burg der Santa Lucia stammen. Informationen auch zu den Öffnungszeiten erteilt das Fremdenverkehrsbüro in Fondo (Tel. +39 0463 830133).

Weitere Informationen

Pro Loco di Fondo (saisonal geöffnet)
Fondo, Piazza San Giovanni 9, Tel. +39 0463 880088

Azienda per il Turismo Val di Non, www.visitvaldinon.it
Ufficio di Fondo, Via Roma 21, Tel. +39 0463 830133

Malosco und Cavareno

Eine rätselhafte Inschrift
Malosco

In einem von Ottone Brentari verfassten Trentino-Führer aus dem 19. Jahrhundert wird ein Interpretationsschlüssel zum Weihedatum der Kirche Santa Tecla in Malosco geliefert: *„Ut honor sit Deo et patronae potenti nostrae sanctae Teclae virgini et martiri erigebatur“*. Wenn man die rot markierten Buchstaben als römische Ziffern interpretiert (V = 5, I = 1, D = 500) und durch arabische Zahlen ersetzt, ergibt sich laut der kabbalistischen Tradition die Zahl 1773, bei der es sich um das Jahr des Wiederaufbaus der Kirche handeln dürfte.

Die **Chiesa di Santa Tecla** (Kirche zur Heiligen Tecla), die auf das Jahr 1228 zurückgeht, befindet sich in der gleichnamigen Gasse im nordwestlichen Viertel des Ortes Malosco. Die Kirche ist öffentlich zugänglich.

Lampi und die Maus
Cavareno

Die Einwohner von Cavareno werden bis heute „Mäuse“ genannt. Und dies ist der Grund: In der Pfarrkirche Santa Maria Maddalena befinden sich mehrere Gemälde von Gian Battista Lampi, die in der zweiten Hälfte des 18. Jahrhunderts ausgeführt worden sind, darunter auch ein wunderschöner Johannes Evangelist.

Bei der offiziellen Präsentation des Bildes reagierten der Priester und die Bevölkerung von Cavareno nicht mit ehrfürchtiger Begeisterung und Lob, sondern brachen in schallendes Gelächter aus. Lampi verstand nicht, warum.

Die Leute stießen einander mit dem Ellbogen an und murmelten sich etwas zu. Schließlich wurde es dem Künstler klar: Die Dorfbewohner lachten ihn aus, weil der Evangelist Johannes mit der linken Hand schrieb. Ein falsch aufgehängter Karton … und diese „Mäuse“ machten sich über seine Kunst lustig.

Lampi jagte alle Leute aus der Kirche und schloss sich die ganze Nacht über ein. Die ersten Betschwestern fanden am Morgen darauf die Kirche offen, aber Johannes schrieb immer noch mit der linken Hand. Von Lampi war keine Spur, aber aus dem Gemälde blickte dem Betrachter eine höhnisch lachende Maus entgegen, die in einer Blumenvase saß.

Die **Kirche Santa Maria Maddalena**, ab 1869 im neuromanischen Stil errichtet, verwahrt in ihrem Inneren Werke aus der früheren Pfarrkirche. Darunter sind vier Holztafeln – Wände einer Betkanzel – die ein Jugendwerk von Lampi sind (1768) und die hl. Maria Magdalena, den hl. Antonius von Padua, Johannes Evangelist sowie eine Blumenvase zeigen. Die Kirche ist öffentlich zugänglich. Von der früheren Kirche blieb der Glockenturm erhalten, er steht an der gegenüberliegenden Seite des Platzes, der von einem öffentlichen Park umgeben ist.

Die Cholerahöhle
Cavareno

Cavareno ist heute eine liebliche Sommerfrische mit trockenem, gesundem Klima, aber in vergangenen Zeiten hat auch hier die Cholera um sich gegriffen. So findet sich hier die sogenannte „Cholerahöhle", die während der Epidemie als Lazarett fungierte. Gleich neben der Höhle befand sich eine Grube, in die die Toten geworfen wurden. Eines Tages im Jahr 1836 erkrankte auch eine gewisse Frau Borzaga aus Cavareno an Cholera. Sie wurde ins Lazarett gebracht und nach einem Anfall für tot erklärt und ins Massengrab geworfen. Doch in der Nacht erwachte die Frau. Sie kletterte über die Leichen ins Freie und begab sich, schmutzig und im Nachthemd, nach Hause – wo ihre Familienangehörigen den Rosenkranz für sie beteten. Als sie die Totenandacht hörte, fiel sie in Ohnmacht, kam aber bald wieder zu sich. Doch von diesem Moment an, so wird erzählt, kam niemals mehr ein Lächeln über ihre Lippen. Bis zu ihrem zweiten, wahren Tod, den sie mit einem rätselhaften Lächeln auf sich nahm.

Auf der linken Seite des Sportplatzes von Cavareno weisen Schilder auf den Wanderweg „Passeggiata Margherita" (oder „Sentiero dria al fos") hin. Man folgt dem Weg durch den Wald, bis man zur Trasse des 1784 erbauten alten Aquädukts gelangt. Nach etwa 30 Minuten weist das Hinweisschild zur **Sas del Coèn** oder **Grotta del Colera** (Cholera-Grotte). Zurück auf dem Weg, erreicht man in weiteren 50 Minuten die Überreste der **Bait dei Russi** (Russenhütte). Die Hütte wurde von den Russen errichtet, die als Gefangene der Österreicher während des Ersten Weltkriegs hier am Bau des Aquädukts arbeiten mussten.

Die Vallavena-Pforte
Amblar

Eine kleine Ortschaft am Nonsberg mit einer großen Geschichte: Das Dorf Amblar hieß in vergangenen Zeiten Melarium (= Apfeldorf), und gemeinsam mit den Nachbarorten Don und Romeno hatte es zum Schutz des Waldbesitzes und der Obstgärten eine Charta *(Charta Regulae Universitatis Villarum Romeni, Doni et Amlarii Vallis Anauniae)* verabschiedet. Möglicherweise war

Die Vallavena-Pforte, Amblar

zur Sicherung dieser Besitzungen auch die Vallavena-Pforte angelegt worden, ein sonderbares Bauwerk, mit dem das Vall'Avena gesperrt werden konnte. Es weist zwei Öffnungen auf: eine für das Wasser des Linór-Bachs, die andere zum Durchlass der Personen. Das Tor musste jeden Abend zum Ave Maria verschlossen und der Schlüssel in der Sakristei der Pfarrkirche Santa Maria in Don hinterlegt werden.

Die **Porta di Vallavena** ist immer noch sehr gut erhalten. Erreichbar ist sie zu Fuß in 15 Minuten über den Forstweg, der vom Ort Amblar nach Don führt. Daneben läuft ein Abschnitt des Fuß- und Radweges Alta Val di Non (Oberes Nonstal). Die ringförmige Strecke von 25 Kilometern Länge verbindet die Ortschaften Cavareno, Ronzone, Malosco, Fondo, Sarnonico, Romeno und Salter. Der Weg verläuft größtenteils eben.

Weitere Informationen

Pro Loco di Cavareno (saisonal geöffnet), prolococavareno.blogspot.it
Cavareno, Via Roma 39, Tel. +39 0463 831115
Pro Loco di Malosco (saisonal geöffnet), www.malosco.it
Malosco, Piazza Vittorio Erspamer, Tel. +39 0463 831559
Azienda per il Turismo Val di Non, www.visitvaldinon.it
Ufficio di Fondo, Via Roma 21, Tel. +39 0463 830133

Romeno

Die Legende vom Gehenkten
Romeno

Bei der Nonstaler Bevölkerung genoss der heilige Apostel Jakobus der Ältere schon immer große Verehrung, und viele Einheimische unternahmen Pilgerfahrten nach Santiago de Compostela, wo über dem Grab des Heiligen eine berühmte Kathedrale errichtet worden war.
Auch an der Fassade der Kirche Sant'Antonio in Romeno findet sich eine Darstellung zur Lebensgeschichte des Heiligen: Es handelt sich um die Geschichte des Gehenkten, eine Legende zum Leben und Wirken von Jakobus dem Älteren, dem Schutzheiligen der Pilger. Es wird erzählt, dass ein Ehepaar auf Pilgerfahrt nach Santiago de Compostela in einem Wirtshaus in Santo Domingo de la Calzada einkehrte. Weil der Sohn die Tochter des Wirts nicht zur Frau nehmen wollte, steckte ihm der Wirt heimlich einen Silberbecher in den Rucksack, damit er für den angeblichen Diebstahl gehenkt wurde. Doch Jakobus hielt den am Strick Hängenden hoch, und als die Eltern an die Richtstätte kamen, konnten sie ihren Sohn noch lebend vom Galgen nehmen. Statt seiner wurde nun der betrügerische Wirt zum Tode durch den Strang verurteilt.

Am Ortsausgang von Romeno in Richtung Cavareno steht die **Chiesa cimiteriale di Sant'Antonio abate** (Friedhofskirche zum hl. Antonius), die nicht für Besucher zugänglich ist. Der Torbogen trägt die Jahreszahl 1611, doch das Kirchlein geht schon auf das 16. Jahrhundert zurück. Sieben Bildtafeln aus dem späten 15. Jahrhundert erzählen das Wunder des Gehenkten.

Friedhofskirche zum hl. Antonius

Die Wasserfeen am Doss de Marz
Romeno

Kirche San Biagio

Im Sockel der Pfarrkirche San Biagio in Salter befindet sich ein Felsblock: Er soll einst den Wasserfeen, die den Ort mit ihren Frühjahrsriten am Doss de Marz störten, den Zugang versperrt haben.

Salter ist ein Ortsteil von Romeno. Die **Chiesa di San Biagio** (Kirche zum hl. Blasius, öffentlich zugänglich) steht abgeschieden im unteren Teil von Salter und wurde erstmals 1537 erwähnt, obwohl sie durch die Struktur ihres Glockenturms sehr viel älter scheint.

Zwischen Romeno und Salter, auf dem **Doss de Marz**, befinden sich die Busi delle Aguane, durch Erosion entstandene Kavernen, die der Legende nach von Hexen bewohnt sind.

Weitere Informationen

Pro Loco di Romeno
Romeno, Piazza G. B. Lampi, Tel. +39 0463 875238

Azienda per il Turismo Val di Non, www.visitvaldinon.it
Ufficio di Fondo, Via Roma 21, Tel. +39 0463 830133

Sanzeno

Das Martyrium der drei Heiligen Sisinius, Martyrius und Alexander
Sanzeno

Der Märtyrertod der drei aus Kappadokien stammenden Missionare Sisinius, Martyrius und Alexander fällt in eine Zeit, in der viele Trentiner Täler, und darunter auch das Nonstal, noch heidnisch waren.

Zur Läuterung im Frühjahr wurden hier die Lustrationen gefeiert, und zu Ehren von Mars und Ceres, der römischen Göttin des Ackerbaus, wurden heidnische Flurbegehungen verrichtet: Die mit Trompetenstößen versammelten Einheimischen machten, mit Eichenlaubkränzen geschmückt, drei Runden um die Felder und opferten einen Stier, ein Schaf und ein Schwein.

Die drei Missionare, die vom Trentiner Bischof Vigilius zur Christianisierung ausgeschickt worden waren, kamen 397 in Sanzeno an, wo sie zur Teilnahme an den heidnischen Riten aufgefordert wurden. Auf ihre Weigerung hin wurden sie vom erbosten Volk angegriffen: Sisinius wurde mit einem Hieb der Ritualtrompete getötet, Martyrius wurde von einer Magd verraten und am Fuß einer Saturnstatue ermordet, während Alexander mit den Leichnamen seiner Gefährten zusammengebunden auf den Marktplatz geschleppt und bei lebendigem Leibe verbrannt wurde. Die genaue Stätte ihres Martyriums ist nicht bekannt. Vigilius selbst schrieb an den heiligen Simpliciano, den Nachfolger von Ambrosius auf dem Mailänder Bischofsthron, und an Johannes Chrysostomos, den Erzbischof von Konstantinopel, dass der Märtyrertod der drei Missionare „an einem Ort im Nonstal 25 Stadien von der Stadt Trient entfernt“ erfolgt sei. Der Überlieferung nach wurden sie am 23. Mai 397 in Sanzeno getötet.

Die drei Missionare waren vom Mailänder Bischof Ambrosius ins Nonstal entsandt worden, um den dort verwurzelten Mithras- und Saturnkult zu bekämpfen. Der Bischof Vigilius wurde über ihr Martyrium informiert, konnte aber nicht mehr rechtzeitig eingreifen. So wurden die sterblichen Reste der Märtyrer in weiße Leinentücher gehüllt und nach Trient gebracht. An der Stelle, wo die drei Missionare den Tod gefunden hatten, wurde sofort eine kleine Kapelle zur Aufnahme ihrer Reliquien und der blutgetränkten Erde errichtet. Heute erhebt sich an ihrer Stelle eine große, viel besuchte Wallfahrtskirche in spätgotischem Stil.

Die **Basilica dei Santi Martiri** in Sanzeno (Ortschaft Sanzeno 54, Tel.+39 0463 434134, www.santimartiri.org) erhebt sich am Ort des Martyriums der drei Missionare aus Kappadokien

(Türkei). Die Basilika, die auf das 15. Jahrhundert zurückgeht, wurde auf einer bestehenden Kirche aus dem Jahr 1000 errichtet, von der noch Spuren übrig sind, etwa der imposante romanische Kirchturm. Auf dem Tor und in der Apsis sind die drei Märtyrer abgebildet.

Die Einsiedelei St. Romedius
Sanzeno

Die Wallfahrtskirche San Romedio, die sich auf den Mauern einer dem heiligen Romedius gewidmeten Einsiedelei erhebt, gehört seit ihrer Gründung zu einer der beliebtesten Pilgerstätten nicht nur im Nonstal, sondern im ganzen Trentino. Und vom Spätmittelalter bis heute hat sie den Kult der Nonstaler Märtyrer Sisinius, Martyrius und Alexander in den Schatten gestellt.
Die im ganzen Alpenraum berühmte Wallfahrtskirche San Romedio erhebt sich auf einem steilen, nackten Kalkfelsen mitten in einer tiefen, einsamen

Der Wallfahrtsort San Romedio, Sanzeno

Schlucht: ein pittoreskes Bauwerk aus Kapellen, Türmen, Durchgängen, plastischem Figurenschmuck, Exvotos und Statuen an einem malerischen Ort. Einer der ältesten Hinweise auf die Einsiedelei findet sich in einem Sakramentar aus der Zeit des Fürstbischofs Adelpret II. (1156–1172), das im Jahr 1230 an die Einsiedelei San Romedio abgetreten wurde. Zu humanistischer Zeit ließ der Pilgerstrom zur Wallfahrtskirche etwas nach, lebte aber in der Reformation und der Gegenreformation erneut auf, gefördert auch durch die mächtige Adelsfamilie der Thun, die Beziehungen nach Tirol und Süddeutschland hatte und noch heute hat. Sogar der Tiroler Freiheitsheld Andreas Hofer unternahm mit seinen Schützen eine Pilgerfahrt nach San Romedio, um sich einen guten Ausgang des Aufstands von 1809 zu erbitten.

Zum Leben und Wirken des heiligen Romedius bestehen mehrere Überlieferungen: Einer Tradition gemäß soll er, ein Abkömmling der Grafen von Thaur bei Tirol, eben in Nordtirol gelebt haben und gestorben sein. Einer anderen Überlieferung nach soll er sich diese einsame Stätte im Nonstal zu seinem Aufenthaltsort erwählt haben, und soll hier auch gestorben sein.

Aber wer war Romedius und woher kam er? Hat er tatsächlich existiert und, wenn ja, zu welcher Zeit? Über die „Romedius-Frage“ ist viel diskutiert worden, doch bis heute hat man – in Ermangelung zeitgenössischer Urkunden – zu keinem stichhaltigen Ergebnis gefunden. Rätselhaft ist allein schon der Name: Der österreichische Philologe und Volkskundler Christian Schneller (1831–1908), Autor einer 1872 erschienenen „Landeskunde von Tirol“, führte den Namen auf die im Mittelalter als *romei* bezeichneten Rompilger zurück (und einer Überlieferung nach soll auch Romedius sich nach Rom begeben haben, bevor er sich dann in die Nonsberger Schlucht zurückzog). Anderen etymologischen Interpretationen nach könnte sich der Name auch als „Remedius“ vom lateinischen *remedium*, „Heilmittel“ (zur Rettung der Seele) herleiten oder vom italienischen Wort *romito* als Bezeichnung für einen Einsiedler.

Was auch immer die rechte Erklärung sein mag – um die Figur des heiligen Romedius sind zahllose Legenden erwachsen. Er wurde schon um das Jahr 1000 verehrt, und seine Heiligenattribute sind ein Pilgerstab und ein Bär (nicht der Bär des hl. Korbinian von Freising, den Papst Benedikt XVI. in seinem Wappen trägt).

Der **Wallfahrtsort von San Romedio** (Santuario di San Romedio, Tel. +39 0463 536198, www.santimartiri.org) besteht aus fünf fast schon aufeinandergebauten Kapellen und Kirchlein. Erreichbar ist er zu Fuß in 45 Minuten über einen in den Felsen gehauenen Pfad, der dem Verlauf eines Bewässerungskanals aus dem 19. Jahrhundert folgt. Der 2,5 Kilometer lange Weg beginnt oberhalb von Sanzeno gegenüber des **Museo Retico** (Rätisches Museum Sanzeno, Ortschaft Casalini, Tel. +39 0463 434125/+ 39 0461 492150). Alternativ zum Fußweg fährt in den Sommermonaten ein Shuttlebus.

Der Streich von Dambel
Dambel

In Dambel wurden in weit zurückliegenden Zeiten Saturn und Mithras verehrt. Reminiszenzen dieses Kults, der von römischen Legionären ins Tal gebracht worden sein soll, sind im Ort lebendige Feuerrituale, deren Protagonisten die Schmiede sind.

In diesem Zusammenhang sei an den „Streich von Dambel" erinnert. Im Februar 1870 berichteten die Trentiner Zeitungen von einem aufsehenerregenden, rätselhaften Fund. Ein Schmied aus Dambel hatte unter dem Haus der Zanetti gegraben, das sich angeblich auf den Resten eines Saturntempels erhob, und dabei eine unentzifferbare, möglicherweise etruskische Schrift entdeckt. Die Archäologen stürzten sich auf den Fund, konnten aber nichts entziffern. Später kam dann heraus, dass der Schmied selbst diesen rätselhaften Gegenstand geschmiedet und ihn durch Behandlung mit Kalk „gealtert" hatte. Er hatte gehofft, auf diese Weise reich zu werden und auch dem Dorf Dambel Ruhm zu verschaffen. Zum Leidwesen des Schmiedes wurde die Fälschung entdeckt und er selbst angezeigt.

Über der Pforte der **Chiesa parrocchiale dell'Addolorata** (Pfarrkirche) in Dambel ist ein Gesicht in den Stein gehauen, das angeblich Saturn darstellt. Die Kirche steht auf der Anhöhe des Doss di Sadorni, wo viele archäologische Fundstücke vom Volk der Räter entdeckt wurden. Diese sind im Castello del Buonconsiglio in Trient (www.buonconsiglio.it) und im Ferdinandeum in Innsbruck (www.tiroler-landesmuseum.at) verwahrt.

Dambel ist von Sanzeno aus auf der Strada provinciale (Landstraße) Nr. 24 erreichbar. Dambel ist einer der drei Zugänge zum Flusspark Novella (www.parcofluvialenovella.it).

Weitere Informationen

Azienda per il Turismo Val di Non, www.visitvaldinon.it
Ufficio di Fondo, Via Roma 21, Tel. +39 0463 830133

Weinberge im Val di Non

10. In den Dolomiten zwischen Brenta und Paganella

Das Valle dello Sporeggio

Die Täufer
Spormaggiore

Eine volkstümliche Überlieferung bezieht sich auf die hölzerne Marienstatue in Spormaggiore: Man glaubte, dass sie in der Lage war, tot geborene oder sofort nach der Geburt gestorbene Kinder für eine kurze Zeit zum Leben zu erwecken, damit sie getauft werden konnten; denn die Angst vor der Vorhölle der Ungetauften war groß und damals weit verbreitet. So kam es zu makabren Prozessionen nach Spormaggiore, wo verzweifelte Eltern nicht nur aus den Nachbartälern anlangten, sondern sogar aus der Lombardei und aus Venetien. Alle Dorfbewohner, Geistliche wie Laien, hatten das Recht, diese Kinder zu taufen – allerdings gegen eine angemessene Geldspende für die Gottesmutter.
Die kirchliche Obrigkeit verbot diesen Missbrauch 1616 ein erstes Mal und stellte ihn dann 1695 unter Strafe. Aber von diesem „heiligen Wasser" war unter den Einheimischen noch lange die Rede. Ein „Wasserwunder" soll sich auch im Nachbarort Sporminore zugetragen haben. Bei einer Bittprozession nach einer langen Regenperiode, die Bäche und Flüsse hatte anschwellen lassen, wurde auch eine Marienstatue mitgeführt: Als die Madonna ihr Diadem (andere sagen: einen Ring) ins brausende Wasser warf, kam der Bach sofort zur Ruhe.
Das Geheimnis von Gewässern, die sich beim Opfer eines Schmuckstücks beruhigen, ist auch in anderen Gegenden verbreitet: Man denke nur an die „Hochzeit mit dem Meer" in Venedig oder an andere Bräuche, bei denen dem Wasser geopfert wird, damit es keinen Schaden anrichtet, sondern reiche Erträge liefert.
Die Holzstatue der Maria mit dem Jesuskind steht heute in der **Cappella della Madonna delle Grazie**, die von den Grafen Spaur 1719 zwischen der antiken Chiesa di San Vigilio und der neueren Chiesa della Natività errichtet wurde. Die 18 Meter hohe Kapelle mit achteckigem Aufbau steht auf quadratischem Fundament und hat eine runde Kuppel mit achteckiger Laterne und Fenstern.

Ein Trentiner Blaubart
Spormaggiore

Zwischen Spormaggiore und Cavedago ragt auf einem Felsenhügel hoch über dem Sporeggio-Tal die Burgruine Belfort auf. Die im Jahr 1311 von Tissone di Sporo erbaute Burg ging in der Folge an verschiedene Familien über. In die Chroniken des 15. Jahrhunderts ist sie besonders als Schauplatz des tragischen

Die Ruinen des Castel Belfort, Spormaggiore

Geschicks von Ursula Künigl von Ehrenburg eingegangen, der dritten Ehefrau von Christof Reifer von Altspaur, die 31 Jahre jünger als er war. Die Leute hatten bemerkt, dass die junge Frau zunehmend bleicher und schwächer wurde, und vor allem bei Vollmond waren nachts Geschrei und Gejammer aus der Burg zu hören: Der krankhaft eifersüchtige Reifer schlug und folterte seine junge Ehefrau, die dann erzählen musste, dass sie von Unbekannten überfallen worden war. Eine auf der Burg dienende Magd verklagte Christof Reifer und mutmaßte, dass auch die erste und die zweite Ehefrau Reifers vielleicht an den Folgen von Misshandlungen gestorben waren. Das Geheimnis um die nachts aus der Burg aufsteigenden Schreie war geklärt: Reifer wurde verhaftet und zum „Trentiner Blaubart" erklärt.

Als historisches „Vorbild" für den Blaubart, der – angefangen bei Charles Perrault im Jahr 1697 – mehrmals Eingang in literarische Werke fand, gilt Graf Gilles de Rais (1404–1440), der im Alter von nur 25 Jahren zum Marschall von Frankreich erhoben wurde und sich im Hundertjährigen Krieg als Kampfgefährte der Jeanne d'Arc großen Ruhm erwarb. Er war großherzig und gebildet, was ihn aber nicht daran hinderte, Mädchen und Knaben (an die 140 Fälle sind dokumentiert) zu foltern, zu vergewaltigen und zu ermorden. Er legte ein umfassendes Geständnis ab und wurde in Nantes erhängt. Da er aber in der Todesstunde seine Schandtaten bereute, soll sein Leichnam nach der Hinrichtung in ein Nonnenkloster in Notre-Dame de Carmès (Bretagne) überführt worden sein.

Das teils verfallene **Castel Belfort** ist von der Straße von Spormaggiore nach Cavedago aus deutlich sichtbar. Das Schloss hat keine mittelalterlichen Merkmale, sondern gleicht einer modernen Festung. Dies ist auf den Wiederaufbau durch die *conti* (Grafen) Saracini nach dem verheerenden Brand des ursprünglichen Schlosses im Jahr 1670 zurückzuführen. Das Schloss ist nicht zugänglich, ein Abstecher lohnt sich aber auf jeden Fall, um den Panoramablick auf das Nonstal zu genießen.

Der Negro Bon
Cavedago

In den bewegten Jahren, als in Rom die Christenverfolgungen immer mehr um sich griffen, beschloss ein römischer Adeliger, der den Beinamen „Negro Bon" trug, seine Heimatstadt zu verlassen. Und auf der Suche nach Frieden und einem neuen Leben fern von Rom schlug er den Weg Richtung Norden ein. Auf der Kaiserstraße begab er sich hoch zu Ross aus dem Etschtal in Richtung Cavedago, um dann die Giudicarie zu erreichen. An einem Ort namens Masel stolperte das Pferd über einen Stein. Der Reiter wurde fast aus dem Sattel geworfen und rief aus: „Halt! Bleib stehen. Hier will ich mein Bauernhaus errichten, und es soll Mas dal Sass heißen: Steinhof".
So baute sich der römische Adelige sein Haus und wurde bald wohlhabend und bei allen beliebt. Das ist die sonderbare Geschichte des Geschlechts der Dalsass, der „vom Stein", einer typischen Trentiner Familie.

Maso Sass ist eines der ältesten Gehöfte in Cavedago. Der Ort Cavedago hat keine übliche Dorfstruktur, sondern besteht aus einer Reihe von Bauernhöfen entlang der Strada statale (Staatsstraße) Nr. 421, die von der Forra della Rocchetta (dem südlichen Eingang zum Nonstal) hinauf nach Andalo und Molveno führt und so das Val di Non (Nonstal) mit den Giudicarie (Judikarien) verbindet.

Die drei Teufelsbrücken
Cavedago

In Cavedago wird der Forego-Bach gleich von drei übereinander angelegten Brücken überwunden. Die älteste Brücke, die aus dem Mittelalter stammt, wurde im 19. Jahrhundert aufgegeben. Die beiden anderen wurden 1862 beziehungsweise 1912 errichtet – was nicht rätselhaft, sondern angesichts des außergewöhnlichen statischen Gleichgewichts fast als ein Wunder anzusehen ist. Eine Erklärung findet sich in der Sagenwelt.
Schon in alten Zeiten war man überzeugt, dass zum Bau kühner Brücken nicht solide Kenntnisse und Einfallsreichtum ausreichten, sondern dass auch überirdische Elemente im Spiel waren. Wenn Gott, so sagte man, dem Menschen die Kraft gegeben hat, in die Höhe zu bauen, so hat der Teufel die Aufsicht über das Bauen in die Breite. So entstanden die Sagen von den Teufelsbrücken. Die kollektive Vorstellungswelt aber stand bald vor einem Dilemma: Der Erbauer war böse, ja teuflisch, aber sein Werk vorzüglich. Gab es einen Ausweg? Ja, man musste ein Opfer finden und den Erbauer, den Teufel in Person, zum Besten haben. So schloss man mit dem Teufel einen Pakt und ver-

Cavedago im Herbst

sprach ihm die erste Seele, die die neue Brücke betrat. Und als erstes Wesen wurde eine Ziege oder ein Hund auf die Brücke geschickt. So wurde der Teufel betrogen.

Die Mythologie der Teufelsbrücken reicht weit in die Vergangenheit zurück. Der Mensch, der Gott herausfordert, muss bestraft werden. Und der Erbauer der ersten Brücke bei Cavedago wurde bestraft, auch weil er – selbstsicher und allem Aberglauben abhold, wie er war – kein Tier auf die Brücke trieb, sondern sie selbst betrat. Und von diesem Moment an gehörte seine Seele dem Teufel. Er erlitt alle Höllenqualen, sodass er eines Nachts seinen Landsleuten erschien und sie um Hilfe anflehte: Er könnte nur dann erlöst werden, wenn genau über der alten Brücke zwei neue erbaut würden. Was auch geschah.

Die **Ponte a tre archi**, die Brücke mit den drei übereinanderliegenden Bögen, befindet sich an der Staatsstraße (Strada statale) Nr. 421, gleich nach der Pfarrkirche von Cavedago. Die Brücke prangt seit 1955 im Wappen der Gemeinde, als Zeichen des Fortschritts und der Entwicklung des Ortes.

Weitere Informationen

Azienda per il Turismo Dolomiti Paganella, www.visitdolomitipaganella.it

Ufficio di Spormaggiore (saisonal geöffnet), Via Alt Spur 82 (Casa del Parco), Tel. +39 0461 653622

Ufficio di Cavedago (saisonal geöffnet), Via Tomas 2, Tel. +39 0461 654277

Andalo und Molveno

Die Schlafmützen von Andalo
Andalo/Molveno

Die Dörfer Andalo und Molveno lagen jahrhundertelang wegen der Grenzen in Streit. Eines Tages beschlossen die beiden Gemeindeoberhäupter, ein für alle Mal eine Lösung zu finden.
„Wir bilden zwei Mannschaften. Eine startet bei Morgengrauen am Hauptplatz von Molveno, die andere in Andalo. Bei Sonnenaufgang gehen wir gegeneinander los, und wo wir aufeinandertreffen, wird die Grenze gezogen." Die Leute aus Molveno gingen früh schlafen und versammelten sich im Morgengrauen. Die aus Andalo dagegen feierten dieses Abkommen bis spät in die Nacht hinein und tranken bis nach Mitternacht. Und bei Sonnenaufgang schliefen sie noch wie Murmeltiere. So kamen die Leute aus Molveno bis zu den ersten Häusern von Andalo, wo demnach die Grenze gezogen wurde. Der Erfolg der Einwohner aus Molveno war angeblich einem prophetischen Traum zu verdanken, in dem es hieß, dass die Mannschaft, die als erste schlafen ging, den Sieg davontragen würde. Und in einem Sprichwort werden die Bewohner aus Andalo bis heute als *ndromenzi* bezeichnet, als „Schlafmützen".
Die Dörfer Andalo und Molveno liegen auf dem Paganella-Hochplateau zu Füßen der **Dolomiti del Brenta** (Naturpark Adamello Brenta, www.pnab.it) und der Gebirgskette **Gaza-Paganella** (www.brentapaganella.it). Nach dem Ersten Weltkrieg entwickelten sich beide Dörfer zu Fremdenverkehrsorten für die Sommerfrische. Die ursprünglichen Ortskerne wurden vom allmählichen Bauwachstum, das die Dörfer als Lebensräume beträchtlich verändert hat, verschluckt.

Ein See, der kommt und geht
Andalo

Der Lago di Andalo ist ein periodischer See: Im Frühjahr und im Herbst wird er durch Quelltrichter gespeist, während er zu Trockenzeiten ganz in unterirdischen Höhlen versickert. Diese Karsterscheinung war schon von Cesare Battisti beschrieben worden, dem Trentiner Freiheitshelden, der auch ein tüchtiger Geograf war.
Bei starkem Regen trat der See über die Ufer, und das Wasser floss in den Lambin-Bach ab. Dieser Bach floss in den Molvenosee und anschließend in den Sarcafluss, um dann durch den Gardasee und den Mincio in den Po einzumünden. Unterwegs richtete das Hochwasser an Häusern und Feldern oft

schwere Schäden an. In einem Sprichwort in Andalo heißt es daher: „Wenn der See von Andalo in die Lombardei geht, steht eine siebenjährige Hungersnot bevor."

Blick auf das Zentrum von Andalo

Der **Lago di Andalo** liegt zwischen der hügeligen Anhöhe des Dorfes Andalo und den Berghängen des Monte Gallino. Auf einem schmalen Weg kann der See zu Fuß, mit dem Fahrrad oder im Winter mit Langlaufskiern umrundet werden. In unmittelbarer Nähe befindet sich der Parco Sportivo mit Eislaufbahn, Tennisplätzen, Minigolf und einer Kletterhalle. Im See kann nicht gebadet werden.

Der versteinerte Wald
Molveno

Auf dem Grund des Molvenosees liegt ein mehr als 3.500 Jahre alter versteinerter Wald. Er ist im Jahr 1952 ans Tageslicht gekommen, als der See zur Anlage des Santa-Massenza-Kraftwerks entleert wurde.

Der Wald war wahrscheinlich überflutet worden, als vor rund 3.500 Jahren ein Bergsturz niederging und das Tal versperrte, sodass sich der Molvenosee bildete. Die Wissenschaftler haben mehr als 200 Baumstämme gezählt, die zum Zeitpunkt des Bergsturzes ein durchschnittliches Alter von 400 bis 500 Jahren hatten. Der Wald bestand überwiegend aus Buchen, wies aber auch Weißtannen, Roteiben, Kiefern, Fichten und Lärchen auf – Baumarten, die noch heute in dieser Gegend anzutreffen sind.

Die Funde vom **Lago di Molveno** aus den frühen Fünfzigerjahren sind im Museo delle Scienze (Museum der Wissenschaften) in Trient aufbewahrt (Via Calepina 14, Tel. +39 0461 270311, www.mtsn.tn.it). Rund um den See, in den direkt ein Wasserfall stürzt, liegen auch kleine Festungen aus Napoleons Zeiten verstreut. Das Baden ist im See erlaubt.

Weitere Informationen

Azienda per il Turisimo Dolomiti Paganella, www.visitdolomitipaganella.it

Ufficio di Andalo, Piazza Dolomiti 1, Tel. +39 0461 585836

Ufficio di Molveno, Piazza Marconi 5, Tel. +39 0461 586924

Fai della Paganella

Die rätische Wallburg
Fai della Paganella

Auf dem archäologischen Gelände am Doss Castel sind die Grundmauern von auf dem Felsgestein errichteten „Reihenhäusern" und eine komplex gestaltete Ringmauer zu erkennen, die auf die Zeit um das 6.–5. Jahrhundert v. Chr. datiert werden. Die Archäologen vermuten, dass es sich um die Reste einer Wallburg handelt; dafür spricht auch die dominierende, abseitige Lage an einem Ort, der leicht verteidigt werden konnte. Von dieser Siedlung wird viel fabuliert, aber nur wenig konnte nachgewiesen werden. In volkstümlichen Sagen wird von Personen erzählt, die hier nach Sonnenuntergang Glockengeläute und Kettengerassel gehört haben. Aus diesem Grund wagten sich in vergangenen Zeiten nur wenige in diese geheimnisvolle Gegend.

Der Doss Castel, Fai della Paganella

Der Großteil der Materialien und Mauerstrukturen, die zutage kamen, stammen von einem Dorf aus rätischer Zeit. Von dieser Siedlung sind noch die viereckigen Fundamente einiger Einfamilienhäuser sichtbar, die von Trockenmauern oder Felswänden geformt sind. Das frei zugängliche archäologische Areal von **Doss Castel** ist zu Fuß in ungefähr 10 Minuten vom Hauptplatz des Dorfes Fai della Paganella erreichbar.

Feen und Hexen am Monte Or
Fai della Paganella

Im Ortsteil Or erscheinen bis heute Hexen und Waldfeen, Wassernixen und Salige. Jeden Donnerstag ist Waschtag, und sie breiten die Wäsche zum Bleichen auf einer Wiese aus. Wächter ist ein magisches Tier, ein Schlangen-Iltis, der die geheimnisvollen Wesen warnt, wenn sich ihnen ein Mensch nähert, sodass sie rechtzeitig flüchten können. Mehrere Einheimische behaupten, die Wäsche beim Bleichen gesehen und den Pfiff des Schlangen-Iltis an den Orten gehört zu haben, die bis heute Bus delle Aguane (Höhle der Wasserfeen) und Bus del Furét (Iltishöhle) heißen.

Der Gipfel des **Monte Or** oder **Fausior** (1.554 m ü. d. M.), nördlichste Erhebung der Gazza-Paganella-Kette, ist in einer guten Stunde Fußweg von Fai (Ortschaft Cortalta) aus erreichbar. Vom Gipfel aus genießt man einen weitläufigen Ausblick auf den südlichen Teil des Etschtals (inklusive Trient) und auf das Dorf Fai della Paganella.

Der Mord am Grafen Spaur
Fai della Paganella

Wie alle Burgen und Schlösser steht auch die Burg der Spaur im Mittelpunkt von Sagen und geheimnisvollen Geschichten.

Eines Tages wollte sich Graf Georg Spaur von Fai della Paganella nach Zambana und von dort weiter nach Trient begeben. Er hatte sich für die Finestrelle-Straße mit dem *brut sass* (böser Stein) entschieden – ein vielsagender Name. Eben am Brut Sass wurde der Graf Georg mit Steinen erschlagen. Das Rätsel um diesen Mord hat niemals gelöst werden können. Die einen schrieben die Untat Straßenräubern zu, die diese Gegend unsicher machten, die anderen einem eifersüchtigen Rivalen. Aber es wird auch von Fantasiegestalten gemunkelt, die so groß waren wie ein Bär oder ein Drache.

Ein traditionsreicher Verbindungsweg von Fai zur Valle dell'Adige ist jener von **Val Manara** (der heute dem SAT-Wanderweg Nr. 680 entspricht), einem engen Tal, das zur Siedlung Zambana führt. Berüchtigt war das Tal für sein zwielichtiges Dickicht voller Räuber, die auf arglose Reisende lauerten. Graf Giorgio Spaur, der auf diesem Pfad den Tod fand, wurde in der Kirche St. Philipp und Jakob in Zambana begraben, wo heute noch sein wertvoller Grabstein verwahrt ist.

Weitere Informationen

Azienda per il Turisimo Dolomiti Paganella, www.visitdolomitipaganella.it
Ufficio di Fai della Paganella, Via Villa 27, Tel. +39 0461 583130

Nembia-See, San Lorenzo in Banale

Die äußeren Judikarien

Der Nembia-See
San Lorenzo in Banale

In seinem „Gedenkbuch über stattgehabte Einlagerung auf Castell Toblino im Tridentinischen: Juli und August 1855“ beschreibt der deutsche Schriftsteller Joseph Viktor von Scheffel (1826–1886) einen Aufenthalt in dieser Gegend, in die er mit seinem Freund, dem Maler Anselm Feuerbach, vor einer Cholera-epidemie aus Venedig geflüchtet ist: „Der See von Nembia gehört zu den zahlreichen Wesen, von denen man nichts weiß, bis man mit der Nase auf sie gestoßen wird. Schweigsam und versteckt glänzt der Wasserspiegel zwischen den Felsblöcken und Schutthügeln durch, die ihn umgeben, scheu weideten etliche Pferde im Gebüsch …“

Der **Lago di Nembia** (Naturpark Adamello Brenta, Tel. +39 0465 806666, www.pnab.it) liegt zwischen San Lorenzo in Banale und Molveno. Um Besuchern das vielfältige Natur- und Kulturerbe des Seegebiets nahezubringen, wurde ein Naturschutzgebiet eingerichtet, das auf einem 3 Kilometer langen, ringförmigen Lehrpfad erkundet werden kann. Im See kann auch gebadet werden.

Die Sibylle von Comano
Comano Terme

Die weite Hochfläche von Comano ist seit uralten Zeiten besiedelt. Bei Castel Campo und Castel Spine soll es sich um einstige Wallburgen handeln, aus denen sich in der Folge Burgen entwickelt haben. Durch diese Gegend verlief auch die römische Via Vicinalis, die von Toblino zum Passo della Morte im Lomaso anstieg.

Die Quellen von Comano und ihre heilkräftige Wirkung bei Hautkrankheiten waren schon zur Römerzeit bekannt. Und eben zur damaligen Zeit soll in einer Höhle bei Comano eine Sibylle gelebt haben, die mit ihren Ratschlägen und dem geweihten Wasser ihrer Höhle viele Personen heilte.

Die hellseherische Prophetin genoss weiten Ruf, und viele Leute kamen mit der Bitte um Hilfe und Heilung zu ihrer Höhle. Und allen gab sie die gleiche Antwort: „Eines Tages werden viele hier ins Tal kommen und den Schatz suchen, den sie verloren haben. Ohne Hacken und ohne Hämmer werden sie wie Brüder kommen. Ob sie als Erste oder als Letzte kommen, spielt keine Rolle: Jeder wird seinen Teil bekommen."

Der Schatz, von dem die Sibylle spricht, ist die Gesundheit, die man hier mit den fast magischen, heilkräftigen Quellen wiedererlangt.

In den Akten des Konzils von Trient aus dem 16. Jahrhundert findet sich ein Zeugnis vom unvergänglichen Fortleben der Sibylle. Einer der Konzilsväter, Francesco da Montepulciano, soll sich zur Prophetin begeben und sie wegen eines unangenehmen Ekzems um Rat gefragt haben. Und er kehrte geheilt zurück.

Mit seiner konstanten Quelltemperatur von 27° C ist das Thermalwasser von Comano Terme das wärmste unter den italienischen Thermalwassern mit geringem Mineralgehalt und ist dadurch besonders dazu geeignet, Hautleiden zu lindern. Zentrum der Thermalkuren ist das **Thermalbad von Comano Terme** (Stabilimento termale, Tel. +39 0465 701277, www.termecomano.it).

Der rote Priester
Campo und Vigo Lomaso

Wenn man an Spätherbsttagen gern zuhause zusammensitzt und Geschichten erzählt, kommt das Gespräch in Vigo Lomaso immer wieder auf den „roten Priester".

Die einen halten ihn für eine Legende, die anderen für Wahrheit. Jeden Karfreitag um 15 Uhr, zur Todesstunde von Christus, ist an den Mauern von Castel Campo eine rot gekleidete Gestalt zu sehen, die durch das schwere Holzportal

Das Castel Campo, Campo Lomaso

Ausgrabungsort Torbiera di Fiavé, Campo Lomaso

geht, ohne es zu öffnen, und sich durch den Burginnenhof zur Kapelle begibt, die mit Schloss und Riegel abgesperrt ist. Und das jedes Jahr. Ein couragierter Junge aus Vigo Lomaso versteckte sich einmal hinter dem kleinen Fenster, das auf das Kapelleninnere geht. Und er sah, wie der rot gekleidete, mit Kardinalstracht angetane Herr durch die verschlossene Tür drang, sich im Inneren dem Altar näherte und unter der Predella herumzustöbern begann. Dann suchte er hinter dem Tabernakel, verrückte die schweren Leuchter und ein großes Bild. Und er wurde immer verzweifelter. Dann warf er sich vor dem Altar nieder und betete laut, bis seine Figur sich wie ein Nebel auflöste.

Die Einwohner aus Vigo und Campo lassen jedes Jahr eine Messe für diese arme, ruhelose Seele lesen. Und sie erzählen noch heute die Geschichte der Familie de Campo, die in heftigem Widerstreit zum Trentiner Fürstbischof Soderigo di Tito stand und einen Kardinal, den er als Vermittler zu ihnen geschickt hatte, einkerkerte und vielleicht tötete. Und es wird auch von einem Onkel gemunkelt, der Bischof war und zur papsttreuen, guelfischen Partei überging, obwohl alle in seiner Familie traditionsgemäß kaisertreue Ghibellinen waren: Er soll von seinen Verwandten ermordet worden sein, hier in der Burgkapelle, während der Karfreitagsriten. Aber was mag der rot gekleidete Geistliche jedes Jahr am Karfreitag hinter dem Tabernakel und unter der Predella suchen?

Castel Campo ist zu Fuß in etwa 20 Minuten vom Parkplatz der Kirche von Campo Lomaso (3 Kilometer von Comano Terme entfernt) erreichbar. Das Schloss ist in Privatbesitz und kann nur bei Veranstaltungen besichtigt werden. Lohnend ist ein Besuch des 5 Kilometer von Campo Lomaso entfernten **Pfahlbauten-Museums** (Museo delle palafitte, Fiavé, Via 3 Novembre, Tel. +39 0465 735019, +39 0461 492161) und des Ausgrabungsortes **Torbiera di Fiavé** mit seinen prähistorischen Pfahlbauten, die heute zum UNESCO-Weltkulturerbe gehören.

Die Kaminfegerbuben
Balbido del Bleggio

Noch im frühen 20. Jahrhundert wurden in den Giudicarie (Judikarien) zwischen September und Oktober besonders flinke und windige Buben ausgesucht, die den Kaminkehrern als Gehilfen bis in die Städte Brescia, Verona, Mantua, Pavia und Turin, ja sogar bis in die Emilia-Romagna folgten, besonders nach Bologna: ein „Kinderhandel", ähnlich der Geschichte der Schwabenkindern in Südtirol und den Carusi in Sizilien. Die Kaminkehrer vereinbarten mit den Eltern der Buben den Lohn und die Arbeitsdauer. Zulasten der Familien gingen ein Hemd, eine Hose mit verstärkten Knien, eine Jacke mit Verstärkungen am Rücken und am Ellbogen und ein Paar schwere Nagelschuhe

Schornsteinfeger-Kinder, Balbido del Bleggio

mit eiserner Spitze. Zur Kleidung gehörten auch ein Hut und ein großer Sack, der den Buben bei Nacht als Decke diente.

Das Arbeitsgerät wurde vom Arbeitgeber bereitgestellt. Die Kaminkehrer arbeiteten früh am Morgen, wenn die Kamine noch kalt waren, und von 13 bis 16 Uhr, wenn sie nicht geheizt wurden. Die kleinen Kaminkehrer mussten auf das Dach und dann in den Kamin klettern und ihn mit Raspeln und Bürsten reinigen. Anschließend wurden Eisenkugeln in die Kamine gelassen, die schließlich auch noch mit Besen gekehrt wurden. Die Arbeit an einem Kamin nahm etwa eine halbe Stunde in Anspruch, sodass die Kinder an einem Arbeitstag etwa 15 Mal in die dunklen, warmen und rußigen Schlünde klettern mussten. Die zwischen acht und zwölf Jahre alten Kinder begannen mit ihrer Arbeit Anfang November und kehrten Ende Februar wieder nach Hause zurück.

Wie andere Handwerkerzünfte verfügten auch die Kaminkehrer über eine Geheimsprache, einen *taron* genannten Slang. Der Hunger wurde *snerza* genannt, das Lager *cagnaro*, das Brot *rebaia*, die Polenta *barbine* und die Kartoffeln *tiragna*. Die kleinen Kaminkehrer fürchteten sich vor den Polizisten, den *camoi*, und warnten einander mit dem Ausruf „*Sama, io che, egni camoi!*“: „Lauf weg, jetzt kommen die Polizisten!“

Der „Traum des Schornsteinfegers“ ist der Titel einer Wandmalerei in **Balbido del Bleggio** (Gemeinde Balbido, Tel. +39 0465 779550) wenige Kilometer von Comano Terme entfernt. Zusammen mit vielen weiteren Mauerbildern schmückt es die Gassen von Balbido.

Schornsteinfeger, Wandmalerei in Balbido del Bleggio

Weitere Informationen

Azienda per il Turismo Terme di Comano – Dolomiti di Brenta, www.visitacomano.it

Ufficio di Ponte Arche, Via C. Battisti 38/d, Tel. +39 0465 702626

Ufficio di San Lorenzo in Banale (saisonal geöffnet), Casa del Parco Flora, Tel. +39 0465 734040

11. Von Tione zum Campo-Carlo-Magno-Pass: das Val Rendena

Spiazzo

El mör, tas
Spiazzo

Ein Ortsteil von Spiazzo, Mortaso, verdankt seinen Namen anscheinend einem tragischen Geschehen, das sich im Dorf zugetragen hat. Einer Überlieferung nach handelt es sich hier um den Ort, an dem Vigilius, der Bischof von Trient, den Märtyrertod erlitt: Er wurde von der aufgebrachten Bevölkerung erschlagen, aber nicht mit Steinen, sondern mit hartem Roggenbrot, das die einheimischen Frauen nach Hause brachten. Nach diesem Mord liefen alle weg – mit Ausnahme von zwei Frauen, die ihre Blicke nicht von dem im Sterben liegenden Bischof wenden wollten. „Mazel!“, rief die eine aus: „Schlag ihn tot!“, worauf die andere zur Antwort gab: *„El mör, tas!“* („Er stirbt schon, sei still!“), woraus dann der Ortsname Mortaso entstand. Und von diesem Tag an geht der Brotteig in Spiazzo nicht mehr auf.

Am Ort, wo der Legende nach das Martyrium des heiligen Vigilius stattfand, entstand im 5. Jahrhundert die **Chiesa di San Vigilio**. Die Mauern des ursprünglichen Kirchenbaus sind heute noch teilweise sichtbar, während Teile der alten Gemäuer mit dem Neubau verschmelzen. Informationen zu Öffnungszeiten erhalten Sie bei Pro loco di Spiazzo.

Weitere Informationen

Consorzio Turistico Pro loco Val Rendena
Ufficio di Spiazzo, Via San Vigilio 1, Tel. +39 0465 801544

Der San-Giuliano-See, Caderzone Terme

Caderzone Terme

Die Wallfahrtskirche San Giuliano
Caderzone Terme

Die Wallfahrtskirche San Giuliano ist weithin berühmt, weil die Giftschlangen hier angeblich nicht giftig sind. Und das ist ein Verdienst des heiligen Julian. Um sich vor den Bissen giftiger Schlangen zu schützen, muss man auf dem Kirchengelände Kieselsteine sammeln und bei sich in der Tasche tragen.

Die Legende weiß zu berichten, dass Julian zu Unrecht beschuldigt worden war, seinen Schwiegervater ermordet zu haben. Er wurde in eine Grube voller giftiger Schlangen geworfen, blieb aber am Leben. Daher der Ritus und das niemals gelüftete Geheimnis.

In der kleinen Wallfahrtskirche entspringt unter dem Fußboden eine heilkräftige Quelle, die Bauchkrämpfen bei Kleinkindern vorbeugt. Diese Quelle soll erstmals nach einem Besuch des Bischofs Madruzzo aus dem Boden gekommen sein. Angeblich wird der bischöfliche Aufenthalt durch eine Urkunde bezeugt, die denjenigen, die die Wallfahrtskirche besuchen und von dem Wasser trinken, einen Sündenablass von vielen Tagen verspricht und als Gabe des Bischofs einen Kelch und ein Messbuch. Warum die Quelle gerade in Anwesenheit des Bischofs entsprungen ist, bleibt ein Rätsel.

Die **Wallfahrtskirche von San Giuliano** befindet sich am östlichen Ufer des gleichnamigen Sees. Den San-Giuliano-See (Lago di San Giuliano) erreicht man über die beiden Wege SAT 230 und SAT 221, die von der Diaga-Alm (Malga Diaga, 15 Minuten Fahrt von Caderzone Terme entfernt) zur San-Giuliano-Schutzhütte führen. San Giuliano befindet sich im Naturpark Adamello-Brenta (Tel. +39 0465 806666, www.pnab.it), dem größten Naturpark des Trentino.

Die Geheimrezepte der Wurstmacher aus dem Val Rendena
Caderzone Terme

Um die Mitte des 19. Jahrhunderts begannen die Männer aus Caderzone und Strembo mit der Wursterzeugung. Im Herbst begaben sie sich ins Gebiet um Mantua, wo sie Schweine schlachteten und Würste herstellten, wobei jeder sein Geheimrezept hatte. In vielen italienischen Städten gibt es bis heute noch Wurstläden, die sich im Besitz der Nachkommen dieser ersten Auswanderer befinden. In Triest zum Beispiel findet man noch 60 von Einwohnern aus dem Rendenatal gehaltene Geschäfte. Gewisse Gewürze, die damals wie heute diese Würste besonders schmackhaft machen, bleiben bis auf den heutigen Tag geheim.

Zuerst die Holzhandwerker, dann die Scherenschleifer, Wursthersteller und Maurer: Ganze Berufsgruppen verließen das Val Rendena, um in aller Herren Länder ihr Glück zu versuchen. In sämtlichen Ortschaften des Tales erzählen Fresken von dieser Zeit der Abwanderung. Die wichtigsten Denkmäler befinden sich in Pinzolo: Die Statue des Scherenschleifers (Statua del moleta) mit seinen Werkzeugen und die **Via degli Emigrati** (Straße der Auswanderer). Diese von Bäumen gesäumte Straße ist den Emigrierten gewidmet. Die in die Straße eingelassenen Steinplatten tragen die Namen all jener Städte, in denen sich die Bewohner des Val Rendena im Laufe des 19. Jahrhunderts und in der ersten Hälfte des 20. Jahrhunderts niederließen.

Das Porträt des grausamen Marco aus Caderzone
Caderzone Terme

In vergangenen Zeiten war es Brauch, dass die angesehensten Familien sich porträtieren ließen, um ihre Residenzen mit diesen Bildnissen zu schmücken. Marco aus Caderzone hatte sich mit dem Auftrag zu seinem Porträt an die Baschenis gewandt. Dionisio Baschenis, damals ein berühmter Maler, machte sich gleich an die Arbeit. Er bildete den Herrn auf einem Wandfresko ab und brachte Haltung und Miene des Auftraggebers so gut zum Ausdruck, dass man das Abbild für wahr halten konnte: Er wirkte böse und grausam, wie er auch in Wirklichkeit war. Beim Tode von Marco versteckten Kinder und Enkelkinder das Bild, und als das Schloss an die Familie Bertelli überging, war auch sie zutiefst vom Porträt dieses Herrn beeindruckt, mit dem sie nicht einmal verwandt war. Die aufgerissenen Augen Marcos waren so abstoßend und furchterregend, dass man das Bild hinter einer Mauer versteckte. Und im Volksmund ging das Gerücht um, dass die Burgmauern düstere Geheimnisse

Palazzo Lodron-Bertelli, Caderzone Terme

bergen. In den darauf folgenden Jahrhunderten wurden viele Mauern neu erbaut und abgerissen, sodass heute niemand mehr sagen kann, hinter welcher sich das schreckliche Bild befindet.

Das Castello dei Caderzone heißt heute zwar **Palazzo Lodron-Bertelli**, wird aber von den Bewohnern des Dorfes immer noch *castello* (Schloss) genannt, war es doch seit jeher Sitz der Lehensherren.

Die Messergrube
Caderzone Terme

Diese Legende ist in der tragischen Zeit entstanden, als das Dorf Caderzone und das gesamte Rendenatal der Herrschaft der Lodron unterstanden, und sie lebte unter den Bertelli wieder auf. Der heutige Palast war damals nichts als ein mächtiger Turm, der den Einheimischen Schutz und zugleich Mahnung war. Die Leute wussten von einem düsteren Korridor im zweiten Geschoss, auf dem die zum Tode verurteilten „Gäste" vom sogenannten Wartesaal zum Gerichtssaal geleitet wurden, der über einen Drehboden verfügte.

Diesen Weg gingen die Personen, die die Herren von Lodron beseitigen wollten: vertragsbrüchige Kaufleute, Bauern, die die hohen Abgaben nicht entrichten konnten, unvorsichtige Gegner und arrogante Besitzer. Die Unglücklichen wurden in den herrschaftlichen Gemächern auf das Freundlichste empfangen und konnten daher nicht ahnen, was ihnen bevorstand – vor allem, wenn es Fremde waren. Es waren keine Schreie zu hören, es gab kein Flehen um Erbarmen, sondern nur Verblüffung und Schrecken, wenn sich unter ihren Füßen plötzlich der Boden auftat und sie in eine Grube voller spitzer Messer stürzten. Der Raum mit dieser Fallklappe ist heute nicht mehr erhalten, doch am Fuß des Palastes ist noch der Ort zu sehen, an dem viele Unglückliche einen so grausamen Tod fanden.

Der **Palazzo Lodron-Bertelli** wurde Anfang des 14. Jahrhunderts erbaut und ist eines der ersten Gebäude im historischen Dorfkern von Caderzone Terme. In den ehemaligen Stallungen ist heute das Museo della Malga (Alm-Museum) untergebraucht (Tel. +39 0465 804899, museodellamalga@caderzone.it), das vom Leben der Menschen auf der Alm erzählt. Außerdem sind Arbeitsgeräte für die Milchverarbeitung aus dem Val Rendena und der Valli Giudicarie ausgestellt.

Die Pest und der verschwundene Heiler
Bocenago

Im Jahr 1630 wurden zwei Ortsteile von Bocenago von einer verheerenden Pest heimgesucht (es war die auch von Manzoni in „Die Verlobten“ erwähnte Epidemie). Zur Erinnerung an diese Tragödie wurden zwei Gedenktafeln angebracht, eine am südlichen und eine am nördlichen Ortsausgang. Auf einem dieser Steine ist noch zu lesen: „Gedenktafel. Hier ruhen alle diejenigen, die wegen der Pest nicht auf dem Friedhof begraben wurden.“ Auf dem Friedhof endeten nicht viele, denn einem Ondit zufolge soll ein einheimischer Heiler ein Mittel gegen die Pest erfunden, sich aber, um reich zu werden, nach Mailand begeben haben, wo er sein Rezept verkaufen wollte. Ein Rätsel ist aber bis heute geblieben, nämlich was ihm dann in Mailand passiert ist: Angeblich sei er, wissen die Einheimischen, dort an der Pest gestorben.

Jedes Jahr an Maria Himmelfahrt (15. August) findet in Bocenago die Veranstaltung **„Vecchia Rendena – Come eravamo … quattro passi tra vecchi mestieri ed usanze“** („Vecchia Rendena – So lebten wir … unsere alten Berufe und Bräuche“) statt. Das Zentrum von Bocenago ist dann von rund 200 Laiendarstellern belebt, die allesamt in historische Gewänder gehüllt sind, um die alten Berufe – vom Scherenschleifer und Steinmetz, über den Schmied und Holzfäller, bis hin zum Schuster und zur Waschfrau – auferstehen zu lassen.

Weitere Informationen

Pro loco Caderzone Terme
Ufficio di Caderzone Terme (saisonal geöffnet), Via Regina Elena,
Tel. +39 0465 804995, www.proloco.caderzone.net

Carisolo

Hexen, Hexer und Teufel
Carisolo

Das unter landschaftlichem Gesichtspunkt berühmteste Tal dieser Gegend ist das großartige, wilde Val di Genova.

Nàrdis-Wasserfall

In verschiedenen volkstümlichen Legenden wird erzählt, dass die Teilnehmer des Konzils von Trient im 16. Jahrhundert alle frei herumlaufenden Hexen und Teufel in das Val di Genova verbannt haben. Und Gott selbst sorgte dafür, dass sie dieses Tal nicht verlassen und nicht anderswo Unheil anrichten konnten. Zuerst ließ er am Talausgang mehrere Kirchen errichten, sodass die bösen Geister aus Furcht vor dem Kreuz nicht flüchten konnten. Dann verwandelte er die garstigsten Hexen und Hexer in Felsen, während die anderen noch frei herumirren und in jedem Moment darauf aus sind, Böses anzurichten.

Aber kommen wir zu den Felsgestalten. Belaja, der Herr der Dämonen, steht gleich am Taleingang, zum Felsen „Hahnenfuß" versteinert. Neben ihm sein Diener Pontirol, ein nicht völlig versteinerter Teufel, der hier und da immer wieder einmal im Val di Genova auftaucht. Aufpassen muss man, wenn man einen fürchterlichen Geist in Gestalt eines alten Esels sieht! Setzt man sich auf seinen Rücken, landet man geradewegs in der Hölle. In drei Tümpeln, die in einer Flusswindung liegen, sind bisweilen Hexen zu sehen, die sich aber in Gestalt reizvoller junger Mädchen zeigen. Auch der Orkus lebt im Val di Genova, und zwar in Form eines Felsens. Ferner halten sich hier der Papegastro, der Rotstrumpf und andere gefährliche Hexen auf. Hoffentlich begegnet man nicht Aga, einer alten Zauberin, die vorgibt, die Zukunft zu sehen, oder ihrer schrecklichen Tochter Niaga. Hier im Tal leben auch die fette, dreckige Forca, die mit ihren Krallen an den Mauern hochklettert, die immer fröhliche Malora, Baorca, die an jeder Hand sechs Finger hat, Berchta, die die Kinder entführt, Trud, die sich nachts wie ein Albtraum auf eure Brust legt, oder Baku, die einem die Träume aus der Nase heraussaugt.

Das **Val Genova** (www.valgenova.com) ist ein Seitental des Val Rendena. Die Landschaft ist vor allem vom Wasser geprägt, weshalb es auch als das Tal der Wasserfälle bekannt ist: Am Talboden rauscht das Wasser über die in diesem Tal typischen Stufen aus der Eiszeit. Von

Carisolo startend, trifft man zuerst auf den Nàrdis- und den Casòl-Wasserfall (Cascate di Nàrdis e del Casòl), dann auf die Kaskaden von Làres und Folgorìda. Unzählige Wege führen durch das Tal (Parco Naturale Adamello Brenta, Tel. +39 0465 806666, www.pnab.it).

Karl der Große und der Makabertanz
Carisolo

Ein berühmter Sakralbau in Carisolo ist die Kirche Santo Stefano, die auf einem Felsen über dem Sarca aufragt. An der Südseite befinden sich Wandmalereien mit 1519 von Simone Baschenis geschaffenen Darstellungen der Stefanslegende, eines Makabertanzes und der sieben Todsünden.

Die aus dem 14. Jahrhundert stammende gotische, später aber umgebaute Kirche soll sich an der Stelle einer von Karl dem Großen zerstörten Burg erheben. Und eben an den rätselhaften Durchzug des Frankenkaisers durch das Rendenatal erinnert das Fresko mit der Abbildung eines Katechumenen, der vor Karl dem Großen und seinem Gefolge von einem Papst getauft wird. Der Kaiser soll einer Legende nach auf seinem Weg über die Alpen nach Pavia durch das Rendenatal gekommen sein.

Die auf einem Granitfelsen errichtete **Chiesa di Santo Stefano** ist am Eingang ins Val Genova gelegen. Von der Ortschaft Carisolo in Richtung der Ortschaft Antica Vetreria, wo zwischen 1805 und 1888 eine Kristallfabrik betrieben wurde, ist die Kirche in nur 15 bis 20 Minuten zu Fuß zu erreichen. Die Schotterstraße führt durch einen alten Kastanienwald und ist auch mit dem Auto befahrbar.

Die Santo-Stefano-Kirche, Carisolo

Die gestohlene Sonne
Verdesina/Carisolo

Verdesina, das einst Viridina hieß, ist das erste Dorf des Rendenatals, auf das man von Tione kommend trifft. Es liegt – und der Name, der das Wort *verde* (grün) enthält, könnte darauf schließen lassen – in grüne Wiesen eingebettet und zeichnet sich durch eine besonders sonnige Lage aus. Diese gesegnete Position erweckte den Neid der Bewohner des oberen Tals, wo die Sonne, sobald sich Weihnachten näherte, immer älter und müder wurde und sich kaum noch blicken ließ. So gingen die Bewohner von Carisolo mit sich zurate und überlegten, wie sie die Sonne zurückbekommen und die Dunkelheit vertreiben könnten. Sie versammelten sich auf dem Dorfplatz und redeten voller Missgunst über das Glück von Verdesina. Schließlich bauten sie einen großen Karren und statteten ihn mit starken Ketten und Winden aus. Und am Wintersonnwendtag, als die Sonne am Himmel stehen zu bleiben schien, begaben sie sich nach Verdesina, um die Sonne zu stehlen.
An dieses Begebnis, das sich vor vielen, vielen Jahren zugetragen hat, erinnert noch heute eine Veranstaltung: Die Bewohner von Carisolo kommen auf den Dorfplatz von Verdesina und beginnen eine heftige Diskussion mit den Einheimischen, die nicht auf die Sonne verzichten möchten. Erst nach einer langen Debatte finden sie zu einem Kompromiss: Die Sonne in der Form eines großen gelben Ballons wird an die Leute aus Carisolo „ausgeliehen“, die sie auf einen Karren laden und ihre ausgelassene Fahrt in ihr Heimatdorf beginnen. In Spiazzo legen sie einen Halt ein, um die Pferde zu tränken und selbst etwas zu rasten. Auf der Weiterfahrt nach Carisolo kommen sie durch einen dunklen Wald, der kaum von den Sonnenstrahlen erhellt wird; denn die Sonne ist auf dem schaukelnden Karren eingeschlafen. Doch kommen sie auf der Berghöhe an, wacht die Sonne wieder auf und springt mit einem Satz in den Himmel. Die Wintersonnenwende ist vorbei und die Tage werden wieder länger, das Eis schmilzt und die Wiesen beginnen zu grünen.

Diese mysteriöse Legende bildet den Kern der Veranstaltung **„I Carisöi va par sul“**, an der sich die beiden Ortschaften Carisolo und Verdesina beteiligen und die am Tag der Wintersonnwende stattfindet. Das Fest findet nicht mehr jährlich, sondern nur mehr gelegentlich statt. Weitere Informationen bei Pro Loco Carisolo (Tel. + 39 0465 501392).

Weitere Informationen

Pro loco Carisolo, www.prolococarisolo.it
Ufficio di Carisolo, Via Campiglio 9/A, Tel. +39 0465 501392

Pinzolo

Der Totentanz von San Vigilio
Pinzolo

Beim Totentanz, auch Makabertanz genannt, handelt es sich um eine volkstümliche Wiedergabe der Vorstellung, wonach der Tod die sozialen und kulturellen Unterschiede aufhebt und vor dem Tod alle gleich sind. Dieses in Deutschland entstandene Thema hatte sich in Frankreich und auf der spanischen Halbinsel verbreitet, ist aber in Italien recht ungewöhnlich. Das Fresko an der Südwand der Kirche San Vigilio ist 21 Meter lang und weist 40 Figuren mit Bildlegenden auf Italienisch auf, mit denen sich der Tod warnend an die Menschheit wendet.

Der Makabertanz, Fresko in der Kirche San Vigilio, Pinzolo

Drei musizierende Skelette leiten den Totentanz ein. Das erste, mit Szepter und Krone angetane Skelett, das auf dem Thron sitzend den Dudelsack spielt, ist der personifizierte Tod. Die beiden folgenden Skelette spielen Flöte. Unter den Figuren sind italienische Schriftzüge zu lesen, mit denen die einzelnen Szenen kommentiert werden.

Insgesamt sind es 18 Szenen mit Gestalten in hierarchischer, für das Mittelalter typischer Anordnung. Zuerst kommt der Klerus: Papst, Kardinal, Bischof, Priester und Mönch; dann folgen die Mächtigen: Kaiser, König, Königin, Herzog;

schließlich das Bürgertum: Arzt, Krieger, Kaufmann. Das gemeine Volk wird auch nach Alter unterteilt, die Alten, die Jungen, Bettler und Krüppel sowie ein Kind.

Den Abschluss der Parade bilden der Tod auf einem Pferd und der Erzengel Michael mit Waage und Schwert neben dem Teufel, der das Buch mit den Todsünden hält. Und dieser Teufel ist ein furchterregender Dämon mit Fledermausflügeln, riesigen Ohren, Hörnern und einem Ziegenbart, und er trägt auf dem Rücken ein offenes Buch mit der Inschrift *„Ich folge dem Tod mit diesem Buch, in dem die Sünder stehen, die ich in die Hölle führe."* Unter dem Totentanz werden die sieben Todsünden symbolisch dargestellt: der Hochmut als Löwe, die Wollust als Ziegenbock, der Geiz als Frosch, der Zorn als Katze, die Völlerei als Schwein und der Neid als Vogel. In der abschließenden Szene der Teufel, der einen auf einem Esel reitenden Mann darstellt und die Trägheit des Herzens verkörpert.

Die **Kirche San Vigilio** befindet sich an der Staatsstraße, die durch das Dorf Pinzolo führt. Vom Dorfkern erreicht man die Kirche zu Fuß oder mit dem Auto in wenigen Minuten. Es ist nicht bekannt, wann genau die Kirche erbaut wurde, das ursprüngliche Mauerwerk entstammt aber aus dem 10. Jahrhundert. In den darauffolgenden Jahrhunderten wurde die Kirche erweitert und erhöht.

Weitere Informationen

Pro Loco di Pinzolo, www.prolocopinzolo.it
Ufficio di Pinzolo (saisonal geöffnet), Piazza San Giacomo, Tel. +39 346 605139
Azienda per il Turismo Madonna di Campiglio-Pinzolo-Val Rendena, www.pinzolodolomiti.it
Ufficio di Pinzolo, Piazza S. Giacomo, Tel. +39 0465 501007

Madonna di Campiglio

Vom Hospiz zum Wintersportparadies
Madonna di Campiglio

Wo sich heute der weltberühmte Luftkur- und Wintersportort Madonna di Campiglio ausdehnt, lag einst ein Hospiz, dem ein von Klostermönchen geführtes Spital zur Pflege der Pilger und Reisenden angeschlossen war. Das Hospiz war 1188 von einem gewissen Raimondo gegründet und der Jungfrau Maria geweiht worden. Das befestigte Bauwerk, das eine eigene Kapelle hatte, wurde im Laufe der Zeit durch Schenkungen der Trentiner Fürstbischöfe vergrößert. Der Kardinal und Bischof Bernhard von Cles hob das Kloster im 16. Jahrhundert auf und übergab es einem weltlichen Verwalter. Im Jahr 1707 wurde das Hospiz dem Besitz der Domkanoniker in Trient einverleibt. Nach mehr als einem Jahrhundert beschloss Gio Batta Righi aus Pinzolo, dem ein Vorfahr im Traum diesen Rat gegeben hatte, sein ganzes Vermögen zum Ankauf des alten Hospizes zu verwenden, das von der Trentiner Kirche zum rela-

Grand Hotel des Alpes, Malerei im Hofer-Salon, Madonna di Campiglio

tiv niedrigen Preis von 40.000 Gulden zum Verkauf angeboten wurde: Es war der Grundstein zur touristischen Entwicklung von Madonna di Campiglio und Pinzolo. Gio Batta Righi setzte das fast verfallene Bauwerk instand und errichtete um die Kirche das erste Hotel, das durch eine neue Straße mit Pinzolo verbunden war.

Gio Batta Righi baute das Hospiz zu einem Hotel um, dem Stabilimento Alpino, das viele illustre Gäste und Alpinisten beherbergte. Hier trafen sich auch die Mitglieder der Società Alpina del Trentino (Alpenverein des Trentino) zum ersten Mal, die hier im Jahre 1872 gegründet wurde. Als Righi starb, wurde das Hotel von Franz Josef Österreicher weitergeführt, der das Gebäude restaurierte und modernisierte. So entstand in Campiglio das **Grand Hotel Des Alpes** (heute Hotel Relais Des Alpes), in dem auch Kaiserin Sissi (1889 und 1894) und Kaiser Franz Josef (1894) nächtigten.

Das Ei und die Schlange
Madonna di Campiglio

Wer vor hundert Jahren nach Campiglio kam, konnte in der Kirche Santa Maria delle Grazie ein riesiges Ei und die Haut einer großen Schlange am Gewölbe hängen sehen.

Was bedeuteten sie, welches Geheimnis verbargen sie?

Bei der Schlangenhaut handelte es sich wahrscheinlich um das Gerippe eines Krokodils und beim Ei vielleicht um ein Straußenei, das möglicherweise von einem Hospitaliter aus dem Orient mitgebracht worden war – wie es damals Mode war und wie man sie auch in anderen Trentiner und Südtiroler Kirchen finden kann.

In einer Sage dagegen wird von einem Drachen erzählt, der im kleinen Nambino-See nördlich von Madonna di Campiglio lebte. Dieses Ungeheuer verzehrte alle Fische, besonders die köstlichen Saiblinge, aber auch die Schafe, die an den See zur Tränke geführt wurden, und die Hirten, die ihre Herden hüteten.

Die Leute aus Campiglio wussten nicht mehr ein noch aus, und so wandten sie sich in ihrer Verzweiflung an zwei tüchtige und couragierte Jäger aus dem Soletal, riefen zugleich aber auch die Gnadenmutter um Schutz und Beistand an. Die Bittprozession ging von der Kirche Santa Maria delle Grazie aus: an der Spitze der Priester, dann die Monstranz mit der geweihten Hostie und anschließend die mit Gewehren bewaffneten Jäger. Als sie sich dem See genähert hatten, sagte der mutigere der beiden Jäger: „Bleibt stehen und wartet hier. Wenn ihr einen Schuss hört, aber keinen Laut mehr von mir, geht schauen, was passiert ist.“ Er näherte sich auf leisen Sohlen dem See. Auf den ersten

Nambino-See, Madonna di Campiglio

Blick war alles ruhig, aber es lag doch eine gewisse Spannung in der Luft. Der Jäger schaute sich aufmerksam um. Und da sah er das Ungeheuer, das sich auf einem Felsblock ausgestreckt hatte und tief schlief. Der Jäger zielte, schoss und traf den Drachen, der sich noch einmal aufbäumte, um dann sein Leben auszuatmen. Doch ein letzter Gifthauch traf den Jäger, der betäubt zu Boden fiel. Sein Gefährte, der den Schuss, aber keinen Schrei gehört hatte, rannte zu ihm und fand ihn halb tot. Er rief andere Personen zu Hilfe, und der arme Jäger wurde auf einer Trage ins Tal transportiert. Neben dem getöteten Drachen fanden sie ein Riesenei, das sie zusammen mit dem Ungeheuer nach Campiglio brachten, wo diese Raritäten als Votivgaben zur Rettung aus der Not an der Kirchendecke aufgehängt wurden.

Der Jäger wurde wieder gesund. Das Ei und die Schlangenhaut sind nicht mehr da, aber die Sage lebt im Volk immer noch fort.

Der **Lago di Nambino** (Nambino-See) ist über den Weg S.A.T. 217 von der Malga Nambino binnen 40 Minuten erreichbar. Die Alm erreicht man über eine Straße, die nach dem Zentrum von Madonna di Campiglio in Richtung Passo Campo Carlo Magna auf der linken Seite abzweigt. Die Alm befindet sich an der Fünf-Seen-Runde, die am Lago Ritorto, Lago Lambin, Lago Gelato, Lago Serodoli und am Lago Nambino vorbeiführt.

Das Geisterdorf Iron
Ragoli

Am Hang des Monte Iron, westlich vom Zugang zum Val d'Algone, lag einst ein Dorf, dessen gesamte Bevölkerung infolge der verheerenden Pestepidemie 1630 ums Leben kam. Bis auf einen Mann, der sich wunderbarerweise retten konnte.

Der Volksmund will, dass dieser einzige Dorfbewohner vom Dos dei Copi herab einem auf der anderen Talseite sitzenden Notar ein rätselhaftes Testament diktiert habe: „Ich lasse all mein Hab und Gut demjenigen, der durch das Dorf zieht, ohne Bewegliches oder Unbewegliches zu berühren." Was immer auch geschehen sein mag: Das Dorf ist noch intakt erhalten, mit granitgesäumten Straßen, einem Dorfbrunnen und viel Holz an den Häusern. Doch bis heute ist nicht bekannt, wer dies alles geerbt hat …

Wie Quellen belegen, gab es das **Dorf Iron** bereits im Mittelalter. Die Häuser des Dorfes sind heute noch die einer mittelalterlichen alpinen Siedlung, da es nach der Pest im Jahre 1630 nahezu unbewohnt blieb. Die Siedlung wurde vom Forum Nazionale dei Giovani vor Kurzem in die Reihe der „Wunderwerke Italiens" aufgenommen. Iron ist ein Dorf in der Gemeinde Ragoli, die in der Nähe von Tione liegt. Das Gemeindegebiet umfasst auch Teile des 30 Kilometer entfernten Madonna di Campiglio.

Weitere Informationen

Azienda per il Turismo Madonna di Campiglio-Pinzolo-Val Rendena, www.campiglio.it
Ufficio di Madonna di Campiglio, Via Pradalago 4, Tel. +39 0465 447501/501007

12. Von Tione bis Storo: das Valle del Chiese

Das obere Valle del Chiese

Die Militärseilbahn und die Rache der Geister
Bondo

Das österreichisch-ungarische Mahnmal in Bondo

Während des Ersten Weltkriegs war das Dorf Bondo der Sitz des österreichischen Militärkommandos. Im Jahr 1917 legten die k. u. k. Pioniertruppen eine lange Materialseilbahn an, die sich von Trient bis Breguzzo hinzog und die Soldaten mit Nachschub versorgen sollte. In Tione befand sich ein großer Rangierbahnhof, wo 300 Rollwagen automatisch ausgekuppelt und dann mit den Seilbahnen von San Valentino, Val Borzago und Val di Genova zur Versorgung der Frontsoldaten ins Hochgebirge transportiert wurden.

Die Frauen aus den Giudicarie und dem Val Rendena mussten während des Kriegs den Proviant und anderes Material zur Seilbahn heranschaffen. Als „Lohn" bekamen sie einen Laib Brot pro Tag und drei Kronen pro Woche.

Die Materialseilbahn aber brachte Bondo kein Glück: Alle Konstrukteure kamen auf geheimnisvolle Weise ums Leben – einem Gerücht nach rächten sich die „italienischen" Geister für diese österreichische „Invasion".

Der Dorfpfarrer Fabiano Barcatta ließ während des Kriegs einen monumentalen Friedhof für alle Gefallenen anlegen. Er besteht aus zwei großen, konzentrischen Freitreppen, und an ihrem Schnittpunkt wurde eine Gedenktafel an Kaiser Franz Joseph angebracht: Es war immer gut, mit den jeweiligen Herren auf freundschaftlichem Fuß zu stehen.

Der österreichische Befehlshaber Theodor Spiegel ließ 1946 einen Friedhof erbauen, den **Cimitero Monumentale di Bondo**. Hier liegen 697 gefallene österreichische Soldaten begraben, die während des Ersten Weltkriegs bei der Schlacht rund um Adamello (1915–1918) gekämpft hatten. Der Friedhof ist für Besucher geöffnet; vom Norden kommend, liegt er am Eingang von Bondo.

Weitere Informationen

Consorzio Turistico Valle del Chiese, www.visitchiese.it, blog.visitchiese.it
Ufficio di Pieve di Bono, Frazione Cologna 99, Tel. +39 0465 901217

Landschaftsbild Val Daone

Pieve di Bono und das Val Daone

Die Eislöcher
Daone

In alten Zeiten wurden verderbliche Waren in Daone in Eislöchern, sogenannten *sorei*, aufbewahrt, die sich nach dem Gletscherrückzug in Moränenablagerungen gebildet haben. Diese natürlichen „Kühlschränke“, in denen immer eine Temperatur von 8–9 Grad herrscht, wurden schon in weit zurückliegender Vergangenheit benutzt, und in den Eislöchern konnten Spuren vorgeschichtlicher Besiedlung ausgemacht werden.
In einheimischen Sagen ist die Rede von sonderbaren Fantasiegestalten, vielleicht von Zwergen, die hier für Kälte zu sorgen hatten: Sie kannten das Geheimnis zur Öffnung unterirdischer Gänge, die bis tief in die Erde führen, wo ein eiskalter Bach fließt.

Auch heute noch werden solche Eislöcher dazu benutzt, um Lebensmittel und Getränke während der warmen Sommermonate kühl zu halten. Sie werden auch genutzt, um Kartoffeln zu lagern, damit sie nicht keimen. Einige Eislöcher liegen entlang des **Percorso Storico-Naturalistico di Pracul** (3 bis 4 Stunden Fußweg). Die Ortschaft Pracul liegt im unteren Valle di Daone (Ecomuseo della Valle del Chiese, Tel. +39 0465 622137, www.ecomuseovalledelchiese.it).

Die Schneckenhäuser
Bersone

Zu Ehren der Toten wurden in Bersone in vergangenen Zeiten zu Allerheiligen kleine Lichter aus Schneckenhäusern gebastelt, die dann auf die Mauer, die den Friedhof umgab, gelegt wurden. Auf das Friedhofskreuz wurde ein ausgehöhlter Kürbis in Form eines Totenkopfes gesteckt, in dessen Innerem ein Licht brannte: eine Art Halloween *ante litteram*.

Am anderen Ende von Bersone, in Richtung der Fraktion Formino, liegen das Gemeindehaus (Casa comunale), die **Pfarrkirche der Heiligen Fabiano und Sebastiano** (Chiesa parrocchiale dei santi Fabiano e Sebastiano) sowie der Friedhof. Öffnungszeiten und Informationen: Comune di Bersone (Gemeinde Bersone), Tel. +39 0465 674113. Seit den 1950er-Jahren werden für die Beleuchtung übrigens keine Schneckenhäuser mehr verwendet, sie wurden durch Kerzen ersetzt.

Ein gefährliches Wasser
Bersone

Das Trentino ist äußerst reich an Quellen, von denen viele zu Thermalkuren verwendet oder als Mineralwasser abgefüllt werden. Am sonderbarsten ist aber das *acqua spiasimosa*, das aus einer Quelle, die in einem Seitental beim

Pfarrkirche der Heiligen Fabiano und Sebastiano in Bersone

Dorf Bersone liegt, entspringt. Die Einheimischen sind von der Gefährlichkeit dieses Wassers überzeugt.
Die Bezeichnung im Dialekt, *acqua spiasimosa*, bedeutet, dass das Wasser bei offenen Wunden Infektionen auslöst. Wahrscheinlich deshalb, weil es sich um einen Bach inmitten der Felder handelt, der während der Düngezeit verseucht gewesen sein könnte.
Heute hört man neben *spiasimosa* oft auch die Bezeichnung *spasimosa* (Liebeswahn verursachend). Wie letzterer Begriff zustande kam, ist nicht bekannt, aber wahrscheinlich handelt es sich um ein einfaches Missverständnis.
Der **Bach mit dem gefährlichen Wasser** führt entlang der Straße, die zu der Ponte di Tringoi (Tringoi-Brücke) in der Ortschaft Castagne führt.

Jos Maestri und die Goldgrube
Prezzo

In der zweiten Hälfte des 19. Jahrhunderts wanderten auch arme Bauern aus dem Trentino aus, um in anderen Ländern Glück und Reichtum zu suchen. Giosuè „Jos" Maestri entdeckte 1889 gemeinsam mit einem deutschen Partner in Dundas (Tasmanien) eine Goldgrube. Einer Überlieferung nach soll diese Goldlagerstätte von seinem Hündchen aufgespürt worden sein. Nach dieser Goldgrube entdeckte Maestri dann auch noch Zinn-, Kupfer- und Zinkadern; das Knappendorf Maestries Mine und der Ort Maestries Station im Goldgrubenrevier wurden nach ihm benannt. Als Maestri im frühen 20. Jahrhundert wieder in seine Heimat zurückkehrte, ließ er sich in Prezzo die Villa Dundas Australia errichten: zur Erinnerung an die Auswanderungswelle aus den Giudicarie im 19. Jahrhundert und als greifbares Zeichen von einem Einheimischen, der in der Fremde zu Reichtum gelangt war. In Prezzo fragt man sich noch heute, welchem „Geruch" Maestris Hündchen nachgegangen sein mag, als es die Goldader entdeckte. Eine rätselhafte Geschichte.
Auf der Höhe der Ponte sul Chiese (Chiese-Brücke) führt die Landstraße (Strada provinciale Nr. 122) nach Prezzo. In der Nähe der Kirche befindet sich die **Villa Dundas Australia**, ein privates Haus, das nicht besichtigt werden kann. Die Granittüren der Wohnhäuser des Dorfes sind mit Jahreszahlen aus dem 19. Jahrhundert versehen. Sie erinnern daran, dass die Auswanderer Wohlstand in die Gemeinde brachten.

Weitere Informationen

Consorzio Turistico Valle del Chiese, www.visitchiese.it, blog.visitchiese.it
Ufficio di Pieve di Bono, Frazione Cologna 99, Tel. +39 0465 901217

Condino und Umgebung

Fra Dolcino und Margherita
Cimego

Der Name Margarita/Margareta scheint die Inspiration zu vielen Sagen, Legenden und literarischen Werken geliefert zu haben. Von Margareta, einer heiliggesprochenen Kurtisane, über das Gretchen im „Faust“ von Goethe und dem Roman „Der Meister und Margarita“ von Michael Bulgakow bis hin zu all den Gretas und Gretes und Gretis im Tiroler Raum und dem Gretel (mit Hänsel) von Grimm.

Der ethnographische Pfad, Schmied, in Rio Caino

Aber von den Märchen zur Wirklichkeit: Im Jahr 1303 werden in Riva del Garda zwei der Ketzerei beschuldigte Personen, eine Frau und ein Mann, auf dem Scheiterhaufen verbrannt. Es sind Anhänger der Laienbewegung der Apostelbrüder, die gegen die Verderbnis des Klerus und der römischen Kurie predigte, auch unter Rückgriff auf Waffen. Eine reformistische Bewegung, mehr als 200 Jahre vor Luthers Reformation. Im Trentino wurde diese als häretisch bekämpfte Sekte von dem aus der Gegend von Novara stammenden Fra Dolcino und seiner aus dem Trentino gebürtigen Gefährtin Margherita angeführt. In den Jahren 1302 und 1303 predigten sie im Valle del Chiese und im unteren Sarcagebiet, wurden aber verfolgt und flüchteten ins Valsesia, das piemontesische Heimattal von Fra Dolcino, wo sie gefangen genommen wurden. Margherita wurde die Begnadigung versprochen, doch sie verließ ihren Gefährten nicht. Beide erlitten den Feuertod: Margherita am Ufer des Cervo bei Biella, Fra Dolcino im Juli 1307 in Vercelli, nachdem er grausamst gefoltert worden war.

Dante erwähnt ihn in der „Göttlichen Komödie" (Hölle, XXVIII. Gesang, 55–60) in einer von Mohammed ausgesprochenen Warnung:

„Berede Frau Dolcin, sich zu versehen –
Du, den die Sonne bald wohl wieder sengt –,
Will er den gleichen Weg wie ich nicht gehen,
Mit Proviant, dass er, vom Schnee bedrängt,
Vom Novaresen nicht bezwungen werde,
Da dieser anders ihn so leicht nicht fängt!"

Fra Dolcino und Margherita in Cimego lebten zwischen 1300 und 1303 in Cimego. Entlang des Weges **Sentiero etnografico del Rio Caino** (Ecomuseo Valle del Chiese, Tel. +39 0465 622137, www.ecomuseovalledelchiese.it) befand sich ihre Unterkunft, ein kleine Behausung mit zwei winzigen Zimmern. Der Weg hat seinen Namen vom gleichnamigen Fluss, an dessen Ufern Handwerker ihre Werkstätten eingerichtet hatten, weil sie auf die Wasserkraft angewiesen waren: So gab es eine Schmiede, eine Mühle und ein Sägewerk. Der Weg beginnt in Cimego an der Hängebrücke beim Chiese-Fluss. Mit einer Vormerkung kann man auch die alten Werkstätten besuchen und die alten Handwerksberufe hautnah erleben.

Der Zauberer vom Ri da Cron
Condino

Eine der vielen Sagen, die sich um die in dieser Gegend häufigen Hochwasser ranken, erzählt vom „Zauberer vom Ri da Cron". Ein mächtiger Felsblock im Bach erinnert an den Zauberer, der diesen Stein talwärts rollen wollte, aber vom Glockengeläute des nahen Kapuzinerklosters, neben der Caramala genannten Burg, daran gehindert wurde.

Von der Ortschaft Aquaiolo in Condino kann man in wenigen Minuten zum **Castello di Caramala** hinaufsteigen, wo noch einige Mauerreste der Burg zu finden sind. Ein Großteil der Steine wurde dazu verwendet die Häuser und einen Teil des Kirchturms der Pfarrkirche Santa Maria Assunta (Pieve Santa Maria Assunta) zu bauen.

Weitere Informationen

Consorzio Turistico Valle del Chiese, www.visitchiese.it, blog.visitchiese.it
Ufficio di Pieve di Bono, Frazione Cologna 99, Tel. +39 0465 901217

Storo und Umgebung

Rocca Pagana
Storo

Der 1.668 m hohe Berg Rocca Pagana ist ein magischer Ort, um den sich mehrere alte Sagen ranken. Angeblich wurde hier, in Zusammenhang mit dem Saturn- oder dem Mithraskult, ein goldenes Kalb oder ein goldener Stier (wofür der alte Name *subtaurum* (unter dem Stier) sprechen würde) geopfert. Eine Priesterin namens Pagana zelebrierte hier ihre Riten. In einer anderen Legende wird von einer Dame ebenfalls namens Pagana erzählt, die auf Rocca Pagana lebte und nicht nur Herrin der hier gelegenen Burg war, sondern auch eines märchenhaften Schatzes, eben des Goldenen Kalbs. Als die Dame eines Tages erkrankte, kam ein Arzt zu ihr, in den sie sich leidenschaftlich verliebte. Die Dorfbewohner entdeckten diese Liebschaft, aber um zu vermeiden, dass Pagana den Schatz ihrem Arzt vermachte, erzählten sie ihr von bösen Machenschaften und Abtrünnigkeiten des Arztes. Die schöne Pagana glaubte, betrogen worden zu sein, stürzte ihren Geliebten in eine tiefe Schlucht und verschwand mit dem Goldenen Kalb auf Nimmerwiedersehen.

Der **Rocca Pagana** (1.668 m ü. d. M.) ist einer jener Gipfel, die sich über der Ebene von Storo erheben. Er ist zum Großteil mit karger Vegetation und Nutzwald überzogen und damit ein Paradies für Botaniker. An seinen Hängen finden sich die Spuren von Siedlungen aus dem Neolithikum und der Bronzezeit. Auch die Chiesa di San Lorenzo (Kirche San Lorenzo), erbaut 1515, befindet sich dort.

Die Zauberbücher
Storo

Die Bewohner von Storo hatten sich, vielleicht von alten heidnischen Bräuchen übernommen, Kenntnisse zur therapeutischen Wirkung der Heilkräuter erworben, die in dieser Gegend wachsen. Sie griffen dabei auf Quellen zurück, die schon im Spätmittelalter und der Renaissance und – nach der Aufklärung – auch wieder von magisch-geheimen Gesellschaften im 19. Jahrhundert benutzt wurden. Es waren die sogenannten *„Grimoires“*, erstmals um das Jahr 1000 verfasste Zauberbücher, die vom Spätmittelalter bis ins 18. Jahrhundert hinein in Umlauf waren und magisches Wissen zu den verschiedensten Themen verbreiteten: zur Eroberung eines/einer Geliebten und ihrer Trennung, zum Sieg über Nebenbuhler, zum Schutz vor Verrat und vor allen Übeln, die – sofern sie von außen gekommen waren – mit äußeren Mitteln bekämpft werden mussten. Bei diesen „*Grimoires*" handelte es sich wahrscheinlich um eine Popularisierung der berühmten Schrift „*Clavicula Salomonis*", deren erste gedruckte Version 1629 erschienen war und die immer neben anderen Zauberbüchern angeführt wird: „Für solche Verrichtungen gebrauchen die Meister dieser Kunst mancherlein Bücher (voller) Figuren und Charaktere. Das eine nennen sie ‚*Sigillum Salomonis*', das zweite ‚*Clavicula Salomonis*', das dritte ‚*Hierarchia*', das vierte ‚*Schemhamphoras*' ..."

In Tirol hatte noch eine weitere Schrift Verbreitung gefunden: Es war das um 1150 von Hildegard von Bingen verfasste Buch „*Causae et curae*" (Ursachen und Heilungen), das Hauptwerk dieser Nonne, Mystikerin und Ärztin, die Abhandlungen über die Entstehung von Krankheiten und deren Behandlung durch die Heilkraft der verschiedenen Pflanzen hinterließ. Hildegards Werken nach, die bis heute zu den Standardwerken der Naturheilkunde gerechnet werden, ist Krankheit mit mangelnder Lebenskraft gleichzusetzen, weshalb man die fehlenden Kräfte und Elemente wieder aus der Natur zurückgewinnen muss: Gedankengänge, die – zumindest in Europa – als Vorläufer der Homöopathie angesehen werden können.

Hier ein Rezept der Hildegard von Bingen (die übrigens von Papst Benedikt XVI. zur Kirchenlehrerin erhoben worden ist) zu einem Blutreinigungstee, der auch in einem Manuskript in Storo angeführt wird: Man nehme drei Rhabarberstiele, 10 Blatt Salbei, 1 kleinen Zweig Raute und einige Sennesblätter. 13 Minuten kochen. Abseihen und morgens auf nüchternen Magen trinken.

In Cimego nicht weit von Storo lebte um 1470 die Hexe Brigida. Um ihrer zu gedenken, wurde der **Brigidae Ortus** (Garten der Brigitte, Ecomuseo Valle del Chiese, Tel. +39 0465 622137, www.ecomuseovalledelchiese.it) am ethnografischen Weg des Rio Caino angelegt, in dem einige Heilpflanzen, aber auch solche mit giftigen Inhaltsstoffen gesammelt sind, die in vergangener Zeit von den Leuten im Ort dazu verwendet wurden, Liebeskummer zu heilen oder Liebesprobleme zu lösen.

Die Köhler: eine Zunft und ihre Geheimnisse
Bondone

Unter den Bewohnern von Bondone waren in der Vergangenheit viele Köhler anzutreffen. Zur Erzeugung von Holzkohle wurden gegen Ende des Sommers Erde, Gras und Moos pyramidenförmig zu einem Kohlenmeiler aufgehäuft, der dann angezündet wurde. Nach mehreren Tagen, bisweilen auch Wochen, war die Holzkohle fertig und konnte verkauft werden. Die Männer aus Bondone

Köhler bei der Arbeit, Bondone

waren im 19. Jahrhundert auch im benachbarten Gebiet von Brescia, ja sogar in Mittelitalien als Köhler gefragt.

Auch die Köhler schlossen sich – wie früher viele Handwerker – zu einer Zunft mit einer geheimen Satzung zusammen, wie sie sich auch einer Geheimsprache bedienten und die Geheimnisse des Kohlenmeilerbaus und der Holzkohleherstellung geheim hielten.

Heutzutage übt in Bondone keiner mehr das Handwerk des Köhlers aus, das nichtsdestotrotz mit einem Denkmal am Ortseingang gewürdigt wird. Außerdem findet jedes Jahr Ende Juli auf der Malga Alpo di Bondone (Alpo-di-Bondone-Alm) die **Festa del carbonaio** (Fest des Köhlers) statt. Entlang des **Sentiero etnografico del Rio Caino** (Wanderweg) kann man in Cimego (20 Kilometer von Bondone entfernt) eine traditionelle Köhlerei besichtigen, *poiàt* genannt (Ecomuseo Valle del Chiese, Tel. +39 0465 622137, www.ecomuseovalledelchiese.it).

Weitere Informationen

Consorzio Turistico Valle del Chiese, www.visitchiese.it, blog.visitchiese.it
Ufficio di Pieve di Bono, Frazione Cologna 99, Tel. +39 0465 901217

Der Fluss Chiese, Val di Fumo

13. Von Trient nach Riva: Valle dei Laghi und Gardasee

Das Valle dei Laghi

Die drei Seen
Terlago

Der Lago di Terlago, der Lago Santo und der Lago di Lamar sind drei Seen im Gemeindegebiet von Terlago. Das Wasser des Terlago-Sees versinkt in Karstbrunnen, um dann nach langen unterirdischen Läufen in die Etsch zu münden. Der Santo- und der Lamar-See bildeten einst einen einzigen Wasserspiegel. Bei Lamar tut sich eine 209 m tiefe und 205 m lange Grotte mit mehreren Höhlen auf, von denen eine 130 m tief ist. Dieser Abgrund bei Lamar ist in eine Sage eingegangen, in der von einem Fass voller französischer Goldmünzen die Rede ist. Es war den französischen, von General Vendôme angeführten Truppen gestohlen worden, als sie sich 1703 nach grausamen Massakern und Brandstiftungen zwischen Molveno, Cadine und Terlago zurückzogen.

Der große **Lago di Terlago**, der nicht weit von der Ortschaft entfernt liegt, ist in eine Hügellandschaft eingebettet. Trotz seiner Größe ist er nicht besonders tief aber reich an Unterwasservegetation und seltenen Fischarten. Die **Seen Santo und Lamar**, 7 Kilometer entfernt, stechen durch ihr glasklares Wasser hervor und liegen auf dem südlichen Hang des Monte Paganella, umgeben von Buchenwäldern. Alle drei Seen eignen sich zum Baden.

Der Lamar-See in Terlago

Das verhexte Schloss
Sarche

Das Schloss Toblino, das sich auf einer Halbinsel in den gleichnamigen See vorschiebt, birgt viele Geheimnisse in sich. Einer Inschriftentafel aus dem 3. Jahrhundert, die unter dem Nordportikus eingemauert ist, ist zu entnehmen, dass diese Gegend zur Römerzeit von den Tublinates aus dem Geschlecht der

Das Castel Toblino in Sarche aus der Vogelperspektive

Fabia besiedelt war. Als das schon 1124 erwähnte Schloss mit einem Palas versehen und erweitert wurde, ließen die Bauherren an eine Wand des Wächterhauses ein riesiges Schachbrett sowie Buchstaben malen. Gefangene wurden mit verbundenen Augen vor dieses Schachbrett geführt und angehalten, blindlings auf die Buchstaben zu weisen. Und je nach dem Sinn der Buchstabenfolge wurden sie gerettet oder zum Tode verurteilt.

Toblino war auch der Schauplatz einer tragischen Liebesromanze. Der Trentiner Fürstbischof Carlo Emanuele Madruzzo hatte sich in eine gewisse Claudia Particella verliebt, die ihm auch mehrere Kinder geboren hatte. Einer Überlieferung nach soll der hohe Prälat den Papst gebeten haben, das Priestergelübde lösen zu dürfen. Auf die Weigerung des Papstes hin soll Bischof Madruzzo Claudia Particella und ihren Bruder im Toblinosee ertränkt haben. In Vollmondnächten aber ist hier noch ein Boot, mit der um ihre Liebe weinenden Claudia zu sehen.

Schloss Toblino und sein See haben viele Dichter zu Erzählungen, Gedichten und Romanen angeregt, darunter die Italiener Antonio Fogazzaro und Ada Negri sowie den deutschen Schriftsteller Joseph Viktor von Scheffel, der sich im Sommer 1855 in Schloss Toblino aufhielt.

Die Liebestragödie war auch das Thema eines Fortsetzungsromans, den der spätere Duce Benito Mussolini in der Lokalzeitung *Il Popolo di Trento* veröffentlichte, als er sich als Journalist in Trient aufhielt.

Castel Toblino kann von Gästen des Ristorante-Bar **Castel Toblino** (Sarche, Via Caffaro 1, Tel. +39 0461 864036) zum Teil besichtigt werden. Ein hölzerner Steg entlang des Flussufers bietet die Möglichkeit, die Burg und die sie umgebende Landschaft zu bestaunen. Der See ist ein Biotop und eignet sich nicht zum Baden.

Die Winzer aus Calavino
Calavino

Die Weinbauern aus Calavino und ihr Wein sind seit Jahrhunderten weithin bekannt. Bei dem hier erzeugten *vino santo* könnte es sich um den „rätischen Wein“ handeln, von dem Horaz erzählt, dass er neben dem Falerno aus Kampanien Kaiser Augustus kredenzt wurde. Mit Sicherheit fand er im 16. Jahrhundert bei den Konzilsvätern großen Anklang, und noch heute übergeben die einheimischen Winzer dem Bischof von Trient den *vino santo*, den „heiligen Wein“, aus Calavino als Messwein.

Der **heilige Wein** wird ausschließlich aus den Trauben des Nosiola hergestellt, einem für das Valle dei Laghi typischen Rebstock. Die Trauben werden auf speziellen Gestängen 6–7 Monate getrocknet und erst um Ostern gepresst. Bei diesem Prozess spielt die *ora*, eine Brise, die vom Gardasee aufsteigt, eine wichtige Rolle; sie ist für die Konservierung der einzelnen Beeren bedeutsam. Im April jeden Jahres findet die Wein-Veranstaltung „DiVinNosiola“ statt, bei der die Kultur, Traditionen und Orte gefeiert werden, durch die die Wein-Spezialitäten des Valle dei Laghi enstehen (Tel. +39 0461 864400, www.apt.trento.it, www.divinnosiola.it).

Der Schutzheilige der Malaria
Lasino

Die beim Dorf Lasino gelegene alte Kirche ist im Trentino das einzige dem heiligen Syrus geweihte Gotteshaus. Bis zum Jahr 1491 war Prokulus der Kirchenpatron. Aber da die Einheimischen häufig an Malaria erkrankten, deren Überträger in den Sarca-Sümpfen gediehen, beschloss man, die Kirche einem auf die Heilung von Malaria spezialisierten Heiligen zu widmen. Der heilige

Das San-Siro-Kirchlein in Lasino

Syrus erschien den Bewohnern von Lasino und übergab ihnen ein geheimnisvolles Kruzifix, das in einer Kapelle aufgestellt wurde und noch heute bei Bittprozessionen durch den Ort getragen wird.

Die **Chiesa di San Siro** (Kirche San Siro) steht nicht weit vom Ortszentrum von Lasino entfernt. Sie ist erhöht auf der Straße von Lasino zur Fraktion Pergolese gelegen. Von der Kirche aus bietet sich ein schöner Blick auf das Valle di Cavedine und das darunterliegende Castel Mandruzzo. Das geheimnisvolle Kruzifix wird in der Pfarrkirche von Lasino aufbewahrt und wird bereits seit Jahren nicht mehr bei Prozessionen mitgetragen. Für weitere Informationen über die Öffnungszeiten der beiden Kirchen: Canonica di Calavino (Pfarrhaus von Calavino, Tel. +39 0461 564112).

Die römische Straße
Cavedine

Von großem historischen Interesse in Cavedine ist eine römische Straße. Sie ist durchgehend zwei bis drei Meter breit, und teilweise weist sie noch das ursprüngliche Pflaster auf. Als Erster hatte sich der Pfarrer von Madruzzo, Felice Vogt, mit ihr beschäftigt, der auch mehrere römische Stätten und vorgeschichtliche Wallburgen entdeckte. Einen ersten Halt sollte man beim sogenannten *fontana* (Brunnen) einlegen, an der Strecke, die wahrscheinlich zu einem *vicus* (Gehöft) führte. Dann weiter zur Cosina-Höhle, in der die Reste von sechs bronzezeitlichen Gräbern entdeckt worden sind. Archäologische Bedeutung kommt auch der Gegend Piana del Fabian zu, wo Tongegenstände und Scherben von Kupfer- und Bronzegeschirr ans Tageslicht gekommen sind. Am Carega del Diaol (Teufelssitz), einer Felsaushöhlung, die auch als „Thron der Königin“ bezeichnet wird, befindet sich eine lateinische Inschrift aus dem 3. Jahrhundert. Auf die rätische Zeit werden mehrere Schalensteine datiert, während Handabdrücke aus vergangenen Jahrhunderten stammen. Die vorgeschichtliche Wallburg liegt im Ortsteil Dosso di San Lorenzo, wo in der Folge ein mittelalterlicher Turm und anschließend eine Kirche erbaut wurden. Diese zahlreichen Funde lassen auf eine sehr alte Besiedlung der Gegend schließen.

Der 4 Kilometer lange **archäologische Rundweg von Cavedine** (Passeggiata archeologica di Cavedine, zu Fuß in 2 Stunden begehbar) beginnt bei der Piazza Garibaldi in unmittelbarer Nähe der Pfarrkirche. Der vorwiegend flache Weg zeichnet die sogenannte *strada romana* (Römerstraße) nach.

Weitere Informationen

Azienda per il Turismo Trento-Monte Bondone-Valle dei Laghi, www.apt.trento.it
Ufficio di Vezzano, Via Roma 61/1, Tel. +39 0461 864400

Von Drena nach Arco

Der Teufel und das Evangelium
Drena

Was verbirgt sich in den Kellergewölben der Burg Drena? Natürlich ein märchenhafter Schatz aus Edelsteinen, der aber – so wird erzählt – vom Teufel persönlich bewacht wird. In klaren Mondnächten sitzt dieser Dämon auf den Burgzinnen und schlägt den Passanten einen Pakt vor: Gold für die Seele. Um den Teufel in die Flucht zu schlagen, braucht man nur einen kurzen Text aus einem Evangelium zu zitieren. Aber den Schatz hat bis heute noch niemand gefunden.

Das **Castel Drena** (Via al Dosso del Castello 2, Tel. +39 0464 541220), das auf einer Hügelkette ein paar Minuten zu Fuß vom Dorf Drena entfernt liegt, ist eine mittelalterliche Festung mit einem zinnenbewehrten Turm von fast 30 Metern Höhe. Sie thront über der tiefen Schlucht des Rio Salagoni und dehnt sich auf die felsige Landschaft der Marocche aus. Die Festung ist für Besucher zugänglich.

Das Castel Drena

Die Marocche
Drena

Die Marocche-Gesteinsblöcke im Biotop delle Marocche

Zwischen Dro und Pietramurata dehnen sich die sogenannten Marocche aus, ein wildes, aus riesigen Felsblöcken bestehendes Gelände von rund 14 Quadratkilometern Größe. Die mächtigen Gesteinsblöcke, die bis zu 20 Meter hoch sind, haben sich nach der Eiszeit, vor rund 15–20.000 Jahren, in mehreren Phasen vom Monte Brento und vom Monte Casale gelöst und sind ins Sarcatal herabgestürzt, wo sie den größten Bergsturz der Alpen bilden. Ein wahrhaft apokalyptischer Anblick. Aber was haben diese Marocche unter sich begraben? Einer alten Legende nach soll hier einst die mythische Stadt Kas gelegen haben, die aber angesichts der Bosheit der Einwohner vom Zorn Gottes zerstört wurde. Eine Art Sodom und Gomorrha im Trentino.

Der Eingang zum **Biotop delle Marocche** (Biotopo delle Marocche) befindet sich auf der rechten Seite der Strada provinciale (Landstraße) Nr. 84, die, gleich nach der Kreuzung zum Lago di Cavedine, von Drena nach Dro hinabführt. Der Weg, der auf einem Schild gleich am Eingang beschrieben wird, führt über 6 Kilometer (zu Fuß in zweieinhalb Stunden zu schaffen) durch das Innere des Biotops, vorbei an zerklüfteten Landschaften und wüstenartigen Abschnitten, um dann zum Fluss Sarca abzufallen, wo er auf das alte Wasserkraftwerk von Fies (heute bekannt wegen des Festivals für moderne Kunst Drodesera, www.centralefies.it) trifft.

Die Geschichte von Dro
Dro

Dro, eine seit uralten Zeiten besiedelte Gegend und römische Siedelstätte, soll aus der mythischen Stadt Kas hervorgegangen sein, die einer volkstümlichen Überlieferung nach vom riesigen Marocche-Bergsturz verschüttet wurde. Im Mittelalter wurde Dro von der Familie Sejani beherrscht, die hier auf dem Doss del Castel (Burghügel) ihre Burg errichteten. Stammvater dieses Geschlechts war ein Ritter von San Giovanni oder Sangian, der im Gefolge von Karl dem Großen in die Gegend gekommen war. Bischof Ulrich II. (1022–1055) belehnte die Sejani dann mit diesem Gebiet, das ihnen 250 Jahre lang unterstand. Auf die Sejani folgten die Grafen von Arco. In Pietramurata verlief die Grenze zwischen den Besitztümern der Madruzzo und der Grafschaft Arco.

So kommen wir ins frühe 18. Jahrhundert: Als Vendôme mit seinen Truppen im Jahr 1703 das Dorf Dro belagerte, wurde es verschont, da der Herzog dem heiligen Antonius, dem die Kirche geweiht ist, ergeben war.

Auch die Landwirtschaft wird in Dro groß geschrieben, das für seine Weine, seine Pflaumen und seine Ölbäume berühmt ist. In Bergsteigerkreisen ist es für den Klettersteig (Ferrata di Dro) bekannt, der mit dem Scaloni-Weg und den in das Felsgestein eingehauenen Angiom- bzw. Anglone-Weg beginnt.

Ein 4 Stunden dauernder Rundweg, der bei der römischen Brücke von Ceniga (Fraktion von Dro) beginnt, erlaubt es, verschiedene geschichtsträchtige Wegabschnitte zu verfolgen: zuerst den **Sentiero degli Scaloni** (Sentiero S.A.T. 428), der von den österreichischen Truppen im Jahr 1909 angelegt wurde, dann den **Sentiero delle cavre** (S.A.T. 428B), benannt nach den Böcken der Lastbahnen, die dem Transport des Holzes dienten und schließlich den **Sentiero dell'Angiom o dell'Anglone** (S.A.T. 425) mit Stahlseilen und in den Stein gehauenen Durchgängen.

Die Stelen von Arco
Arco

Eine der Stelen, die in Arco bei Bauarbeiten gefunden wurden

In den Jahren 1989 und 1990 sind in Arco sechs Stelen ans Tageslicht gekommen, die bis dahin unter einer vier Meter dicken, angeschwemmten Erdschicht verborgen waren. Eine dieser Statuen besteht aus lokalem Kalkstein, die anderen dagegen sind aus Marmor, der wahrscheinlich aus dem Vinschgau stammt. Die sechs Statuen, die zwischen 50 und 215 Zentimetern hoch sind, weisen eingeritzte Ornamente auf, und die Wissenschaftler vertreten die Ansicht, dass sie ursprünglich zumindest teilweise farbig waren. Insgesamt sind im Etschtal rund 20 Stelen gefunden worden. Keine Antwort hat bis heute die Frage gefunden, wie so große Steine aus weit entfernten Gegenden nach Arco gebracht werden konnten.

Die Stelen von Arco wurden bei den Bauarbeiten für das neue Krankenhaus entdeckt. Der Fund war von großer Bedeutung, da man bisher nur in Südtirol solche Statuen gefunden hatte. Die Stelen sind nun im archäologischen Bereich des **Museo Alto Garda** (Riva del Garda, Piazza C. Battisti 3, Tel. +39 0464 573869, www.museoaltogarda.it) ausgestellt.

Weitere Informationen

Azienda per il Turismo InGarda Trentino, www.gardatrentino.it

Ufficio di Arco, Viale delle Palme 1, Tel. +39 0464 532255

Der Varone-Wasserfall

Das Trentiner Gardaseegebiet

Die Varone-Klamm
Riva del Garda

Die Varone-Klamm wurde schon im 18. Jahrhundert in allen Fremdenverkehrsführern beschrieben; denn der 87 Meter hohe Wasserfall des Magnone-Bachs, der hier tosend in die Tiefe stürzt, beeindruckte alle Besucher. Einer von ihnen war Thomas Mann, der sich von diesem Spektakel zu einigen Szenen in seinem „Zauberberg" anregen ließ.

Der Varone-Wasserfall findet sich im **Parco Grotta Cascata Varone** (Tenno, Via Cascata 12, Tel. +39 0464 521421, www.cascata-varone.com) drei Kilometer von Riva del Garda entfernt an der Staatsstraße Nr. 421 (Strada statale). Dank eines Tunnels und verschiedener Pfade kann man ihn von zwei verschiedenen Aussichtspunkten aus bewundern (Grotta Inferiore und Grotta Superiore). Auch ein botanischer Garten wurde im Park angelegt.

Das kopflose Skelett
Riva del Garda

In einem Saal der Wasserburg von Riva sind ein römisches Grab und die darin aufgefundenen Knochen und Waffen ausgestellt. Es handelt sich angeblich um die sterblichen Reste eines Kriegers – aber eines enthaupteten Kriegers. Als das Grab und das Skelett in das Museum gebracht worden waren, trugen sich sonderbare Geschehnisse zu, mit denen sich 1955/56 auch die Presse beschäftigte. Der Saal wurde über Nacht verschlossen, aber der enthauptete Krieger ging

Die Wasserburg Rocca di Riva in Riva del Garda

um, warf Gegenstände um, stahl und versetzte die Grablampen. Zuerst dachte man an einen, wenn auch recht makabren Scherz, aber mit der Zeit glaubte man an die Rache des enthaupteten Soldaten. Einige Zeit darauf kam in Malcesine ein Schädel ans Tageslicht, der auf die Römerzeit datiert wurde. So brachte man ihn nach Riva zu dem Krieger, der aber weiterhin nächtlich keine Ruhe fand. Es wurden auch Hellseher zurate gezogen, die aber nur den Namen des Soldaten ausmachten: Er hieß angeblich Lucius Paulus. Aber niemand konnte beweisen, ob der in Malcesine aufgefundene Schädel sein Kopf war.

Die Wasserburg **Rocca di Riva** wurde im 12. Jahrhundert erbaut, erhielt aber erst in der Mitte des 19. Jahrhunderts unter den Habsburgeren ihr jetziges Aussehen. Die Burg ist der Flusssitz des **Museo Alto Garda** (Piazza C. Battisti 3, Tel. +39 0464 573869, www.museoaltogarda.it) und beherbergt in den Bereichen Archäologie und Geschichte eine Pinakothek, einen Parcours für Kinder und Räumlichkeiten für weitere Ausstellungen. Ein Muss ist das Besteigen des Mastio, des größten Turms der Rocca, von dem aus man einen wunderschönen Rundblick auf Riva und den Gardasee genießt.

Die jüdische Druckerei
Riva del Garda

Der Buchdruck wurde im Trentiner Gebiet auf Betreiben des Fürstbischofs Johannes Hinderbach im Jahr 1475 eingeführt. Dabei handelte es sich um Publikationen mit klarem antisemitischen Einschlag, welche die angebliche Ermordung des Trentiner Knaben Simonino durch die dort ansässigen Juden behandelten (siehe auch Trient, S. 27). Nach Erscheinen dieser Publikationen schien der Buchdruck in Trient gänzlich zum Erliegen zu kommen, auch um das Echo verstummen zu lassen, das die Verfolgung und Ermordung von 15 Juden nach dem Prozess um Simoninos Tod erzeugt hatte.

Zur selben Zeit etablierte sich in Riva del Garda eine Druckerei, die vom jüdischen Arzt Jacob Macaria geleitet wurde. Während die Juden in Trient verfolgt wurden, unterstützte der Klerus in Riva seltsamerweise die jüdischen Druckereien.

Alte Druckerpresse, die heute in der Buchhandlung Weger in Brixen ausgestellt wird

Die Tätigkeit der Buchdrucker wurde vom Kardinal und Fürstbischof Cristoforo Madruzzo gefördert, wie das Wappen auf den Titelblättern der in Riva del Garda gedruckten Bücher bestätigt. Die jüdische Druckerei in Riva war mit einer Druckerei in Venedig verbunden und wurde von den damals schon renommierten Papierfabriken der Cartiere del Varone beliefert. Diese wurden 1474 erstmals erwähnt, als ein gewisser Michael Carterius aus Toscolano darum ansuchte, ein Papierwerk *ultra Veronum*, also jenseits von Verona, errichten zu dürfen. Der Historiker Mariani berichtet, dass um 1600 „die Papierwerke fünf an der Zahl sind, die Papier jeglicher Art herstellen und ihre Erzeugnisse teils im Trentino, teils in Venetien verkaufen, von wo aus sie fast zur Gänze in die Türkei gelangen".

Als Jacob Marcaria seine Druckerei schloss, schenkte er die Druckerpresse seinem Mitarbeiter Donatus Faetius, der sie nach Brixen brachte, wo sie bis heute in der Buchhandlung Weger (Brixen, Weißenturmgasse 6, Tel. +39 0472 836164, www.weger.net) ausgestellt wird. Das Viertel, in dem die Juden von Riva lebten und arbeiteten, lag direkt am Hafen; Synagoge und Schule befanden sich direkt vor dem heutigen Rathaus. Von der Existenz der Juden in Riva blieb nur der Grabstein von Meshullam Cuzzeri übrig, einem Mitglied einer der bedeutendsten jüdischen Familien in Riva.

Die Schifffahrt auf dem Gardasee
Riva del Garda

Bereits zur Zeit des Fürstbistums von Trient gab es am Gardasee beträchtliche Flotten für gewerbliche Schifffahrt sowie Fischerei.
Die Häfen am nördlichen Ufer waren Ponale, Torbole und natürlich Riva, während das heute in der Provinz Brescia gelegene (westliche) Ufer Limone, Campione, Gargnano und Desenzano zählte. An der Mantova zugewandten (südlichen) Seite war Peschiera der größte Hafen. Am zu Verona gehörenden (östlichen) Ufer lagen Pacengo, Garda, Cassone und Lazise.
Die Bewohner des Garda-Gebiets erfanden immer neue Vehikel, um ihre Wasserstraße zu befahren. Das größte dieser Boote, mit 28 Pferdestärken, wurde 1824 von venezischen und französischen Zimmerern erbaut. Das Holz, das aus Tirol kam, wurde von einer damals besonders bedeutenden Gesellschaft, der Bonenti-Feltrinelli, Richtung Lombardei transportiert.
Ein besonders kurioses Fortbewegungsmittel wurde 1829 am Gardasee gebaut. Es hieß *manubrio* (wörtlich Hantel) und hatte eine Tragkraft von hundert Tonnen. Kurios war es deshalb, weil es von einem Mechanismus bewegt wurde, den der Schreinermeister Pietro Flosioni erfunden hatte: Acht Pferde trotteten auf dem Deck im Kreis und bewegten so ein zahnradgetriebenes System von Schaufelrädern. Anstatt „Volle Kraft voraus!" zu rufen, ließ der Kapitän die Peitsche knallen. Wehte der Wind hingegen günstig, konnten die Rösser ruhen und die Fahrt ging mit dem Segel weiter.
Die Besatzung bestand aus dem Kapitän, einem Zimmermann, einem Pferdeführer, dem Steuermann, vier Stallknechten und vier Matrosen. Diese Fähre war gute zehn Jahre lang im Einsatz und wurde um 1839 abgewrackt. Zeitgenössische Drucke zeugen von diesem seltsamen Schiff – einer Kreuzung zwischen einem Pferdefuhrwerk und einem Mississippi-Raddampfer, mittendrin ein Kutscher mit Federbusch, der die Pferde wie zu einer Quadrille antreibt. Am Bug des Boots steht eine elegante Dame, die sich mit einem adretten Schirmchen vor der Sonne schützt, während andere Passagiere an die Reling gelehnt das Panorama bestaunen. Auf dem großen Schaufelrad strahlt die Sonne in Goldgelb. Auf dem Kreuzmasten beobachtet ein Matrose den Horizont. In den Chroniken eines Reisenden steht zu lesen: „Hört man das Klappern der Hufe auf dem Deck, so scheint es, als fahre man in einer Kutsche auf Wasser. Wie schön ist die Erfindung einer kreisrunden Straße, die, im Kreis beschritten, geradeaus führt."
Aber die Schifffahrt auf dem Gardasee kennt auch andere, weniger idyllische Kapitel.
Bis ins späte 18. Jahrhundert kreuzten auf dem See jahrhundertelang schnelle Schmugglerboote, die den Kontrollen durch die Maschen schlüpften und den

Zöllen bei Tempesta entgingen. Aus der Poebene wurden Hafer, Mais und Weizen herantransportiert, aus dem Norden kamen Hüte, Lederwaren, Papier und Holz.
Diese Route wurde auch von den Patrioten des Risorgimento benutzt, die aus österreichischem Gebiet nach Italien flüchteten.
Sie hatten sich das Wort *zisam* als Losung gewählt – eine sonderbare Parole, mit der hier am Gardasee in Salz eingelegte Sardinen bezeichnet werden.

Tempesta ist eine Ortschaft, die zur Zeit, als dieses Gebiet noch zu Österreich-Ungarn gehörte, die Grenze mit Italien markierte. Heutzutage liegt es an der Grenze der Provinzen Trient und Verona. Vom Parco delle Busatte über Torbole erreicht man Tempesta in eineinhalb Stunden zu Fuß auf dem über dem See liegenden Naturweg Busatte-Tempesta (Percorso naturalistico Busatte-Tempesta), der meist flach und teils über im Felsen fixierte Eisenstufen verläuft. Hat man Tempesta erst erreicht, ist es möglich mit der Buslinie A.T.V. (www.atv.verona.it), nach Torbole zurückzufahren.

Die Flotte auf Karren
Nago-Torbole

Im Jahr 1439 beförderten die Venezianer eine aus 25 großen Kähnen und sechs Galeeren bestehende Flotte über das Gebirge. Sie wollten den Bresicanern zu Hilfe kommen, die von den Mailänder Visconti angegriffen wurden. Sie wussten aber nicht, wie sie das Schlachtfeld erreichen sollten. Und auf einmal waren ihre Schiffe in Torbole zu sehen.

Darstellung der Schlacht auf dem Gardasee

Hier ein kurzer Bericht über dieses Unternehmen: Von der Adria waren die Schiffe auf der Etsch bis zum Flusshafen Ravazzone heraufgekommen. Hier wurden die Wasserfahrzeuge auf Ochsenkarren gespannt und über den Passo di San Giovanni und durch das kleine Tal von Santa Lucia bis zum Hafen Torbole am Gardasee gezogen. Für das Unternehmen, das 15.000 Dukaten kostete, wurden 2000 Ochsen eingesetzt.
Im April 1440 zerstreute die kleine venezianische Flotte auf dem Gardasee die von Taliano Furlano befehligte Visconti-Flotte und eroberte Riva.

Die Marmitte dei Giganti in Nago-Torbole

Die Riesen von Nago
Nago-Torbole

Wenn man auf der Staatsstraße Nr. 240 von Torbole nach Nago hinauffährt, sieht man an einem prachtvollen Aussichtspunkt auf den Gardasee mehrere Hohlräume im Felsgestein, die als „Riesen-Töpfe" bezeichnet werden. Doch von Riesen war in dieser Gegend auch in vergangenen Zeiten keine Spur. Es handelt sich um Kalkaushöhlungen, die durch das Abschmelzen des Gletschers, der auf eine felsige Stufe gestoßen war, entstanden sind. Durch die Einwirkung von Eis, Schmelzwasser, Steinen und Sand haben sich hier diese riesigen „Kochtöpfe" gebildet.

Die größten Aushöhlungen der **Marmitte dei Giganti** (Riesenkochtöpfe) erreicht man über einen eineinhalb Kilometer langen Weg, der am Ende der Via Strada Granda in Torbole am Gardasee beginnt. Nago ist auf einer felsigen Anhöhe auf der Straße, die den Gardasee mit dem Etschtal verbindet, gelegen.

Weitere Informationen

Azienda per il Turismo InGarda Trentino, www.gardatrentino.it

Ufficio di Riva del Garda, Largo Medaglie d'Oro al Valor Militare 5, Tel. +39 0464 554444

Ufficio di Torbole sul Garda, Lungolago Conca d'Oro 25, Tel. +39 0464 505177

Ausstellungsobjekt im Pfahlbaumuseum in Molina di Ledro

Das Valle di Ledro

Die Pfahlbauten am Ledrosee
Molina di Ledro

Als 1929, zur Anlage des Ponale-Kraftwerks bei Riva del Garda, der Wasserspiegel des Lago di Ledro gesenkt wurde, traten am östlichen Seeufer die Reste einer bronzezeitlichen Pfahlbausiedlung zutage.
Bei nachfolgenden Ausgrabungen wurden viele Funde aus Keramik, Holz, Knochen und Horn entdeckt, die heute im Pfahlbau-Museum vor Ort zu sehen sind. Rätselhaft sind aber mehrere Kronen aus geschmiedeter Bronze: Vielleicht handelte es sich um Schmuckstücke von Kriegern, vielleicht um Grabornamente. Der griechische Dichter Hesiod gibt uns eine erschreckende Beschreibung der menschlichen Bronzerasse und ihrer Maßlosigkeit: „Und Zeus, der Göttervater, schuf eine dritte Rasse unsterblicher Menschen, die Bronzerasse, die sich erheblich von den Silbermenschen, diesen schrecklichen und mächtigen Söhnen der Esche, unterscheidet. Sie dachten an nichts anderes als an die Arbeit, an die Massaker des Ares und an monumentale Werke. Sie aßen kein Brot, ihr Herz war hart wie Stahl und sie flößten Angst und Schrecken ein. Aus Bronze waren ihre Waffen und ihre Häuser, und mit Bronze pflügten sie, da es noch kein Eisen gab. Sie erlagen ihrer eigenen Gewalt, und zur Erinnerung schmückten sie ihre Toten mit Bronzekronen."

Während der verschiedenen Ausgrabungsphasen kamen über 10.000 Pfähle und zahlreiche Artefakte zum Vorschein. Als die Grabungen beendet waren, wurde das **Museo delle palafitte** (Pfahlbaumuseum, Molina di Ledro, Via al Lago, Tel. +39 0464 508182, www.palafitteledro.it) errichtet und ein Pfahlbaudorf nachgebaut.

Die Schuhnägel aus Molina
Molina di Ledro

Als die Schuhe noch lange halten und auch auf steilen Wegen und unwegsamem Gelände Halt geben mussten, war Molina di Ledro für seine Werkstätten zur Herstellung von Schuhnägeln bekannt. Während der nationalsozialistischen Besetzung der Operationszone Alpenvorland (1943–1945) wurden in Molina auch die Schuhnägel für die Stiefel der Wehrmacht produziert. Die Arbeiter, die mit der Nagelerzeugung beschäftigt waren, wurden vom Wehrdienst im deutschen Heer freigestellt. Bleibt die Frage, ob diese Industrie von den modernen Zeiten und dem Aufkommen der Vibramsohlen verdrängt wurde.

Während der Wanderungen „Settimane Natura" (Naturwochen), die vom Fremdenverkehrsverein Valle di Ledro (tel +39 0464 591222, www.vallediledro.com) organisiert werden, ist es in der **Fucina de le Broche** (Schuhnägelschmiede) in Pré di Ledro möglich, einen Einblick in das Handwerk der Schuhnägelherstellung zu gewinnen. In Prè steht in der Nähe der Kirche San Giacomo außerdem ein Denkmal, das den Schuhnägelschmieden gewidmet ist.

Der „Kleine" aus Bezzecca
Bezzecca

Im Jahr 1725 kam in Bezzecca Bernardo Gilli zur Welt, der wegen seiner „kleinen" Statur (er war zwei Meter sechzig groß!) scherzhaft als *el popo* bezeichnet wurde, als „der Kleine".

In Bezzecca verbrachte der berühmte Jongleur Giobatta Perghen oft seinen Urlaub. Er weihte Bernardo Gilli in seine Kunst ein und bereiste mit ihm die größten europäischen Städte. Nach seinem Tod wurde das Gehirn des Riesen von illustren Wissenschaftlern in Wien untersucht, aber die Ergebnisse wurden niemals veröffentlicht. Der *popo* musste zu seiner Zeit mit seiner Riesengestalt noch mehr beeindrucken, denn die Menschen waren im 18. Jahrhundert erheblich kleiner als heute.

Das **Alte Rathaus von Bezzecca** (Vecchio Municipio di Bezzecca, heute sind dort Büros der Gemeinde von Ledro untergebracht) war das Haus des *popo*. Im Erdgeschoss des Gebäudes finden sich bemalte Tafeln und Darstellungen und ein Bild von ihm in Lebensgröße.

Bernardo Gilli, „el popo“ genannt, Bezzecca

Der bärenstarke Martino
Tiarno di Sopra

Martino, der Sohn des Martino aus der Familie der Ribaga, kam am 7. Dezember 1797 in Tiarno di Sopra zur Welt. Er fiel nicht nur durch seine ungewöhnliche Größe auf – er kam auf 2,15 Meter – sondern auch durch seine ungeheure Kraft. Er konnte einen bepackten Esel anheben und mehrere Meter tragen. Er wurde auf immer schwerere Lasten trainiert und dann auf den Jahrmärkten in ganz Europa als „stärkster Mann der Welt“ präsentiert. Er soll infolge einer übermäßigen Kraftanstrengung im Alter von nur 23 Jahren gestorben sein, vielleicht in Paris, vielleicht aber auch in Amerika.

Nicht weit vom Dorfzentrum von **Tiarno di Sopra** entfernt, liegt der Laghetto d'Ampola (Kleiner See von Ampola), ein kleines Naturschutzgebiet, das im Jahre 1986 eingerichtet wurde, um die dort vorkommenden besonderen Tier- und Pflanzenarten zu schützen. Ein schön angelegter Weg und ein kleines Besucherzentrum erlauben es, die reiche Flora und Fauna des Sees zu entdecken.

Weitere Informationen

Consorzio Pro Loco Valle di Ledro, www.vallediledro.com
Ufficio di Pieve di Ledro, Via Nuova 7, Tel. +39 0464 591222

Anhang

Auswahlbibliografie

ADANI S., Ala: storia, immagini, leggende, Trient, 1982.
AMBROSI F., Sommario di storia trentina, Trient, 1881 (Neuauflage 1985).
ANDREATTA G. e GRAZIADEI P., Levico, Trient, 1983.
ASSON T., Romedio, eremita nell'Anaunia, Trient, 1957.
BALDI G. e PIFFER S., Rovereto: da borgo medioevale a città, Rovereto, 1990.
BAROLDI L., Memorie storiche della Val di Fassa, Trient, 1960.
BATTISTI C., Guida di Mezzolombardo e dintorni, Trient, 1905 (Neuauflage 1984).
BATTISTI C., Da Trento a Malé, Trient, 1909.
BATTISTI C., Guida dell'altopiano di Folgaria e Lavarone, Trient, 1909.
BATTISTI C., Guida delle Giudicarie, Trient, 1909.
BATTISTI C., Guida di Primiero, Trient, 1912.
BATTISTI C., Il Trentino: cenni geografici, storici ed economici con appendice sull'Alto Adige, Trient, 1915.
BELLINI I. e GROSSI D., Atlante dei Misteri, Florenz, 2006.
BOLOGNINI N., Fiabe e leggende della Val Rendena, Trient, 1996.
BOLOGNINI N., Leggende del Trentino, Chiari, 2003.
BORZAGA G., Le più belle leggende del Trentino, Calliano, 1978.
BOTTEA T., Cronaca di Folgaria, Trient, 1983.
CAPELLETTI F., Imago Tridenti, Trient, 1996.
CAVADA E., Archeologia a Mezzocorona, Mezzocorona, 1984.
COMUNE DI TIONE, Gli statuti di Tione 1579–1757, Tione di Trento, 1974.
CORDIER U., Guida ai luoghi misteriosi d'Italia, Casale Monferrato, 2004.
DAL LAGO VENERI B., Guida insolita ai castelli del Trentino-Alto Adige, Rom, 2002.
DE BATTAGLIA F. e MARISALDI L., Sentieri di storia e leggenda, Bologna, 2007.
DE GIULIO S., Usanzes e Lurgheres da Zacan, Vigo di Fassa, 2005.
DEVIGILI S. e M., (Hg.) Carta di Regola di Mezzolombardo, Trient, 1979.
DI GESARO P., Guida dell'Alto Adige, Bozen, 1993.
DI GESARO P., I giochi delle streghe, Bozen, 1995.
DONDIO W., La regione atesina nella preistoria, Bozen, 1995.
FACCHINELLI W. e NICOLETTI G., Val Rendena, Tione di Trento, 2003.
FAUSTINI G., Storia dell'autonomia del Trentino-Alto Adige, Calliano, 1995.
FOLGHEREITER A., La frana che cancellò Zambana, in Strenna Trentina 2006, Trient, 2006.
GHETTA F., La "Turchia" a Moena, in Strenna Trentina 2006, Trient, 2006.
GIOPPI F., Un Tesino alla corte degli Zar, in Strenna Trentina 2006, Trient, 2006.
GOBBI D., (Hg.) Bartolomeo da Trento, domenicano e agiografo medioevale, Trient, 1990.
GORFER A., I castelli del Trentino, Calliano, 1958.
GORFER A., Le valli del Trentino, Calliano, 1975.
GORFER A., L'uomo e la foresta, Calliano, 1988.
GORFER A., Al di là della storia: i grandi capitoli della ricerca archeologica nella regione tridentina, Calliano, 1990.
JOB L., Il passaggio dei Lanzichenecchi per le Alpi, in Strenna Trentina 2006, Trient, 2006.
MENAPACE L., Leggende del Trentino, Trient, 1984.
MICHELI P., Cagnò: per capire il presente con lo sguardo del futuro, Trient, 1981.
NERI M., I luoghi misteriosi del Trentino, Trient, 2002.
PALLA L., Fra realtà e mito – la grande guerra nelle valli ladine, Mailand, 1991.
PANIZZA G., Il santuario dei santi martiri anauniensi Sisino, Martirio, Alessandro e San Zeno, Trient, 1966.

PANTOZZI M., Pieve e Comunità di Fiemme, Calliano, 1990.
PASQUALI T., La valle di Cembra in età preromana, Trient, 1992.
PELLEGRINI BEBER M., Un ricordo personale della moglie trentina di Mussolini, in Strenna Trentina 2006, Trient, 2006.
RENZETTI E., Grammatica della Salvezza, Scarmagno, 2008.
ROSSI C., La valle di Rendena, Trient, 1932.
SALVETTI G., Il Trentino in tavola, Trient, 1999.
SCUOLA MEDIA DI FONDO, I sentieri degli eremiti, Fondo, 2002.
SEMENZATO C., Trentino la buona terra, Trient, 1991.
TOMAZZONI U., Rovereto: breve storia di un comune, Rovereto, 1942.
TOVAZZI G., Malografia tridentina, cronaca dei fatti calamitosi avvenuti nel Trentino e regioni adiacenti dai primi anni d.C. al 1803, Trient, 1986.
TRAPP E., Testimonianze di storia e d'arte nelle Valli Ladine, 2006.
TURRINNI F., Il santuario di S. Romedio e i Thun, in Strenna Trentina 2006, Trient, 2006.
ZANIBONI FERINI U., Bezzecca 1866: la campagna garibaldina dall'Adige al Garda, Trient, 1966.
ZENI M., L'ultimo falò, Trient, 2000.
ZENI M., La moglie di Mussolini, Trient, 2005.
ZIEGER A., Storia della regione trentina, Trient, 1968.
ZIEGER A., La Magnifica Comunità di Fiemme, Trient, 1973.
ZIEGER A., Primiero e la sua storia, Trient, 1975.

Bildnachweis

Die Quellen sowie die Rechteinhaber der abgedruckten Bilder sind untenstehend aufgelistet. Gemeinfreie Quellen und Bilder aus dem Internet werden nicht benannt. Etwaige Rechtsinhaber, die nicht ausfindig gemacht werden konnten, werden gebeten, sich mit dem Verlag in Verbindung zu setzen.

Ala, Gemeindearchiv: 72
Associazione Rumes: 172 re.
Baroni, C.: 56–57
Campanile, A / Miori, M.: 242
Casa Porfido Albiano: 90 (D. Lira)
Castello di Nanno: 161
Comune di Bersone: 230
Dal Lago Veneri Brunamaria, Privatarchiv: 22, 27, 50, 59 re., 60, 108, 167, 208, 236, 246, 251
Druckerei Weger, Brixen, Privatarchiv: 249
Fototrekking – Trentino Marketing SpA: 206 u. (Caproni, G.); 204, 206 o., 209 (Lira, D.)
Kulturinstitut Lusèrn: 55
Laurin, M.: 88
Libardi, G.: 132–133
Mayer, L.: 94, 147, 180–181
Miori, M.: 240, 241
Privatarchiv: 41
Pro Loco di Cles: 160, 163
Tourismusvereine und Verkehrsämter: 5, 96–97, 98, 105, 106, 109 (Val di Fiemme/A. Campanile); 18–19 (Piana Rotaliana-Königsberg/A. Ceolan); 20, 23, 26 (Piana Rotaliana-Königsberg); 28, 40 (Trento, Monte Bondone, Valle dei Laghi/G. Cavulli); 33 (Trento, Monte Bondone, Valle dei Laghi/D. Mosna); 34, 38–39 (Trento, Monte Bondone, Valle dei Laghi/M. Simonini); 35 (Trento, Monte Bondone, Valle dei Laghi/R. Magrone); 46, 49 (Rovereto e Vallagarina/A. Razzoli); 48 (Rovereto e Vallagarina/D. Lira); 51, 52 (di Folgaria-Lavarone-Luserna); 65 (Rovereto e Vallagarina/S. Nastri); 71 (Rovereto e Vallagarina/E. Genovesi); 77 (Rovereto e Vallagarina/Smaniotto M.); 78–79 (Altopiano di Piné e Valle di Cembra); 80 (Altopiano di Piné e Valle di Cembra/P. Fiorini); 82 (Altopiano di Piné e Valle di Cembra/S. Parrini); 100 (Val di Fiemme); 103 (Val di Fiemme/W. Cainelli); 112–113 (Val di Fiemme/W. Cainelli e Sirio Blue Vision S.r.l.); 114–115 (Val di Fassa/A. Campanile); 119, 122, 127 (Val di Fassa/S. Monchi); 121 (Val di Fassa); 128 (Val di Fassa/G. Cavulli); 139, 148 (Valsugana); 143 (Vigolana); 151 (Val Sugana/Facen); 156 (San Martino di Castrozza, Primiero e Vanoi); 158–159 (Val di Non/Marini Silvestri, E.); 165, 166, 186, 187, 188, 190, 193 (Val di Non); 172 li., 173, 175 (Pro Loco Val di Non); 177 (Valli di Sole, Pejo e Rabbi); 194–195, 197, 199, 201 (Dolomiti Paganella); 202 (Dolomiti Paganella/G. Zotta); 210–211, 213, 215, 217, 218, 220, 222, 224 (Madonna di Campiglio, Pinzolo, Val Rendena); 226–227, 228, 229, 231, 237 (Valle del Chiese); 238–239, 244, 248, 252 (InGarda Trentino/P. N. Matteotti); 245 (InGarda Trentino/D. Lira); 247 (InGarda Trentino/O. Rossi); 253 (Pro Loco Valle di Ledro)
Trentini, A.: 59 li., 59 Mitte, 68
Ventin, A.: 134, 141, 142, 145
Zampiccoli, K.: 92
Zorzanello, M.: 85

Biografie

Brunamaria Dal Lago Veneri. Geboren in Bozen, wo sie heute lebt und arbeitet. Schriftstellerin, Publizistin, Übersetzerin, Autorin von Texten für Radio, Fernsehen und Theater. Ihr Interesse gilt der Tradition im Wechselspiel zwischen Mythos, Erzählung und der Geschichte der mehrsprachigen Realität des ehemaligen Habsburgerreiches. Visiting professor an der Universität Lugano mit Vorlesungen in Kulturanthropologie, Vorträge an den Universitäten von Trient, Gorizia, Triest, Innsbruck und Wien. Kolumnistin des *Corriere della Sera*. Als Autorin sowie Expertin tätig für Sendungen zu den Themen Mythos und Tradition im lokalen und nationalen Rundfunk. Zudem Autorin von Texten und Drehbüchern für Fernsehproduktionen über lokale sowie internationale Künstler und Autoren.
Auswahl an Publikationen und Beiträgen: Guida insolita ai castelli del Trentino-Alto Adige (Newton Compton Editori), Tera Ladina (Arunda), Der Traum der Vernunft. Ein Bestiarium (Folio Verlag), Stadtstiche – Dorfskizzen (Skarabaeus), Die Weihnachtshexe (dtv klassik), Dodici incontri. Una vita (Alpha Beta Verlag).
Demnächst erscheinen: Santi e controsanti – Numina Rustica (Mondadori), Il regno dei Fanes (Giunti Editore), Donne e Fiori (Reverdito).

Danksagung

Für die wertvollen zur Verfügung gestellten Werke sowie für die Unterstützung bei der Recherche danke ich der Stadtbibliothek Bozen, der Landesbibliothek Tessmann in Bozen, dem Ferdinandeum in Innsbruck sowie der Bibliothek Tartarotti in Rovereto. Ein besonderer Dank gilt Pinuccia Di Gesaro und Franca Eller, die mich während der Arbeit an diesem Buch unterstützt und beraten haben. Ich danke auch dem Fotografen Othmar Seehauser sowie meinen Kindern für ihre Ratschläge, ihre Hilfe und ihren Beistand.

Unsere Welt. Unser Bier.
SPEZIALBIER-BRAUEREI
FORST
BIRRA-BIÈRE-BEER-BIER
BirraForstBier
www.forst.it
www.beviresponsabile.it

Ab in die Berge!
Sorglos und sicher

Für mehr Trinkgenuss
harpf
Getränkeladen
Bruneck
Genießen Sie mit allen Sinnen!
Entdecken Sie die bunte Vielfalt der Biere. Erleben Sie die breite Auswahl an Weinen. Erkunden Sie die interessante Welt der Spirituosen. Erfreuen Sie sich handwerklich erzeugter Lebensmittel.
harpf Getränkeladen
Stadtgasse 53 a, Bruneck T. +39 0474 53 71 31 E. getraenkeladen@harpf.it
MO – FR 9.30 – 12.30 / 15.00 – 19.30 Uhr, SA 9.30 – 12.30 / 15.00 – 18.00 Uhr
facebook.com/harpf www.harpf.it www.shop.harpf.it

Südtirol.
Ein kurioser Reiseführer

Brunamaria Dal Lago Veneri

Südtirol.
Ein kurioser Reiseführer

288 Seiten
Broschur | 14 x 22
Euro 19,90
ISBN 978-88-7283-433-6

Südtirol steckt voller unentdeckter Sehenswürdigkeiten. Seine Geschichte verdichtet sich in Sagen und Legenden und wird in Kirchen, Schlössern und Ruinen sichtbar.

Brunamaria Dal Lago Veneri sammelt überlieferte Kuriosa von Hexen und Riesen, Rittern und Knappen, Gräfinnen und Verbrechern und führt die Leser an die Originalschauplätze: nach Glurns, wo Mäusen der Prozess gemacht wurde, nach Bruneck zu Hutmachern und Kappenstrickern oder nach Bozen in das älteste Wirtshaus der Stadt. Sie berichtet von Heilbädern, Mammutbäumen und Menhiren ebenso wie von wenig bekannten Episoden der Südtiroler Geschichte.